いかにして個となるべきか？

群衆・身体・倫理

船木　亨

勁草書房

はじめに

いまや西欧近代の理想、「自由な個人がそれぞれに理性的に行動することによってよりよい社会になっていく」という理想が力を失い、われわれは群衆のひとりとして生きていく生活を求めている。人々は正常と異常という二項対立によって捕捉され、政治でも経済でも、統計を通じて操作される。人々の方も、それぞれに周囲の流行を追いかけるばかりの群れとなって、理性が判定するはずの善悪正邪は、群れのあいだでの多数決のようなものになってしまいつつあるように見える。

にもかかわらず、一九九二年になってもカネッティは「群衆の運動、しかもまだ本質が捉えられていない新しいダイナミズムをもつ群衆の運動がある」（『蝿の苦しみ』）と書いている。群衆は、西欧由来の「自由な個人」の単なるネガティヴな側面、克服すべき課題としてしか認識されてこなかった。時代は群衆のものであることが黙殺されてきたのである。

いまなお歴史学者は、どの社会も個人から構成されると前提しつつ、西欧近代の「自由な個人」がいかにして成立したかという矛盾めいた議論しかしないし、いまなお社会学者は、社会を、一人ひとりは集団に属するとともに個人であるという二重性か、集団をとるか個人をとるかの抗争関係で定義するかしかしない。ところが、こうした主題は、群衆においては意識すらされていない。群衆にとっての問題ではないのである。

これまでの倫理学は「個人が集まって社会を作る」とか「社会は諸個人から形成される」ということを前提として議論してきた。だが、産まれたばかりの嬰児は個人ではないのだし、そして実際にも、それぞれのひとの、個である水準は多様なのだから、倫理学は、ひとがいかにして個となるか、いかにして個となるべきかを、まず論じておく必要があるのではないか。

群衆であるか個人であるかという悩みをはじめて意識したキルケゴール以降も、多くの知識人たちが、自分がそれであるところの「自由な個人」を前提して、「善とは何か」、「正義とは何か」との近代の議論を繰り返し、「いかにして」ということを問わないまま、群衆がそれぞれ「自由な個人」になるようにと説得してきた。しかし、個人ではなく群衆が社会を規定するというポジティヴな事情を確認し、そこにおいて個人であることがどのような意味をもつのかをこそ、先に検討しておくべきことではないだろうか。

もともとわれわれは群れなのである。とはいえ、ただ社会の表層を浮遊している群れではない。群れには群れの論理がある。全体の秩序に所属するマジョリティとそうではない諸個体とのあいだに乖離があり、折にふれて諸個体の一部が群れからはみ出してはまた群れへと還流する、そうした群れと個体のダイナミズムがある。そのことが、そこを生きる人々の思考と行動を複雑なものにしている。

本書はそこにおける倫理について論じようとするものであるが、これまでの倫理学がマジョリティにとっての普遍的善を探求してきたのに対し、社会を群れとして捉えなおし、群れからはみ出したマイナーなひとが「個となること」の倫理的意義についても探求すべきではないかと思ったのである。

本文で詳述するように、群れにおいては、善は「マナーを守ること」に帰着する。個々のマナーに何らかの善を実現する合理的根拠があるからではなく、マナーを守っていれば他のひとと諍《いさか》いを起こすことが少ないからである。J・S・ミルのいうように、歴史のなかに蓄積されたマナーによって人類にとっての善が実現されていくというわけではない。マナーは必ずしも蓄積されたりはしないし、まして総合されたりはしない。マナーは時代と文化と土地に応じて少しずつ変化していく。災厄や戦争によって激変する。マナーは多様であり、どれかがより正しいというようなものではないのである。

これに対し、どの時代においても、マジョリティが宗教や政治や法律という錨を投じてマナーの変遷を抑え込もうとしてきた。群衆は、しばしばそれらに対抗して戦う「正義のヒーロー」の出現を期待した——たとえその結果が無慈悲な宗教裁判や冷血な専制支配になろうともである。しかしまた、ただ群れからはずれ、あらたなマナー、あらたな振舞や仕草や作品を模索して生きる「はぐれ者」たちがいつの時代にもいた。

それこそが「個人」なのか？　そもそもロックやルソーが想定した、社会を構成する「自由な個人」は存在しない。ひとは個人として産まれてくるのではないし、おのずから社会に属する個人となるのでもない。時間と場所と場合に応じて、政策や制度によって、責任を負うべき「個人」にならされるだけである。もとよりひとは群衆、群れの「個体」でしかない。群れという複合体の分子である。ただし、ときに応じて、ひとによって、個としての経験がみずからに生じることがある。それを社会によって規定されるような「個人」とは区別しておくべきである。

この、個となる経験は、意識の問題ではない。すなわち、思考によって自分のあり方を変えようとすることで到来するようなものではない。思考によってではなく、身体の肚《はら》の底からそうなる覚悟のようなものが生じてくることが必要である。それは、メルロ＝ポンティのいう「間身体性」、自分の左右の手と手のあいだにすでにある他者経験の萌芽によって、風景のなかに他の諸身体を知覚するところにある。そこにおいて他の身体とおなじ身体をもとうとすることによって精神が形成され、それがマナーを生みだすのだが、個となる経験はそうした精神からはずれることであり、そのひとにとっては、他の諸身体と距離を取り、群れに由来する情動を振り切って、自身の身体がもつ感性と和解する行為なのである。

それゆえ、「いかにして個となるべきか？」というタイトルは、個となるにはどうしたらよいのかという問いであるばかりでなく、それは孤となることでもあり、不幸なことであったり、悪とされたりもするのであるから、そのなかであえて個となるべきとすれば、それはどのようにしてなのかということを問いかけているのである。

本書では、以上のようなことを主張したいと思う。こうした主張に対して、賛成の読者も、反発を感じる読者もいることだろう。先に述べたように善悪正邪が多数決になりつつあるとしたら、この主張もその直感的な賛否だけで終わりにされてしまうかもしれない。

しかし、わたしはこの主張を、過去の哲学者たちの議論をふまえ、諸概念を明確化しつつ論証しようと思う。論証というのは、いくつかの前提を受け容れればその結論が正しいとみなされる議論の手続きのことである。個体とは何か、身体とは何か、欲望とは何か、出来事とは何か……、こうしたことについてのわたしなりの捉え方を読んでもらい、それを前提として思考していただければ、わたしの主張は、少なくとも筋は通っていると判断していただけるかと思う。

とはいえ、わたしの主張はそれほど極端なものであるとは思わない。教育界では「個性」が大事であるとされているし、政財界やスポーツの分野では、「個」としての破壊的創造者、イノベーターの出現に期待する向きもある。とはいえ、そのような才能は、学校や組織におけるようなマジョリティのなかで養成できるものではない。そもそも、そのように一人ひとりを「活用」しようとする発想は、個となる経験のもつ倫理的意義を無視している。社会的に絶賛されるほどのひとになるのは少数の「異能の人」であって、「我慢＝我に執着すること」が忍耐の意味に転じたように、個となるひとはまた「無能の人」（つげ義春）として、追いつめられたり無視されたり、さまざまな形で群れからはみ出すことの辛さの裡にある。われわれは、その辛さを肯定するところから始めるべきではないかと考える。

本書の概要であるが、第一章において社会が群れであることが最近になって露《あら》わになってきたいきさつを、第二章と第三章においてそこに善悪正邪のあらたな定義がなされ得ることを述べつつ、社会と人間の関係を描きなおす。第四章と第五章では「個とは何か」という形而上学的問いから出発し、身体の始原的経験を見出だすことによってその主張を基礎づけ、第六章と第七章で思考についてのあらたな定義を与えた。前著『いかにして思考するべきか？』では、言語との連関において、超越に開かれた真の思考の条件を論じたが、本書では、群れのなかで自身の感性が個として思考されたものになる条件を論じている。そのことをふまえて前半を読み返してもらうと、そこで述べていた社会像とその倫理の根拠が理解されるはずである。

誤解のないように付け加えておくが、ポストモダンと呼ばれるあらたな社会状況を、わたしが喜んで推進しようとしているわけではない。専門知が尊重されなくなりつつあることが少し残念ではあるが、学問はただ現実を見つめ、そこから何がいえるかを探究するだけである。ホッブズが生きた当時の社会は決して自然状態そのものではなかったが、ホッブズはそこに自然状態を見出だすことによってそれを克服する近代国民国家の原像を描き出した。われわれの生きている社会も完全なポストモダン状態というわけではないが、それを群れ社会として見出だすことによってあらたな思考が推進されるきっかけとなるのではないか。

なお、本書の文章構成であるが、論じる筋が見失われないように、本文中にアスタリスク（＊）をつけ、派生的な主題については、註のようにして小さな字で述べることにした。そこは初読では飛ばして読んでもらった方がいいと思う。かつては委細を極めた大著をものすることが研究者の理想のようなところがあったが、書物を隅から隅まで読むという負担を読者に期待する時代ではない。アスタリスクの箇所は、あとになって本筋とつき合わせて読んでもらえば、本書の全体像や各論の相互関係が分かりやすくなると思う。

目次

第一章　群れなす人間

この章では、西欧由来の倫理学が「自由な個人」を前提しているのに対し、日本の伝統においても、また現代社会においても、社会を群れとして理解した方がよいということを述べよう。

1　自由の価値

自由のパラドックス

西欧近代における倫理学の原理は「自由」であった。自由の原義には「奴隷からの解放」という意味もあり、要は「勝手気儘」ということである。そのようなあり方は、一人ひとりにとっては悪くないことであったろう。というのも、命令や禁止や拘束のもとにあるときは疲れやすいし苦痛も大きい。それに反した場合、罰として、より大きな苦痛が与えられることが多い。命令や禁止や拘束がない方が、苦痛が少なく安楽に過ごせるのだから、自由は各人にとって悪くはないことであろう。

そのことを、「自由には価値がある」といいかえてもよい。価値とは「すべてのひとにとってよいもの」という意味である。*とはいえ、自由がすべてのひとにとってよいものかというと、どうであろう。そこにはパラドックスが生じる。

*価値とは一九世紀に哲学に導入された概念であって、経済学的な市場価値に由来する。「そのひとにとってだけ価値がある」といういい方も可能であるが、旅先で拾った小石など、それが旅の経験を想起させるから価値

があるということであるならば、思い出はすべてのひとにとってよいものであるという意味になる。二〇世紀後半に「価値観の多様化」が推奨され、最近ではだれもがそれぞれの価値観をもつと理解されているが、それは価値が個人によって異なるということではなく、どのような価値に重きを置くかという生活スタイルのことである。

第一には、他人の自由な振舞が自分の求めるものを奪ったり、自分に苦痛をもたらしたりする。自分の道具を持ち去られたり、玄関のまえにごみを捨てられたりしたらどうであろう。自分の自由は損なわれる。第二には、多くのひとが同時に自由に振舞うことで、当初の自分の自由が損なわれることがある。自動車で早く移動しようとしたら渋滞に遭遇するとか、エネルギーを多く使って豊かな生活をしていたら地球環境が破壊されて生活しにくくなるとしたらどうであろう。すべてのひとの自由が衰退する。第三には、関係の深いひとどうしでは共依存や怨恨が生じ得る。自由に振舞い続けた結果である人間関係のしがらみにおいて、暴力的な配偶者から離れられなくなったり、親族の残酷な仕打ちが忘れられなくなったりしたらどうであろう。相互に自由が失われる。第四に、自由には、他人に命令したり禁止したりする自由が含まれる。だれかが自分を奴隷のように扱って、だれもそれを止めないならばどうであろう。自分の自由は消滅する。*いじめやレイプがその例である。

＊欲望はみなおなじで対象が違うだけと捉えるなら、第一のパラドックスの一例だとみなされるかもしれない。しかし、他人を道具として使ってそこから利益を引きだすという結果だけを見るべきではない。権力欲は、他人が隷属することを見たいという欲望であり、性衝動と同様、無意味な命令にも従う他人の身体を見る快楽が伴う。

このように、全員が自由であることは、競合や合成の誤謬やダブルバインドや暴君を生みだして、一人ひとりの自由を毀損する。それゆえ多数の人間とともに生きるとき、人々は、自由は道徳によって制限されてしかるべきだと考えるだろう。そして自由よりも、忍耐や犠牲や愛に価値を見出だすだろう。そしてまた、もし権力者が出現するときには、そのことを否定するよりも、その人物が人々の自由を公正に制限して、不満を少なくするような徳のある君主であることを望むだろう。

自由が価値としてだれにとってもよいものと主張されるようになるのは一七世紀末であるが、それまでも自由を求める運動がなかったわけではなかった。奴隷が主人に反抗し、民衆が君主に叛乱し、貴族が王に謀反して自由になろうとした。だが、それは何らかの目的のためにそうしたのであって、自由そのものを求めていたわけではなかった。かれらは、ことが終わったのちには他の人々の自由を当然のように制限した。かれらにとって自由は必要であったが、自由それ自体に価値があったわけではなかった。人間本性としての自由を最初に唱えたホッブズも、自由を「事実」においてしか捉えていなかった。

自由に伴う義務

それゆえにこそ、一七世紀、自由の価値が主張されたとき、そこには当初から限定があったのである。ロックは、理性が伴わない欲望のままの自由は放縦でしかないと主張し、自由が理性とともに与えられている以上、自分の自由が同時に他の人々を自由にするようなものでなければならないと述べた(『統治論』)。ルソーは、欲望のままに振舞うのは自由ではなくて欲望の奴隷であるとし、他方、決定のプロセスに自分が参与して決まったことに従うことは決して自由の制限ではなく、むしろ真の自由であると論じた(『社会契約論』)。カントは、自分が決めた行動指針に従うことこそが自由であるが、しかしその行動指針はすべてのひとにとって成立するものでなければならないと論じた(『道徳の形而上学の基礎づけ』)。

かれらが論証しようとしたことは、自由には価値があるが、自由に振舞うかぎりにおいて、ある種の義務が発生するということである。その義務とは、自分が自由であるためにはすべてのひとが自由であるようにしなければならないという義務である。この義務は、次第に「人権の尊重」という表現にいいかえられていく。* 人権の尊重とは、まずは、眼のまえの一人ひとりがみずからの意志決定をする自由な個人であることをふまえるということである。そして、社会全体を見て、一人ひとりが自由になっているかどうかをふまえるということである。自由を価値とした哲学者たちは、それまでの、自由を制限するものとしての道徳を否定して、自由であることに内在する倫理として人権尊重の義務を提唱したといってよいであろう。

＊一七八九年のフランス人権宣言は、自然権が人権という概念に変更されていく時期にあるが、第一条で差別の撤廃が述べられたのち、第四条は次のようなものであった。「自由は、他人を害しないすべてをなし得ることにあり、それゆえ各人の自然権の行使は、社会の他の成員にこのおなじ権利の享受を保障する境界にしか境界をもたず、法律によってしかこの境界は規定され得ない」。のちに社会的生存権の保障へと拡張されていくにせよ、当時の人権概念は、従来の自然権を引き継いで、各人の生命と身体と自由を実定法によって保障しようとするものであった（ルイ・デュモン『個人主義再考』）。それに並行するようにして、自然法は、経済法則へと移行する。政治の目標が安全から富へと変更され、自由な諸個人が競争する市場の安定と国富の増大が目指されるようになるのである（フーコー『講義集成8』）。

なお、自然法を批判し、フランス革命政府に影響を与えたベンタムが、もとはそれぞれが幸福になるという意味の「正しい」という形容詞であったライトが「権利」という名詞になることで、他のひとに義務を要求するようになったと述べている（『無政府主義的誤謬』）。かれは、各人が自分の快苦のみを考慮して生きることを前提にして法律によって社会全体の快苦が調整されるという意味で「功利主義」の原理を唱えたのだが、人々はそこに、快楽主義ならびに利己主義を肯定する立場を仮想し、あるいは逆に、各人が社会全体の快苦をふまえなければならないとする道徳を仮想して嫌悪した。そこでかれはその原理の名まえを「最大幸福主義」に換えたのだが（『道徳と立法の原理序説』）、今日なお誤解されたままであり、かれを批判すべき本質的観点が捉え損なわれている。

この点に関して、イギリス哲学においては少し違うとの意見もあるかもしれない。マンデヴィル『蜂の寓話』から始まって、アダム・スミスは市場における欲望の自由を説いたし、J・S・ミルは非理性的なことをする愚行権の自由を認めた。それゆえイギリスでは、自由には欲望の自由も含まれる。とはいえ、そこにも市場の維持のために契約を履行して信用を保持する義務があり、愚行権に対しては、政府にも周囲の人にも、それを本人に任せて干渉しないという義務がある。この自由はレセ・フェール＝自由放任であって、ケネーなどフランス重農主義に由来する（『経済表』）。先の自由の概念とはニュアンスが異なる言葉であるが、それでも、自由に内在的な倫理として人権尊重の義務が要求されていたのは同様であると思われる。

とはいえ、であるが、人権とは何なのか。何を根拠に、そのような生まれながらの権利がどのひとにもあるとされるようになったのか。*

*もし、われわれ日本人が自由を「自分のやりたい通りにする」という意味だけでとり、自由に必然的に伴う人権尊重の義務を知らないままでいるなら、西欧近代における価値としての自由を理解できてはいないのである。実際、明治期には自由の意味が理解されずに混乱が生じたといわれるが（柳父章『翻訳語成立事情』）、それはいまも進行中かもしれない。というのも、もし人権という理念が周知されているとしたら、ジェンダーギャップはもっとずっと減っているであろうし、経済的理由による人工妊娠中絶や看取りという名の消極的安楽死がいたるところで行われているということもないであろうし、父親が子どもの養育費を払わないですませたり、母親が子どもを父親のもとから連れ去ってしまうということもないであろう。子どもの意志には目がいかない傾向がある。人権という語は政治や裁判においてしばしば葵の御紋のように使用されるが、それに対して、人権とは何であり、どんな根拠があるのかと尋ねようものなら、ただちに人権を尊重すべきことを知らない

「野蛮人」か、憲法はアメリカの押しつけだと主張する右翼なのかと、あらぬ詮索をされるに違いない。

ロックはそれを自然権としたが、自然権とは自然を創造した神によって与えられた権利という意味であり、キリスト教徒以外のひとにとっては根拠にはならないばかりでなく、キリスト教でも宗派によって異なるということになってしまう。アメリカ独立戦争がその契機であったが（イェリネック『人権宣言論争』）、信仰の自由が唱えられるようになると、人権を自然権といってすますわけにはいかなくなった。そこで人権は、憲法制定に際しての、国民に属するかぎりで与えられる権利であるとされるようになる。社会契約としての人権である。しかしながら、出生届けによってひとりでに国民になったわれわれにとっては、人権は仮想の契約に過ぎず、はっきりとした根拠がないといえなくもない。*

*これらを整理した一九四八年の「世界人権宣言」によって国際法的に規定された権利とされたが、逆にそのようなものを必要としたことこそが、人権には根拠がないことの証拠であるともいえる。ここで人権の普遍性を否定するからといって、人権侵害とされる出来事、その残酷や悲惨を否定するわけではない。人権尊重は、マナーとして守られるべきであろう。否定すべきなのは、ただちに人権侵害をしたひととその権力へと問題が移行されていく政治的文脈である。人権を主張するのは倫理学ではなくて政治であり、その背景にある宗教である。確かに宗教が生まれてくるのも分かるほどに、生は残酷と悲惨を含む。何を受容し、何を忍耐し、何を要求するべきか。当該のひと、それを惹き起こしたひと、そうしたひとの行動を出現させる制度、そうした制度を許容する社会構造というように、多層的に捉えるべきなのである。なお、遠藤比呂通は人権を差別に対する正当な怒りと平等の希求として定義している（『国家とは何か、或いは人間について』）。確かにフランス人権宣言の第一条にもあることだし、アメリカでは、公民権運動を通じて、アメリカ黒人の自由と女性の自由が、白人男性の自由よりも制度的慣習的文化的に狭いものであったのが見なおされてきた。それをモデルにして、障害者の自由、子どもの自由も見なおされてきた。だが、それにつれて、男性の権利や白人の権利もまた主張されるようになり、LGBTQなど、さまざまな少数者の権利も要求されるようになってきた。なるほど弱者が虐待されたり差別されたりすることを知れば、多くのひとの心は痛むであろうが、差別反対は、平等 equality や正義 justice や公正 fairness といった近代以前からあった観念ないし情に基づく面もある。

人権とは、現代社会におけるドグマ＝教義なのか？　社会で生きるかぎりにおいてだれもが尊重しなければならないもの、としても、しかしながら、いたるところで人権は無視され、否定され、それでも事実として社会は崩壊してはいない。

人権尊重と民主主義

では、人権の無視や否定が一定割合を超えるときに社会が崩壊するのか。しかし、そうでもない。そこには、独裁政治、強権政治、権威主義的政治、専制政治……、何と呼ぼうと、自由を抑圧するそうした政治体制が生まれてきて、その社会が民主主義的でなくなるだけである。逆にいえば、民主主義的ではない社会とは、人権が無視、否定され、そのことに合法的に抗議することができない社会であるということである。

今日のよい政治の基準は民主主義である。スピノザ『国家論』における「自由な国民からなる国家はよい国家であり、奴隷にされた国民からなる国家は悪い国家である」という簡潔な定義ほど、民主主義国家に属するわれわれの信念をよく表現しているものはない。スピノザは国家が自由な国民からなることを理想としたが、そのときかれは、国民の自由が損なわれないように、国家は国民それぞれの判断と感情を規制してはならないとの但し書きをつけていた。

民主主義は、元来は古代ギリシアに遡る政治的決定のひとつの方式に過ぎず、プラトンもアリストテレスも批判的にしか扱ってはいないが、一九世紀以降、トクヴィル『アメリカのデモクラシー』の影響のもと、その頃推奨された共和制＝公的なものへ諸身分が参加する社会体制とは少し違う概念として、よい政治体制であるとされるようになった。

そこには人権尊重のほか、代議制、身分制の否定、主権在民、法の支配*といった理念が含まれている。民主主義の定義は曖昧であるが、国民が政治を決定するという体制であるかぎりは、その前提となる国民一人ひとりが自由でなければならず、しかし各人の自由が対立することで生じる不平等をできるだけ排除しなければならないとする政治体制であるといえるだろう。

＊「法の支配」は、「力の支配」ないし「人＝権力者の支配」に対立するものであり、自然法に由来する面がある。そこでは「法治主義」が前提であるが、法治主義と混同してはならない。法治主義は、政策や裁判が事前に法として規定されているものに基づくという意味に過ぎず、独裁政権においても標榜され得る。

2　進歩の終焉

文明と野蛮

今日では、感染症や戦争に関する政策を巡って、民主主義が独裁政治よりもよい政治体制なのかどうかという議論が起こったりするが、そもそも民主主義は、西欧近代文明における進歩の証なのであった。西欧近代文明は「野蛮から文明への進歩」という理念をもって今日の世界を主導してきた。そして、ヘーゲルが主張したように、「進歩とは自由の実現であり、人権の確立」(『歴史哲学講義』)のことなのであった。その意味において、独裁政治に類するものは、いまなお野蛮を残しているものとして理解されるはずなのである。

とはいえ、真実はといえば、野蛮から文明が出現してくるのではない。文明に先立つものは野蛮ではない。西欧近代文明こそが、みずからと異なるものとして野蛮を作りだしてきたともいえる。*

＊『啓蒙の弁証法』を書いて人類知性の進歩が人々の思考を劣化させる歴史的プロセスを説明したアドルノとホルクハイマーも、まだ西欧近代文明における「野蛮からの進歩」という一元的文明観から免れていなかったように思われる。他方、近代文明の当初から、すでにモンテーニュが「高貴な野蛮人」という見解を示し、その後、ディドロやヒュームやルソーやニーチェが西欧近代文明の意義について問いかけ、二〇世紀には、レヴィ＝ストロースがそれまで未開＝文明以前とされていた人々を「野生人」と呼んで、近代文明におけるとは別種の知性を人間に見出だしてきた。

すなわち、ふたつの文化が出会うとき、文明を自称する西欧に対して他方の文化は野蛮とされ、侵略され植民地化されて差し支えないとされてきた。西欧近代文明が生みだしてきた豊かさは、その軍事技術と経済力の成果であるが、それらを文明は「野蛮な」地域の植民地化によって獲得したのであった。

その意味で、「文明」とは、西欧文化の発展に関する物差しに過ぎず、この物差しによって、それぞれに宗教と秩序をもつ外部の文化が劣位のものと評価された。そして「野蛮」とはその負の極、文明を自称する文化にとっての異質なものであって、最初から排除されるべきものとして可視化されたものであった。マーク・W・モフェットは、「野蛮人は、単に存在することによって、何が適切で正しいことであるかを明らかにしている」（『ひとはなぜ憎しみあうのか』第二十四章）と書いている。

文明があるかぎり、そこに野蛮が同居する。異常な形態をもったものとして捏造されながら、つきまとわれ、密かに誘惑されるもの——外部には食人種族や独裁者たち、内部には魔女裁判やアウシュビッツ……、実のところ、野蛮は文明の本質にあって排除されるべき衝動を内外に投影したものであって、まさにそれこそが文明発展の原動力だったのである。

西欧近代文明は、自由で平等な人々が豊かで安全な生活をするという、いわば「エデンの園」が復活した世界を目指していたが、マルクスが批判したように、そうした生活の可能な富裕層の周辺に、平等に不自由で貧しい人々が危険な生活を送る地帯を生みだしてきた。資本主義は単なる経済システムではなく、そのなかで人々の人間性が変わってしまい、人々が生存競争、すなわち競争して勝ち残ったひとが富を総取りするという社会観のもとで生きるようになった経済体制である。*「エデンの園」を復活させようとした人々は、他の人々をそこから追放するというやり方でそれを成し遂げたのであった。

＊生存競争は生物界でも生活圏が重複する一部の種のあいだでしか起こらないことであって、進化論によっても正当化されるものではない。

文明進歩の批判

こうした西欧近代文明の自己批判とその崩壊が始まったのは、マルクス主義が出現したのと同時期、一九世紀の終わり頃である。ニーチェのいう「神の死」（『悦ばしき知識』）は、西欧近代文明の知性がみずからの根拠をまで自食した結果であったろうか、そこからさらにシュペングラーの『西欧の没落』（一九一八年）、そしてアドルノとホルクハイマー共著の『啓蒙の弁証法』（一九四七年）など、文明進歩の普遍性を否定する著書が続々と出現してきた。それらに共通していたのは、文明を出発させた精神は、その到着点においてみずからを滅ぼさせるような過程を辿るという発想である。*

＊ハンチントン『文明の衝突』は文明の相対性を唱えているが、文明が何であるかはそれぞれの文明が定義する。西欧近代文明が終焉したあとには、文明という概念も消え去るべきであろう。

もしそれが正しいとすれば、進歩とはひとつのイデオロギーに過ぎなかったのであるし、したがって進歩の達成度を測定する「歴史の真理」*は存在しなかったのである。一九世紀、マルクスが、ヘーゲルのいう「絶対知」に代えて共産主義社会という西欧文明の到達点を構想し、この「歴史の真理」のために実際多くの闘争、戦争が行われたのだったが、一九九一年の東西冷戦の終結が意味していたことは、そうした「進歩する」という歴史観自体が虚しいということだった――そう捉えられなければならない。今日では、共産党独裁政権によってすら、資本主義は推進される。一応民主主義の理念は存続しているが、外的には独裁政権によって、内的にはポピュリズムによって挑戦されており、その内実は崩壊寸前であるように見える。

＊共産主義社会は西欧近代文明の進歩の到達点、「歴史の真理」として構想されたわけだが、実際には共産党独裁が続く社会になった。それを進歩と呼ぶのには無理がある。むしろ、共産主義それ自体も「古い」のであって、それは一九世紀における「未来」に過ぎなかった。いまがもはや近代ではないとすれば、共産主義社会は決して到来しない社会である。歴史の真理として、二〇世紀知識人の多くが憧れた共産主義社会、だれもが自由で、自分の生きがいのために働いていないながら、それでいて平等で豊かな社会に対し、実際に到来した未来＝現代は、近代の廃墟のうえで人々が暮らすシリコン石器時代＝コンピュータの素材としてのシリコンの時代であろうか。そこでは人間は理性的ではないし、理性的存在者へと成長しようとはしない。歴史は進歩の目的を失って偶発的な繰り返しとなり、古代から二〇世紀半ばまでと似た出来事が、すでに蓄積されている膨大な歴史資料に参照されつつ、パッチワークのようにして起こる。七世紀のイスラム帝国の勃興や一九世紀末の帝国主義時代が、現代と同時進行するのである。格差の増大や経済の衰退に伴って再びマルクスをもちだす人々もいるが、思想が先祖返りするのは、ポストモダンの特徴でもある。

もはや人々が自由であるほど社会が理想的になるという「予定調和」は崩れ、自由を優先するか社会を優先するかの二者択一となった。巷では相変わらず、個人の自由を極大化させようとするリバタリアンと、共同体形成のためにモラルを復活させようとするコミュニタリアンを極として、いくつもの政治思想がぶつかりあい、議論は自由と人権と国家という三つの概念をどう組み合わせるかのパズルの様相を呈しているが、[*] しかしそこには理性的推論によって合意することができるという近代主義的なファンタジーが前提されている。こうした抗争も、進歩という理念が完全に捨て去られた暁には、雲散霧消することであろう。

＊いまなおそれらの理念を前提している思想家たちは、人類には自然ないし世界を管理する使命があるとするユダヤ・キリスト教思想をエピステーメーとし、ソドムとゴモラ、バベルの塔、ノアの箱舟のようにして神に罰せられることを恐れ、あるいはイスラム教徒への十字軍運動を繰り返す「欧州ローカル」の議論をしているに過ぎない。ハンチントンのいう『文明の衝突』は、この西欧近代文明を相対化するという点では正しい。同様に、ルジャンドル『西洋が西洋について見ないでいること』を参照せよ。

人間と歴史の終焉

要するに、西欧近代＝モダン文明は終焉し、ポストモダンになったということである。ポストモダンとは、「脱近代」という意味であるが、建築におけるモダニズム＝近代主義のあとの、さまざまな時代の建築様式がパッチワークのようにして混ぜ合わせられたあらたな建築様式の呼び名であったものが、人間の生活様式にまで一般化されたもので、旧いものと新しいものが混在しても気にならない奇妙な世界のことである。

そこでは、歴史の進歩であったものは「進化」と呼ばれるようになり、人間の成長は「発達」と呼ばれるようになった。進歩の前提する目的や理想はなく、発達の前提する完成や完全性はない。リオタールのいう「大きな物語」（『ポストモダンの条件』）、すなわち自由と平等、成長と進歩、理性と啓蒙といった西欧近代の人間の物語が、もはや人々の生活の基盤とはならなくなった。ニーチェのいう「神の死」ののち、フーコーのいうように（『言葉と物』）、「ヒューマン」と呼ばれた近代の理性的人間も死んだのであった。

啓蒙の、精神が覚醒して理性的になるという物語は忘れられ、人間はその理性的本質によってではなく、いつしかホモ・サピエンスのDNAによって定義されるようになった。人間の本質は、過去に責任をもちつつ未来を切り拓いていく「理性的主体」であるとされてきたが、* 現代の子どもたちは、そのような人間へと「成長」することよりも、ただただ社会に「適応」することが求められ、それに失敗すると「発達障害」と呼ばれるようになった。

＊そのような人間になれなかった人々、放蕩者やギャンブラーや怠け者や飲んだくれや借金まみれは、当初は何らかの欠陥をもっているとみなされた。資本主義経済や精神病のせいだとされるようになるのは、一九世紀後半であるが（フーコー『狂気の歴史』）、それ以降も、大多数の人々は、成長する気がなく、理性に乏しい「大衆」として軽蔑され、優生学的政策によって淘汰されるべきものとされていた。現代ではそれが能力の問題、こころの問題、脳の問題とされるようになっているが、しかし、真の問題は社会にある。それらの問題は、ここまで複雑になってぼうっと生きていくことが困難になった社会において不運なひとを襲う「症状」に過ぎないのではないだろうか。

そして、人権は、あたかも生態系の保全活動、絶滅危惧種の保護活動ででもあるかのように、「多様性」* と呼ばれ始める。人々は、英雄たちの抗争や民衆の願望や学問的知恵が創りだす歴史の一齣においてではなく、いまや優生思想への大きな反発ものり超えて、自然淘汰によって次世代の生活が定まっていく生物史のようなもののなかで生きている。

＊「多様性」は英語ではダイバーシティ diversity であり、この語は差異とも訳し得るが、ディファランス difference とは本質的に異なる。前者は何らかの同一性を前提してそのヴァリエーションを指すが、後者はみずからに対立することを指し、相互に見出だされるような同一性を前提しない。たとえば人間を前提して男女の違いを捉えるなら前者、男性と女性には根本的に混じらないことがあるとみなすならば後者である。

こうした変化がなぜ起こったのか、とひとは問うだろう。

ＩＴ技術によって激変した生活環境のせいなのだろうか。ベル、マクルーハン、マルクーゼ、リオタール……、メディア論者たちのいうように、それらを技術的問題、せいぜい技術と政治経済の関わりの問題とするのでは不十分である。ハイデガーのいうように、技術と人間の関わりの問題とするのでも不十分である（『技術について』）。それを通じて人間が本質を失ったという、そのことが問題なのではないか。コジェーヴが二〇世紀初頭にすでに指摘していたように、変化はもっと以前から始まっていた（『ヘーゲル読解入門』）。ＩＴ技術はその反映でしかなく、あるいはまさにその変化が必要とするものを埋めるようにして出現したものなのである。*

*人々はＳＮＳ上の出来事を分析するのにやっきである。対面時には誠実なのに、どうしてひとはそこで炎上させたり、バズらせたりするのだろうか。偏差や劣性や病気を疑うまえに、人間が変わったのではないかと、どうして人々は考えようとはしないのだろうか。

そもそも何らかの理由があって次の時代に移行するという歴史観は、近代の歴史観である。西欧近代文明において形成された歴史学のいう歴史も終焉した。* 今日の歴史は、フーコーのいうように（『知の考古学』）、理由なく地すべり的に構造が変化していくだけである。とすれば、「こうした変化がなぜ起こったのか」という問いは、もはや無効なのである。

*歴史という営みの歴史についていえば、一七世紀のピエール・ベールによってデカルト主義的合理性に基づく事象に限定されて以来（『歴史批判事典』）、神話や物語から実証主義的な事実の集積へと向かい、一九世紀に客観的歴史学の対象とされて、そこで退歩と進歩の切り分けや法則性の探求がなされたが、文明進歩の理念の崩壊に伴って、その意義が否定されつつある。今日、歴史にとって重要なのは、実証主義的な資料ではなく、共有される集合的記憶であり、歴史はアーカイブとして多量の過去の出来事の記録として活用されながら、前

近代と同様、政治や宗教のなかに回帰しつつあるように思われる（ジャン・ゲーノ『民主主義の終わり』）。林志弦は、とりわけ人権概念の形骸化に対応して、ホロコーストを頂点として整備されつつある犠牲者意識のグローバリズムが進みつつあるという（『犠牲者意識イデオロギー』）。

ポストモダンにおいては、時代そのものが終わってしまう。「時代」という観念は、近代に属していた。古代も中世も、近代の歴史学が発明した歴史区分である。時代ごとに文明進歩のステージが変わるというのが、近代における「時代」の観念である。時代がないということは、先史時代と同様であるという意味である。先史時代には、そもそも歴史という観念がなかったのである。

　したがって、ポストモダンには文明の次のステージが存在しない。前近代的な帝国の夢を目指す地域は存在するが、それこそがポストモダン、歴史はのり超えられ後戻りできない過去としてではなく、現在にある無尽蔵のデータのアーカイブである。西欧近代文明ももはやそのひとつに過ぎない。ひとは、その好きなところを発掘しては、あらたなキャッチコピーにして、流通させることができる。そこでは歴史は、何らかの目的に向かって進んでいるのではなく、生物進化と同様に、さまざまな偶然の出来事のうち、社会に取り入れられていくものを通じて変化していく。つまり、多様な試みの多くの挫折のなかから淘汰されて、次世代のマジョリティの文化が生まれてくるというだけなのである。

人間本質の消滅

　人間のもつ普遍性、すなわち人間の本質は人類二十万年の歴史を通じて変わらぬものとして、どの時代の人間、どの文化の人間とも理性をもって対話すれば理解しあうことができるし、それによって得られた科学的知識を真理として認識できると信じられてきた。すべてのひとが科学的知識を共有し、おなじ人間として理解しあえるようになること、それが個人としては成長であり、文明としては進歩なのであった。

しかし、こうした文明的諸理念が失われた現代においては、人間の普遍性はただホモ・サピエンスのDNAをもつことに過ぎない。そこに、大衆社会、ファシズム、パンデミック、世界戦争……、西欧近代文明と資本主義経済が世界中を巻き込んで、どの地域もそれと無関係には存在できないようになった状況において、コミュニケーションの爆発的増大が起こっているという次第である。

スフィンクスに謎をかけられたオイディプス以来、「人間とは何か」という本質への問いは、ずっと人々を悩ませてきたが、いまやそれに対する答えはないというべきであろう。問い方が間違っていたのだ。むしろ、人々はその問いによって何を得ようとしてきたのかと、考えてみなければならない。

人間本質の問いによって得ようとしていたもの、それは、いまとなってみれば、政治権力の正統性であった。つまり、西欧近代において、理性が人間の本質だとすれば、理性のない人間は獣と同様に扱ってよい、せいぜい病院や施設に収容しておとなしくさせておけばよいというわけだったのである。

もとより、本質*は分類の基準である。分類することができるためには、一定水準の知性が必要であるが、そればかりでなく広い意味での権力が必要である。というのも、分類は言葉で名づけることによってなされるが、人々がそれを常識として記憶するようになるためには、その言葉を通用させるだけの権威が必要なのだからである。

＊本質とは、アリストテレスが確立した分類法に基づいて、最小単位とされる事物＝個物に共通し、それに隣接した、類としては同一の事物から区別される性質のことをいう。ところで、本質は分類されたものに見出だされるものであるのだから、「分類する」というそのことをする人間には適用できないが、だからこそ「分類す

る」ということが人間の本質なのではないかと問うこともできる。なるほど、分類は、ひとに「分かる」という経験をもたらす。「分かる」とは悟性＝理解力のことである。悟性こそが人間本質であるとしてはどうであろうか。とはいえ、すべてのひとが分類をするわけではない。人間は、分類する人々と、分類を記憶する人々とに分かれる。さらには分類を理解できない人々もいる。だから分類することは、人間の「本質」ではない。人類に共通する性質ではない。

かつて人種という誤った分類が作りだされたが、それは肌の色という非本質的なもの、特徴に過ぎないものを通じて人間を区別し、差別し、奴隷としてよい根拠とされたものだった。その点では、民族という分類も同様であった。民族という分類は、バベルの塔の神話に影響されて遺伝子の系統とおなじような系統を言語に見出だそうとした歴史言語学派の流れにある（田中克彦『言語からみた民族と国家』）。先史時代には、分類したものをそのまま自分たちの部族の象徴としていただけだったが（レヴィ＝ストロース『今日のトーテミズム』）、近代国家が成立して以来、交配と遺伝に関する畜産術的知識をふまえた血統という基準によって、ジェノサイドしてよい人間を分類するようになったのであった。

今日、人間に本質を求める発想は否定されて、障害者を含めてすべてのひとに個性があると主張される。そうした主張こそが俗説化された実存主義だったのかもしれない。サルトルが述べていたことは、人間においては、神が与える本質よりも、いまここにあるという「実存」が先立つということであった（『実存主義はヒューマニズムである』）。黒人や女性、病人や障害者、ＬＧＢＴＱなど、現代におけるさまざまな権利要求も、人権を建前としているとはいえ、人間の本質を強引に定義してきた権力に対する実存の抵抗運動であったともいえよう。サルトルのいうように人間が無であるからではなく、また神に代わって歴史の未来を創造するためでもないにしてもである。

3　自由からの逃走

多様性

今日では人権の尊重よりも多様性への配慮が主題とされる。人権は一人ひとりを重要であるとするのに対し、多様性＝ダイバーシティは同一種について使用される語であって、そのなかでのバリエーションが大きいことが重要である。

それにしても、人間にはそのそれぞれの特性において、統計的に大なり小なり能力差がある。どんな能力を測定するかは社会のニーズによる。[*] 人間としての優劣の差異ではないが、職種や地位や役割に関しての有利不利はある。人権尊重は、差別意識や慣習に基づく想像によって人種や性やその他の特性によって特定のひとの判断をしてはならないということであるが、多様性の配慮は、それらの特性の最大限の幅でひとを集めよという意味である。しかもそれは、組織の効率性のためでもあり、および権利争いの回避のためでもある。「反差別」と混同されがちであるが、「多様性」は何らかの同一性を前提しており、そこにカウントされないマイナーなひとがはじき出される。知られないうちにあらたな境界線が引かれているのである。

＊ニーズと統計の取り方次第で、さまざまな特性のひとが職種において有利になったり不利になったりするが、それは人権侵害にはあたらない。たとえば女性の容姿を主題にすべきではないと主張するフェミニストがいるが、女性の魅力が有利になる職種は、運動の得意なひとが有利になる職種と同様に、需要と供給によって決まる。だから、そのようなフェミニストの主張は、人権とは無関係に、魅力＝性的資本を活用する女性を牽制していることになる（キャサリン・ハキム『エロティック・キャピタル』）。他方で、フェミニズムによって労働市場や婚活市場からあぶれる男性たちの「人権」を主張する人々もいる。なるほど弱者救済も生存権としての

人権の尊重ではあるが、かれらはただ既得権益を失ったというだけなのであり、ある種のニーズに対する能力の不足していることが顕在化したわけである。そのひとたちは、フェミニズムを非難するよりも、ほかにすべきことがあるように思われる。

しばしば「差別ではなく区別を」といった表現がなされるが、ひとの関心には利害や好き嫌いが含まれるので、学問を除けば、価値を切り離して区別することは困難である。むしろ「選別」というべきではないだろうか。人々は商品であれ友人関係であれ、選別して当然である。さもなければ気に入らない商品を買う義務や、嫌いなひととつきあう義務といった奇妙なことが生じる。女性や年寄りに値引きするというサービスも差別だということになってしまうが、店はそれが集客に有利だという経営的判断からそうするのであって、差別しているわけではない。あらゆる選別を差別といって非難すると、差別の真の問題が見えなくなってしまうであろう。差別の問題は、選別する側の差別感情なのではなく、身分や資格が問題になるときの、政治や経済にとって非本質的な選別それ自体なのである。

そもそも人種や性や障害の有無は、統計をとればさまざまな特性の違いが見出だされるのだから、それを基準として処遇を変えることは、資本主義や官僚主義においては理由のないものではない。人権が問題になるのは、特性における一般的な差異とそれぞれのひとの特性の差異が混同されるときである。それゆえ、ある人物の人権が侵害されているからといって、そのひととおなじ特性の人物の全員が人権侵害されているわけではない。それなのに、ある特性の人々が団結してマイノリティとなり、みずからを一般化して権利を要求するとき、もしそれが人権という語に結びつけられるならば人権という理念は瓦解する。*

*たとえば、禿げているひとが侮辱されるのは人権侵害である。だが、ルッキズムとして人権問題とされ、ヘアースタイルに関する一切の表現が禁じられるとすれば、髪の整ったひとは賞賛される権利を失う。そこには、あえて剃り上げて気に入っているひとも含まれる。だれかがヘアースタイルを誉められるのを聞くだけで禿げているひとが傷つくというのは人権問題ではないであろう。ひとの特徴や特性を一般化してそこから評価して

はならないと考えるひとは、一般性なしに、知らないだれかをどうやって理解するというのか。そのあとに、段々とそれとは違ったものとしてそのひと自身を理解し始めるのであって、逆ではない。そのように個別性へと進むのが「経験」というものなのであるが、なかには経験を無視して「超一般性」へと進み、民族や性など特定集団のすべての成員の特性を主題にし始めるひとたちもいる。

人権の要求とマイノリティの運動とを区別しよう。マイノリティとは、社会における少数派の階層や集団のことである。刺青のあるひとや喫煙するひともその例であるように、ただちに社会的被抑圧者を指すわけではないが、マイナーであって抑圧されていると意識した人々が連帯して「マイノリティ」としての団体を形成し、みずからを社会的被抑圧者であると呈示しつつ、社会のさまざまな既得権益者たちに挑戦する政治運動が起こされる。*そうした強い意味をもつこともある。そして、その人々の権利が認められたとすれば、その裏返しとして他の人々において権利が制限されたり、義務が課せられたりする。こうしたことが可能なのは、人権という理念の普及によってではなく、権益の配分を変更しても社会全体に利益が生じるとみなされることによってである。そこでは多様性の含まれる同一性の範囲を巡る抗争がなされているのであって、それで実際に抑圧されているマイナーなひとの人権が真に回復されるとはかぎらないのである。

＊アイデンティティという概念は、ロックにおける「パーソナル・アイデンティティ」（『人間知性論』）以来、ひとがみずからを過去と未来を通じて一貫したものとして捉える人格性のことを指していたが、この数十年のあいだに、性や組織や国籍や人種など自分が所属するものへの自認を意味するようになりつつある。ここにも、自由を基盤とする人権よりも多様性が主題にされていることが窺われる。

多様性を重視する社会は、いうなれば人物ごとのキャラクターのタイルで描かれた壁画のようなものである。海の風景が描かれるときは青いタイルが重宝され、山の風景が描かれるときは緑のタイルが重宝されるように、その社会を構成する特定のタイプの人物が優先される。そして、赤や金といった特定の色がアクセントとなってその風景を賦活するとすれば、そのような意味で特殊なタイプの人物が優遇される。そのいずれでもないひとは、ほかの社会では重宝されるキャラクターであっても、密かに生きていくほかはないということになる。*

*なぜ「タイル」という視覚表象で喩えたかというと、「能力」と混同されないようにである。なるほどあるひとが選別されるときには「能力があるから」といわれるであろうが、そこにおける能力の概念は、「力」ではなく、何らかの目的に即して効率のよし悪しが測定されたものにほかならない。どんな目的が措定されるかは社会や組織のあり方によって多数多様であるから、個々の人物に、それらとは無関係に備わっている「能力」が主題となるわけではない。たとえば、現代において盛んに問題にされている「コミュニケーション能力」なるものは、職人や猟師が中心の社会では能力とすら捉えられないであろう。

マジョリティとは、必ずしも数が最多ではなくとも制度や政策の決定に対して支配的な階層や集団のことである。人権は、マジョリティが支える権利である。社会がやがてどんな風景になるかは、マジョリティがどのようなものであるか、かれらが社会をどのように捉えているかによって決まる。

社会の風景が変わるのは、その社会を支えるマジョリティの人物たちの意識が変わるにつれてである。それが変わる境目では、意識の変わった人物と変わらなかった人物とが混在する。世代間の差ばかりではない。歳をとっても変わろうとする人々もいれば、若くても変われない人々がいる。旧いタイプの人間と新しいタイプの人間が混在し、ひとは絶えず小さな無数の揉め事の渦巻きのなかに閉じ籠められる。そこから逃げだそうとして、創造であれ、起業であれ、犯罪であれ、発病であれ、何かをしようとする。こうした状況こそ、現代の社会にとって本質的なことなのではないだろうか。

自由の第五のパラドックス

人権の理念が形骸化しつつあるいま、人権という語は、さまざまな権利の争奪戦の口実に過ぎなくなってしまった。人権の理念を生みだした自由の価値も消失しつつある。*

*ある種の人々の人権を実現するために別種の人々の自由を制限しなければならない場合、どうやってその調停ができるのだろうか。もし文明進歩があるならば、そこではいずれの人権も調和して、人々は等しく自由であるという状態にいたるはずである。だが、それはむしろ個人の自由を最低限のレベルに限局して均等化する管理社会でしかないのではないか。「平等に不自由な」社会を実現するのは独裁政治であろう。人々は、むしろ自由を捨ててそのような政治を求める、といったこともあり得るのであるが。

もとより精神医学が普及し始めた一九世紀終わり頃から、自由には、「隷属の自由」や「依存の自由」もあるという事実が知られるようになっていた。ひとには自由を捨てる自由もある。フロムがどれだけ『自由からの逃走』を非難しようと、自由を捨てることをやめさせることは、自由を制限することであるというように考えられ始めた。

自由を捨てる自由としては、「自殺権」などが思いつかれるであろう。自分で自分を死なせることのできない状態にあるひとを手伝って自殺させても自殺幇助罪に問われない制度が求められている。そうした自殺の自由があるというわけだが、自殺したあとはそのひとはもはや自由ではなくなる。これはパラドックスではなく、自由を制限する基準を決定する政治的課題のひとつに過ぎない。*それに対し、ここで問題にしたいことは、ただ自由を捨てること、つまり自由に行為することを強制されない自由である。「自由であれ」といわれることは、実に不自由なことなのであるのだから。

*もしそれを認めるなら、結果的に自由を失うことになるような臓器売買の自由や奴隷契約の自由も、売春の自由や覚醒剤の自由も同様に尊重すべきものになるであろう。それを肯定する法哲学者もいる（住吉雅美『あ

ぶない法哲学』)。それらも自由の行使ではあるが、深慮のうえの尊厳死と「死にたい」とSNSで書いて殺されることをどう区別しようか。ここには、いわゆる愚行権を他人の自由を侵害しない程度に、また犯罪を誘発しない程度に認めるべきであるとする政策と、自由に伴う合理的な自己決定の最低限の義務を課すべきであるとする政策の葛藤がある。

近代主義的な思考をする旧世代の人々が引退して、自由の意味が変化してきたのであろう。近代の自由の追求は、実質的には宗教と政治に対する恒常的な自由の要求に過ぎなかった。民主主義がある程度普及して宗教的拘束や政治的強制が以前よりも減り、宗教的政治的抑圧を撥ね退けようとする自由が不要になったあらたな世代の人々にとって、自由の侵害として残っているのは他の人々の自由によるものが主となった。

それにしても、他の人々との諍いを避けるためにみずからの自由を制限し、どの程度に他の人々の強制を受け容れるかを自分で決定するのは重荷である。それで人々は、個々のひとの自由の境界について検討するよりも、それが自動的に調整されるように指示されたり、選択肢のなかから選択して、それがうまくいかなかった場合の救済策やセイフティネットのある社会の方が望ましいと考えるようになりつつある。

いまや人々は料理は「お任せ」を、機械は「全自動」を選ぶ。書物も商品も旅行も「ベストセラー」を選ぶ。[*]一つひとつ自分で決めた方がよい結果になるかもしれないが、失敗してがっかりすることもある。十分な経験を積んで間違いない意志決定をすることができるまでの労力を計算すると、おまかせや全自動やベストセラーを選ぶのは、政府や私企業の悪意ある誘導でないかぎり、決して不合理な選択ではない。

＊ベストセラーは集合知によって決定されるといういい方もできるが、そこには人々がよいと思うものについての判断からなる「ケインズの美人投票」や、投票の手続きに応じて一位が変わる「コンドルセのパラドックス」がある。とりわけ口コミが一人ひとりの合理的判断を歪めてしまうことはよく知られている。どのようなランキングも決して真に客観的にも合理的にもならないことをペーテル・エールディが詳述している（『ランキング』）。

こうして自由の条件である「他人の自由を支える義務」が消滅すると、自由の第五のパラドックス、すべてのひとを自由にしようとすることで一人ひとりは不自由になるというパラドックスが露わになってくるのである。

自由の刑

価値としての自由が、前近代の道徳を否定しながらも、それ自身もある種の道徳に過ぎなかったことが、いまや意識され始めている。すでに述べた他人も自由であるようにするという義務だけではない。自分が自由でなければならない義務である。すなわち、成りゆき任せ、いちかばちか、横並びにする、放置する、なし崩しにする、みずから破滅する……といったことの一切を禁じる「自由という名の道徳」——何に対しても一人ひとりが絶えず理性的に意志決定をしなければならないという義務が課されていたのに、人々は気づく。＊理性的であることは、人間の本質であるとされながらも、ひとつの道徳だったのである。

＊この義務に反して学業や仕事や対人関係に失敗する場合、「根性がない」とか「空気を読めない」といって非難されていたが、そうした旧来の道徳的サンクションの代わりに、「うつ病」や「発達障害」という病名がつけられて隔離排除され、場合によっては投薬監禁される。「受け身すぎる」「表情や話しぶりなどから相手の気持を汲み取ることができない」、「空気が読めない」、「自分のやり方への強い固執がある」、「興味や関心の極端な

偏りがある」「的外れなことを言ったりする」といった発達障害の特徴とされるものは、病理学的ではなく、道徳的によいとされることの裏返しの表現に満ちている。道徳的サンクションからは保護されるが、これは理性という人間本質に欠けているとされる精神病をモデルにした医療という名目での法的サンクションであり、隔離されて社会的人間関係から距離をとらされ、薬品への依存が生じさせられたりする結果、一生その状態から抜けだせなくなることすらある。そうでない場合も、逆に、認知症患者や知的障害者に対しては、どんな不合理な要求、たとえば一週間分の生活費を一日で使ってしまいたいという要求であれ、周囲のひとは、それをかれらの意志として尊重しなければならないという圧力にさらされることにもなる。

サルトルの「人間は自由の刑に処せられている」（前掲書）という表現が、まさにその事情を説きあかしたものだったと思いつくのに遅くはない。サルトルは、神に代わって人間が未来を創造しなければならないと呼びかけ、その意味で実存主義はヒューマニズムであると主張したのだったが、むしろ人々はヒューマンであることを捨て、ただ自由の刑、すなわち自由という名の道徳から逃走することの方を選んだのだった。

多くの若者が今日、自由のための挑戦や闘争よりも、単に穏やかで、そこそこ便利な日常が続くことを望んでいるように見える。ひとりで生きるにしても完全な自由になるわけではなく、いずれにせよ身体によって自由は制限される。高い崖を飛び降りるわけにはいかないし、食べ物が得られなければ飢えて死ぬ。それでも自由に価値があるといえるだろうか。S・M・ルークスのいう自由の内実としての自己決定、自己空間*、自己成長はもはや重荷でしかない（『個人主義』）。

*いわゆる「プライバシー」のことで、最小限には身体のテリトリーとしての他人との近接距離が主題になるが、私的なもの一般を他人の眼に曝されない権利として、一九世紀末に自由の一種としてアメリカで発祥した新しい概念である。さらに最近になると「個人情報保護法」で守られるが、個人情報保護はプライバシーの尊重とは少し意味が異なり、とりわけ商行為や犯罪行為において利用されないためのものである（宮下紘『プラ

イバシーという権利』)。人々が、SNS等でプライバシーを晒しあうことをためらわないという点でも、自由の価値が下落しているといえよう。

安楽で快適な生活を送り続けたい、あるいは刺激的で高揚感ある生活をしたい——人類はずっとそうだったのではないか。暢気な生活は、災害であれ事故であれ、飢饉であれ疫病であれ、自分がその被害者にならないかぎりは一過性のこととして、首をすくめていれば通り過ぎる。先史時代でも、前近代社会でも、きっとそういうことだったろう。

多くのひとがいまや自由に倦み、群衆として生きようとする。だが、そうしたタイプの人々の出現は、他の人々にとって、生活の条件と目標とを根本的に変えてしまうような社会的な危機でもある。従来の社会の仕組を変えなければ多くのひとが生活できなくなるような危機である。一人ひとりが従来の生き方を変えなければならなくなるような危機である。

あせる人々は社会の俯瞰図を求める。あるいは系統樹のようなものを作って自分の立ち位置を確認し、これからどうなるかといった診断書や、どう対処すればよいかといった処方箋を求める。そうした類の書物やブログや呟きが、世間の人々の噂になる。これらの言説もまた普遍的に、といったらいいすぎかもしれないが、人類がずっと作り続けてきた類のものであろう。

なるほど人々は、こうした現実を生きるための理論を必要としているが、これを、「自由」や「理性」や「進歩」や「人権」など、近代=モダンの哲学者たちが発明した諸概念を使って与えるのは、もはや無理がある。それがポストモダンということなのだ。

とはいえ、心配することはない。人間は大なり小なり思考する。危機は病気ではない。病気のように処方箋によって元気になる——元に戻るといったものではない。*危機とは、別の何ものかになるということなのだ。社会のなかに、以前は見えなかったものを見るということなのだ。そして、以前に自分が見ていたものは幻だったと知ることなのだ。

＊処方箋のような言説は、人間が変わるのには役立たない。というのも、それは変わらないでいようとするひとたちのためのものなのだからである。変わっていこうとするひとにとっては、古文書のようなものだ。人間が変わるというのは、社会の捉え方自体が変わるということなのだ。行動の目標が変わるということなのだ。

近代の哲学者たちが思考したのとおなじように徹底的に思考して、あらたな概念で社会を捉えなおすべきであろう。古臭い理論を取り払ってしまえば、思考すべき領野が眼のまえに拡がる。人間に本質がないということは、個体としては分類できないということだ。種としては雑多な群れで*しかないということだ。一人ひとりは、群れという複合体の分子でしかないということだ。

＊日本語では「群れ」という語で、人間、動物、鳥類、魚類、昆虫類等々のいずれの集まりも指すことができるが、欧米語ではそれぞれに違った語が割り当てられ、区別されている。さらに、どう対応させるかは曖昧であるが、大衆は「マス」、群衆は「クラウド」、群集は「コミュニティ」、暴徒は「モッブ」のように、それぞれ区別される。他方で、日本語の「群れ」は「集団」に対立し、後者が組織だったものを指すように感じられるが、欧米語ではおなじ「グループ」という語で表現される。したがって、「群れ」とは縁のなさそうな欧米語の訳語で紹介されている議論で、実は群れの話がされているということも多い。逆に、「グループ」として論じるなら、本書における「群れ」は「集団」に置き換えられ、読者の耳になじんだ議論に見えてくるであろうが、それが組織だっていないことを強調するために「群れ」という語を使用するわけである。

ひとは、なぜそれを伝統的な「共同体＝コミュニティ」という語で呼ばないのかと訝るかもしれない。しかし、日本語で一旦そう呼ぶとすれば、そこにはすでに特定の倫理が発動されている。共同体は、どの構成員も見捨てまいとする均一の温度のもとにあると想定される。それに対して、群れにはホットな箇所とクールな箇所があって、しかもそれが絶えず移動している。そこからはずれるひとに対しては、あたかもトリアージ＝選別における黒いタグのようなものが貼り付けられる。それでもそのひとは群れの一部なのである。これからそのような状況における人間の生き方について語っていこう。

4　群れについて

人間の群れ

一人ひとりの個人的判断を主題とはせず、それを統計学的に扱う行動経済学や進化心理学という分野がある。政治も、人間を統計上の数値にとって代えた政策と支持率のバランス調整になりつつある。では倫理学が社会を群れとみなすとしたら、それはどのようなものになるのだろうか。

社会現象としての群れについては、「群集」や「群衆」や「大衆」などという用語で論じた社会学がすでにある。*その意味では、社会を群れとして論じるのは、目新しいことではない。しかし問題は、社会学や心理学におけるような対象化された群れではない。群れる人間ではなく、人間《じんかん》、「ひとのあいだ」が群れであるということの意味が問題である。

*それより以前にも、古代ギリシアではピュシス＝自然に対するノモス＝規範という概念があり、「放牧する」という意味のノミゼインという動詞から派生したという（ハイニマン『ノモスとピュシス』）。柵を越えないかぎりにおいて人々は勝手に生きるということである。同様に、キリスト教においては、ニーチェが「畜群」と呼んで厳しく批判したように、人々を子羊に喩えていた。

概して群れという表現でイメージされるのは、イワシの群れのおなじみの映像である。サメの接近によって群れはドーナツ状に球形にと、位相幾何学的に自在に姿を変える。とはいえ、こうした映像によって与えられるイメージを、そのまま人間のどんな集団、どんな社会にも適用すべきだというわけではない。群れには、植物の群生から昆虫の社会まで、あるいは細菌や体細胞、物質の結晶までも含めることができて、群れは多様であり、数学的モデルやコンピュータ・シミュレーションもあるが、その統一理論はない。特定の種の群れから人間社会を理解しようとするのは、単なる比喩でしかない。*

*通常、群れという概念は、生物個体の集合として理解される。群れを観察するひとは、群れに属する個体とそうでない個体とを区別して、前者の個体の集合として、複合体としての特性をもつものとして群れを把握しようとする。しかし、群れを、さらに一般的に、物体も含めて理解することもできる。その場合、極端な群れは結晶である。その境界は、結晶化した物体の外面である。他方の極端な場合は煙である。捉えどころなく漂い、雲のように遠くからは形象が与えられても、近づくにつれ何もかもが曖昧になる。われわれが知覚するすべての対象は、結晶と煙のあいだにあって、結晶が昇華し、煙が凝固しつつあるような現象のもとにあるともいえる（アンリ・アトラン『結晶と煙のあいだ』）。

人間の群れがイワシの群れに似ているのは、それぞれの個体が、隣接する諸個体と運動を合わせ、近過ぎない距離を保ちながら、中心へと向かおうとするところである。しかし、人間の群れが他の一切の群れと異なるのは、各個体が全体についての表象を大なり小なりもっているという点においてである。それは真に客観的な全体像ではないが、そのわけは、第一には、その像を描く各個体の偏在による認識の不十分さがあるからであり、第二には、その像を描く個体の利害関心による偏差の修正不可能性があるからであり、第三に、たとえ比較的客観的な像が描かれたとしても、いわば不確定性原理とでもいうべきものがあって、それをふまえた諸個体の運動が変化して当初とは異なった全体像に変化してしまうからである。

その結果、各個体の感性と思考の多様性は大きなものとなり、諸個体のそれぞれがもつ全体像次第でその個体が向かおうとする中心が多数多様となって、他の生物とは異なった複雑な彩を生みだすことになる。イワシの群れのような鮮やかな形態変化を起こすこともあるが、それはむしろ特殊な事例においてであろう。

そこでは「個人」はどのように捉えられるのか。多くのひとが、ホッブズが規定したように、社会を個人からなると想定し、祭りの雑踏のなかですら、問われれば自分を「個人」であると答えるであろうが、それは自己認識におけるものでしかなく、そのひとは群れの論理において一個の身体としての「個体」でしかない。

分割できないというのが原義の「個人」とは、ホッブズによる定義以降、物質の場合のように、全体とは関わらない運動をするタイプの個体のことである。物質はただ原因に従って人間に認識されるさまざまな複合体の個体的形態を生みだすが、その要素が＊「分子」と呼ばれる。分子の本質は全体を知らないというところにある。全体をよく知らないままに、あるいは半可通のままに周囲との関係で運動して結果として全体に関与しているひとは「個人」ではなく「分子」と呼ぶべきであろうし、そのなかで群れの中心に近い範囲に属しているひとの身体を、生物になぞらえて「個体」と呼ぶべきであろう。

＊現状として、比較的客観的な全体像を教える場として大学があるのに対し、極端には、自分の周囲およびネットのエコーチェンバーのなかに閉じ籠っているひとたち、カルト的宗教や半グレ集団の共有する不自然な全体像に取り込まれるひとたちも少なからずいる。全体像の客観性は、どこまでいっても相対的である。

ところが人間の場合には、なにがしかの全体を知って運動する。だからこそ全体をふまえよとの道徳的要求がなされるのが「個人」である。「個人」とは、個人主義という生き方もあるように、実践論的な呼称である。西欧においては放っておいても個人と呼ばれて自律やプライバシーや自己成長を求められ（ルークス『個人主義』）、そのようなものとして責任を要求されたりもするが、それは社会が、結晶のような一個の全体と取り違えられているからである。真に個人になるためには、群れの分子が群れから離れて、まずは「個」となっておかなければならないであろう。

群れか個人かは、一人ひとりがもつ両面性ないし葛藤のようなものではなく、量子が波であったり粒子であったりするように、運動量を捉えれば位置が分からず、位置を特定すれば運動量が分からないようにして、ひとはただ、群れであったり個人であったりする。したがって、社会とは、全体と呼ばれる中心に近い範囲と、その境界にあって異例な分子が神出鬼没するノーマンズランド＝中立地帯の双方を含む群れである。それによって、社会には、群れの分子もいれば個人もいる。身体としておしなべて「群れの個体」であることとは別に、ひとは状況に応じて群れの分子になったり社会の個人になったりする。どちらが本来的であるともいえないが、そのようなものとして人間の群れはある。

群れと全体

群れのなかでは、ひとり孤立して思考して、特別にある判断をしたと思っていても、その社会の一定数のひとが同様にしておなじ判断をしている。そういう点では、そのひとは個人というよりは、いまだ群れの分子である。政治的意義しかもたない代表意見のようなものは、群れのなかの自身のポジションに対して割り振られただけのものである。逆に、匿名で口々に表現される言説を呟いただけで、炎上したりバズられたりして、特定の分子が個人として孤立させられることもある。* 群れは、そこにおける個人の生成消滅の現象を含めて、動的＝ダイナミックに理解されなければならない。社会は、そのようなものとして、群れなのである。

＊とりわけSNSのような場所では、あえて炎上させることで注目を集めようとするひとすらいる。極端な意見が投稿されたとき、人々は熱狂して賛成と反対とを呟くのだが、そこで問題になっていることは、その意見が主題とすることの正しさではなく、その人物のキャラクターである。差別や憎悪を公言する意見は、その意見を呟くひとのキャラクターを表現している。あたかもプロレスを観戦するかのように、ひとはそこをアリーナとしてヒールと正義の味方の闘争が見たいだけなのである。

それに対し、蚊が円柱状の蚊柱を作るときの数学的法則のように、群れの自然法則を発見しようとするひともいるかもしれない。そのことは、人間以外の群れについては成りたつかもしれないが、人間の場合、その分子を一意に定義することができないから不可能である。人間分子は、あまりに多種多様であるばかりでなく、法則を知ることで法則が見出だされるまえとは異なった振舞をする。ハイゼンベルクの不確定性原理＝観察者問題はむしろ人間社会にあてはまるのであって、人間の群れの法則は、知られることによっておのずから変化してしまうのである。

他方、民族や国家など[*]、人間分子を統括するひとつの全体があると想定するひともいるかもしれない。しかし、全体を標榜するのは特定の個人ないし少数からなる群れであって、それらは社会と呼ばれる群れの総体からするとその一部に過ぎない。どのようにして全体を目指す政治的な権力や倫理的な同調圧力といった現象が生じてくるのかについては、さらなる分析が必要であろうが、そうした「全体」が社会を凝集させたり分散させたりする働きをもつのは、いわば梃子で対象を動かすようにしてであって、決して事実として社会のすべての部分がひとつに統合されているからなのではない。

＊近代初頭、国民国家の出現に先立って、ホッブズは『リヴァイアサン』で、スピノザは『国家論』で、国家がひとつの人格であることを論証しようとしていた。今日でも、国名であたかも人格であるかのように外交や国際問題やスポーツを語るのが一般的である。しかしながら、人間ですら統合的アイデンティティをもつのが

難しい。それ以上に、国家は分裂的であって、その実態は、民族主義的なシンボルに過ぎない。そして、民族性はある種の現代の宗教である。国家への忠誠や犠牲を求めた軍国主義に対しては、倫理学はそのイデオロギーを暴露すべきであったろうにと思う。

それゆえ、「群れ」という語によって表現されることは、さしあたっては、人間の集団が部分と全体という論理によって説明し尽くされない様相をもつということでしかない。部分相互の境界が曖昧で、ダイナミックに部分が全体に入ったり全体から出たりするという様相である。*

*ひとは「分かる」という経験を、全体を見出だしてその各部分がどのように全体を構成しているかを説明できるという意味で捉える。だが、「分かる」という経験はそれに尽きるものではなく、それとは対立する別の意味もあり得る。そうしたことを論じる形而上学とは、哲学的諸概念の関係を定義しようとする学問である。「分かる」とはどういうことか等、分かろうと思考する対象から切り離された思考の条件を問う学問である。どのような形而上学を採用するかによって、いずれが正しいかは別として、経験の捉え方がまったく異なってくる。したがって、ここで群れを社会学的に、心理学的に、あるいは動物の群れを巻き込んで進化心理学的に捉えようというのではない。対象の選択の問題ではなく、概念の選択の問題である。つまり、概念を形而上学的に整理して、「全体が部分からなる」ということを否定する立場を選んだのちに現実の社会を見ると、社会は群れとして「分かる」ことができるのである。

社会を群れとして見るのは、それが前提する、統計的事実を操作することによって成立している現代の政治状況をあきらかにするためである。倫理学は、そうした群れとしての社会において、ひとが個から群れ、群れから個へと移行しながらみずからを経験するさまを解明し、その際の善悪正邪を判断するための思考の基盤を提供すべきであると考える。

統計革命

ところで、群れがはっきりとした社会現象として出現し、「大衆社会論」として理論化されるのは一九世紀末である。その頃、ハッキングによると、倫理学にとってスキャンダラスな思考が出現していた（『偶然を飼いならす』第八章）という。

それは、デュルケーム『自殺論』においてであったが、そこでは社会のどの程度の比率のひとが自殺しても正常であるかと問われていた。自殺が、一定数あって差し支えない社会現象とみなされたのである。自殺は「善か悪か」と問われてきた従来の倫理学的観点が、「正常か異常か」という観点へとスライドされてしまっていたのである。

こうした観点のスライドは、それ以前、一八世紀末に始まる臨床医学＝近代医療の分野ですでに生じていたことを、フーコーが指摘している（『臨床医学の誕生』第二章）。経過観察を主眼とする近代医療においては、統計が重視され、健康＝正常と病気＝異常、ないし健常者と病人ないし障害者がそれによって区分されるようになっていた。*

*たとえば血圧の正常と異常は、身体において血液循環が果たす役割における機能に応じて決められるのではなく、健康とされる人々の血圧の統計値によって決められる。高すぎる血圧はそれ自体では病気ではなく、病気を引き起こす確率が高いだけであり、各人の身体の状態に応じて何をもって正常とするかは決められないからである。ある種の病気のひとの血圧が高いからといって、血圧が高いからその病気になるというのは、論理的には飛躍があるにもかかわらずである。

ハッキングは、統計的事実が普及するなかで、「善か悪か」という問いが「正常か異常か」の問いに置き換えられ、それ以降、フーコーのいう「人間の終焉」（『言葉と物』第十章六）のことであるが、「人間＝近代の理性的な人間像としてのヒューマン」に代わって「典型人＝正常人」という根拠なきイデアが、認識と実践の範型とされるようになったと述べている（前掲書第十三章）。

この、正常と異常についての新しい観点は、ただちに当時の政治に反映された。優生思想こそ、それである。優生思想は、「自然の摂理」なるものに従った「優れた生＝正常で健全な生」を「劣った生＝異常で病的な生」に優先すべきであるという思想であるが、ダーウィン進化論を継いだ生物学者たちによって、社会生物学として唱えられた。それを明確に述べたのは、統計学者フランシス・ゴールトンである。彼は『遺伝的天才』において、裕福で知的な、優れた生の夫婦があまり子をもうけないという統計結果を示し、政府はかれらが子を産むことを推進する政策をとるべきだと論じた。

優生思想が実際どのようにして社会政策に取り入れられ、それがどのようにアウシュヴィッツにまで繋がっていったかはよく知られている。レイシズムがその残虐行為に一定の役割を果たしたとはいえ、ここでの問題は人権に関するものではない。問題は、さまざまな統計から政策目標が策定され、そこに国民の義務が設定されるようになったというところにある。

「正常か異常か」の問いは二項対立*の思考であり、未開社会の思考である。統計は学問が扱うときには確率論的に分析されるが、一般の人々は確率を理解せず、近似値とみなす因果論的思考や、単なる蓋然性とみなす前近代的な魔術的思考をそこに混ぜあわせてしまう。その結果、統計がひとり歩きして、あらたな倫理、政治を規定するようになったのであった。

＊「二項対立」とは、太陽と月、男性と女性のような対立する諸概念をグループ化して、たとえば「月は女性だから男性の影である」というように、関連のない概念を連動させて実践に影響を行使する論理である（ロドニー・ニーダム『象徴的分類』）。占いの論理でもある。それは、二つの原理で世界を説明しようとする「二元論」や、正反に分類していく方法としての「二分法」や、コンピュータの1と0からなるデータを処理する「二値論理」と混同されてはならない。

大衆社会論

政治のなかにこうした観点が出現してきた背景としては、一九世紀末、一般庶民が民主主義的政治と資本主義的経済の主要なプレーヤーになってきたという事情が挙げられる。

彼らは啓蒙思想の望んだように理性的な主体となることはなく、情動に揺さぶられる「大衆」となった。そうした大衆を多くの知識人が嫌悪し、さらにその啓蒙の必要性を訴えたのだったが、それでもファシズムが起こり、世界の歴史は近代の理想を裏切ることになった。近代西欧を支えてきた理性的思考が、大衆の情動的嗜好に席を譲ったのであった。*

*今村仁司は『群集——モンスターの誕生』において、一九世紀に群衆が突然注目されるようになり、哲学がそれをふまえた議論を展開するようになったが、いまなおそれが根本的には解明されていないと述べ、「哲学がなお頼りになりうるとすれば、こうした現実との格闘を通じて、群衆存在からの離脱の道を指し示す場合に限る」と主張している。しかし、その際には、群衆＝群れを理性的主体であるような知識人や制度によって規制される組織化された集団と対立させて捉えるのをやめるべきである。知識人が自分のなかにいるハイド氏（スティーヴンスン『ジキル博士とハイド氏』）の二重性を恐れてそれと格闘するのではなく、最も理性的である瞬間にも、最も秩序だった集団のなかにいても、それなりに群れであることを自覚することが重要である。それゆえ、本書でするように、すでに個であるひとが自分に内在する群衆から離脱する道ではなく、群れのひとりが個となって群れから離脱する道を指し示すべきなのである。

それに対しては、いまなお多くの人々が、近代の理念にしたがってこの大衆社会状況を改善すべきであると訴えている。大衆は理性をもつ必要があると唱え、ポピュリズム政治家を支持する「反知性主義」（リチャード・ホーフスタッター『アメリカの反知性主義』）を批判している。

大衆社会論の系譜を一瞥しておくとすれば、まずはキルケゴール、ル・ボン、ニーチェ、タルド、オルテガ、ハイデガーなどによって否定的に、克服すべきものとしての論考があった。その後、リースマン（『孤独な群衆』）やカネッティ（『群れと権力』）やモスコヴィッシ（『群衆の時代』）などの価値中立的な大衆社会論も出現するが、それでもなお大衆蔑視は続き、二〇世紀半ば以降、学園紛争において顕著になるが、実存主義と共産主義が知的エリート層に属する若者たちの思潮となる。純粋で完全な自由があり得るとの観念論的前提のもと、前者は大衆に埋没しない生き方を模索し、後者はレーニンのボルシェヴィズムのようにして大衆を指導しようとしていたといっていいだろう。

しかし、やがてこの二つの思潮は衰退していく。そのわけは、それらを超える哲学が生まれてきたからではなく、『ポストモダンの条件』（リオタール）において宣言されたように、自由に絶対的な価値があり、理性が社会をリードするという近代の理念それ自体が力を失ったからではないかと思う。メルロ＝ポンティが述べていたように、自由の障害となるような世界の対象が、同時に自由を可能にする条件でもあるという自由の根源的不完全性が真相をついていたからでもある（『知覚の現象学』）。

いまや理性をドグマ＝教義とすることなく、だからといっていたずらに理性を否定するのではなく、理性的とはどういうことで、それがどのように使用されるときに価値があるのかが問われるべきであろう。理性は、「ロゴス」という原語にも示唆されているように言語行為と原理的に切り離し難く、そのかぎりでの限界や規定のもとにある（拙著『いかにして思考するべきか？――言葉と確率の思想史』参照）。理論においては必須であるが、しかし実践においては別の営為にも価値がある。理性的であることを要求する営為によって社会が無秩序になったり、想像の奔放な活力が抑止されて、人々の生活が息苦しくなったりすることもあるからである。

とすれば、問うべきは、すべてのひとが自由平等でかつ理性的であるということを前提した西欧近代文明をどうやって生き延びさせるかではなく、あるいは大衆によって流動化してしまった社会に共同体的統一を復元するにはどうしたらよいかではなく、理性の乏しさを事実として受け容れた場合に、その行き着く先があるのかどうかである。われわれは、「近代主義」(ベル『資本主義の文化的矛盾』第一章)のもとで大衆の啓蒙を目指すよりも、むしろ社会とはそもそも何かということを、いま一度考えなおすべきではないだろうか。いいかえると、ホッブズが『リヴァイアサン』で論じた「社会の構成要素は自由で平等な個人であり、その個人が理性をもって集まって社会を形成する」という思考の枠組を捨てて、群れとしての社会の真の姿を見るべきではないか。*

＊ニーチェは畜群を超人に対比することによって、社会が群れであって理性的存在者の一枚岩ではないことを示した(『善悪の彼岸』)。しかしかれは超人という例外者に「力への意志」を措くことで群れに近代のヒューマニズムと支配のヒエラルキーを復活させてしまう。

社会を群れとして見ることの意義

ホッブズは、個人と社会のあいだに、個と全体という幾何学的な関係を適用した。その延長上で、そこに所属する全員を国民として含む現代的な国家観、自由で平等な諸個人が契約によって社会に国家という統治状態＝ステートを形成するという国家観も生まれてきた。それに対し、社会は国家ではなく、群れであるとみなしてはどうか。まず個人があって群れになったり組織になったりするのではなく、群れがあって、そこから個人が出現したり政府ないし組織が出現したりすると捉えてはどうであろうか。*

＊近代国民国家がどのようなものであるかについてはベネディクト・アンダーソン『幻想の共同体』で十分であろう。それは前近代の宗教に代わるものであって、カフカが描き出したような、相互に規定されあう無数のエクリチュールによる指令体系としての政府と内外の国境線の象徴に過ぎない。国家的統合への愛は、資本主義の発展とともに消え去るべきものである。とはいえ、グローバリズムのもとで経済領域が地域的に混交する

ようになり、レーニン『帝国主義論』のいうように世界市場ができたにしても、二〇世紀前半のようには、政府の利害と企業や労働者の利害は合致しなくなる。政治リーダーたちが支持率と選挙結果の統計のみを信じて知性を捨て、政府の軍事的暴力装置が手離されないかぎりにおいては、抗争は終わらないであろうけれども。

和辻哲郎は、西欧の近代的人間像を批判して、倫理を個人的意識にではなく「間柄」に求めた（『倫理学』）。個人の実在性を否定するのは正当であるが、しかし、それを間柄にではなく、群れにあると捉えてはどうであろうか。間柄には人間存在の構造として個と全体のあいだの「弁証法」、対立や差異を通じての質的な変化総合があるとされたが、しかし群れには、止揚はおろか調和も折衷もない。差異しかない。個のどんな物語も全体の物語には回収されないし、群れの論理は個と全体についての意識を伴う形而上学的な関係を含まない。

それはもっと自然学的なものである。群れは個人的意識によって規定されるものではない。諸個人に共有される意識によって全体が支えられるようなものではない。群れは、ただある。

雑踏であれば生物的意識、人々をリードしようとするなら政治的意識、群れから距離を取ろうとすると哲学的意識、といったような意識をもってそれぞれ自分の意識であるとひとは意識するが、動物と同様の生物的なものであろうと、社会状況を捉えるという意味での政治的なものであろうと、反省によって自我に見出だされる哲学的なものであろうと、意識はいずれにせよ群れのなかのポジションによって与えられる。

そこにおいては、個体は群れの代表でもあればその否定でもある（ドゥルーズとガタリ『千のプラトー』第十章）。固有の意識をもった個体がいてそれがわれわれの眼前に現われるのではなく、まずはその群れの代表として現われ、われわれはそこにその個体の特性としてではなく、その群れに属する個体の一般的特性を捉える。

たとえば山中で出会った獣を「熊だ！」と叫ぶときには、その熊は群れの代表に過ぎない。おなじ熊に何度も出会うなかで特定の熊としてその個性を見出だすこともあるが、そのときには、その熊に熊の群れとの対立や差異を見出だしているということである。異性であれ、外国人であれ、事態は同様である。あとになって、その群れとは異なったものとしてその特別な個体性を捉えるのであるが、それは相手から見た「私」*についても同様である――ひとはなぜ自分だけは最初から個体だったなどと考えるのだろうか。

＊今後「私」という括弧付きの表記で、精神およびデカルト的主体としての「思考する私」を指す。著者自身や読者の意味では「わたし」とか「われわれ」と表記する。

人間の群れは、ホッブズ以来ルソーやベンタムが前提したように意識を介して諸個人が集まった社会ではなく、群れがまずあり、個人の意識は、群れによってもたらされるアフェクト＝触発としての情動が意識されることによって、群れのなかに生じてくる。*「同調圧力」のようなものがあるのではなく、群れそれ自体が同調の現象であり、権力欲のようなものがあるのではなく、群れのなかで自身のポジションを取ろうとすることが権力を志向する個体の意識なのであり、そのために群れから排除されるべき個体としてみずからを意識させられることが差別なのである。このように、群れは意識の対象ではなく、意識が発生する場なのである。

＊これまで群れ＝群集を形成する際の個人的経験が議論されてきたが、それは団体や組織を作るという、言語を媒介した特殊な事例を一般化しているに過ぎないからである。群れを形成するものは、個人を取り出すと特定できない漠然とした思考ないし感情でしかない。個体の意識と無関係にその密度が群れのアフェクト＝情動を形成し、逆に、排除されそうになる個体に特別な意識が形成される。

意識から出発して思考するのではなく、意識に先立って思考を規定しているものについて思考すべきである。それを無意識*と呼んでもいいが、それはフロイトのいう「エス」のように、怪しげな意図をもった黒幕のようなものではなく、ただ群れのことであり、群れをこそ思考しなければならない。

*フロイトの発明した概念としての無意識は、単に意識していないのではなく、意識に対して隠されているもの、抑圧されているものを指し、そこに性のエネルギー＝リビドーがあるとする説である。フロイトは、個人の意識のしたに、リビドーによって作動する真の主体として、意識内容をも与えている無意識を措いたわけであるが、それは実証性のない観念論的な図式であった。ユングがそれに生物本能のような実在論的な集合的無意識をあてはめようとしたが、ここで述べるのは、フロイトのいうような個体の無意識や、ユングのいうような類的な無意識ではなく、群れのダイナミズムのもとで意識を発生させる無意識である。

社会を群れとみなすことは、人間を、近代においては蔑視されてきた動物と連続的なものとみなすことでもある*。だが、その表現によって大衆を侮蔑的に表現しようとしているのではない。大衆のみならず、エリートもあわせて群れとして捉えるべきである。ランダムに見える雑踏の人混みばかりでなく、最も高度に組織された軍隊のような機構までも含めて、群れとして捉えるべきであろう。

*生物学者たちがするように、アリの群れやオオカミの群れからの類比によって人間社会を捉えるということではない（モフェット『ひとはなぜ憎しみあうのか』）。なお一層、人間社会を投射して見出だされた権力抗争のような理論を、逆に人間社会に持ち込むべきではない。群れは、動物であれ人間であれ、天の星のように、あるいはだれも総数を知らないデモ行進の人数のように、一区画を切り取って全体が想定されるような、各個体が特定されないかぎりで群れなのである。

動物と同様に人間も群れとして社会を形成しているとみなすとすれば、それが全員を同等に含むのではなく、つねにそこから漏れ出るひとがいて、そしてまたそこへと帰ってくるひとがいて、絶えずそうした離合集散、ダイナミックな密度の変化があるということである。群れからはずれた分子もそこへと帰ろうとするかぎりにおいて群れの一部である。人間の群れは、ホッブズのいう自然状態のように、自由で平等な個人からなるのではなく、自由度の異なる不平等な分子からなる社会であって、それぞれの分子は、蚊柱のように、その分子が群れの中心に絶えず飛び込んでいくばかりの、それが本性＝自然とみなされる社会なのである。*

＊確率抜きに、必然と偶然とをのみ対比して人間の自由を論じるのは誤りである（カント『純粋理性批判』第二部第二篇第二章第二節第三アンチノミー）。群れの変動は必然的でも偶然的でもなく、確率的であって、そのなかでより自由なひととあまり自由でないひとが分かれる。他方、ホッブズのために弁明しておくと、かれは国家の統一性は仮想の人格から生じるのであって、群集の統一性ではないと明確に述べている（『リヴァイアサン』）。国家の人格は、その代理者として政府が行為する際に前提されるかぎりのものであり、社会契約から発生する。さらにベンタムは、「必然性という語は、反感・闘争・迫害・殺人を国家的国際的な規模で引き起こす」（ベンタム『存在論断片』第二章一〇節）とまで述べる。

5　群れ社会

社会の正規分布

社会が実際にも群れであるからこそ、一九世紀末以降、政治において統計的事実が論議を占有するようになっていった。統計＝スタティスティックスが、かつては「国勢学」とも訳されたように、国家＝ステイト的な作業として前提されるようになったのである。

統計が教えるのは、正規分布、すなわち中央に大部分が属する山＝マジョリティがあって、左右なだらかに分かれていって、両端に「異例な者＝マイナーたち」を含む集合である。正常か異常かというのは、中央部分にいるかそれとも両端にいるかという位置のことである。この両端は、全体に対しては異なった動きをするものとして「異常」とされる。そして、異例な人々は社会から排除されたり監禁されたりする。あるいはそこから逃走しようとする。社会はそのように数的な分布として表象される総体として理解され、政策は、それを基準として策定される。*

*たとえば生活保護の不正受給者が悪であるとの世論から役所が申請資格を厳しく審査するようになると、実際に貧困にあえぐひとたちが困窮するという事態が生じる。どのような政策も、立案された制度や法律をすべてのひとが遵守すると前提するわけにはいかないのであって、一定数が罰則を免れて不正な利益を得るということを認めざるを得ない。このことは、すでにベンタムの法思想のなかに含まれていた（『道徳と立法の原理序説』）。となれば、申請資格の審査は、悪を排除するためにではなく、効率的な税金の使用のためでなければならないということになるであろう。公務員がその業務に割く時間も節約されるべきであろう。

つまり、現代の社会はひとつの全体として国家があり、すべてのひとがその国家のなかで、国家に対する義務と権利を付与された国民として生活しているのではなくて、人口、すなわちものを食べ、意見をいう無数の口をもつ群れの総体であり、つねにその総体の中心からはずれていく人々がありながら、統計をもとに立案される政策によってその分布が操作される政治、フーコーのいう生命政治によって運営されているのである（『社会は防衛されなければならない』）。*

*生命政治とは、人々の意識を自分の健康にのみ向けさせて社会の統治の是非を問わなくさせる、先進国型の政策原理である。戦争や革命においては死が賭されるが、そこではあたかも国民が不死であるかのように、死を最大限に遠ざけることこそが善であると思い込まされる。だが、ひとはだれしもいつか死ぬ。各人にとって本来の重要なことは、いつどのようにして死ぬかということではないだろうか。具体的には次のような事例がある。ある感染症のワクチンを打ったときの副反応で死ぬ確率がその感染症で死ぬ確率よりも高ければ、ひとはワクチンを打たない方が正しいと考えるが、ワクチンを多くのひとが打った方が社会全体でのその感染症の

死者が減る場合には、政府はワクチンを打つように要求する。そこに「政治」がある。政治とはある種の人々に権益を与え、その他の人々から権益を奪うことである。かつて進化論の誤った解釈から優生思想が生まれたが、その極端なジェノサイドの政治が、姿を変えて多少穏健になって生き残ったといえよう。なお、この政策とGDPを増大させる資本主義的政策との関係については、ジェイソン・W・ムーアの『生命の網のなかの資本主義』が参考になる。そこでは、資本主義が自然と対立した社会の独自の現象ではなく生命現象と連動していると主張されている。

とはいえ、それはあらたな「管理社会」*なのではない。なぜなら従来のエリート、政治リーダーたちもまた、群れのなかにいるのだからである。政策が社会にどのような行動を生みだしたか、人々がその政策に賛同しているかどうかという統計が、その政策が正しいものであるか否かと問題にされないまま、政治的判断の指標とされているのだからである。

＊管理社会論は、社会学というよりは文学である。ザミャーチン『われら』(一九二〇年)、ハクスリー『すばらしい新世界』(一九三二年)、オーウェル『一九八四年』(一九四九年)、ブラッドベリ『華氏四五一度』(一九五三年)などの近未来ディストピア小説によって、理性による支配が行き過ぎた未来社会が描かれた。それは文学による科学や政治における合理性との対決という意味もあって、学問的な未来予測や現状の社会の批判としてそのまま捉えるべきではないであろう。そこには、むしろすべてのひとを支配するメリットクラシーへの恐怖があるが、現代社会の実態としては、管理社会よりも、ベンタムのパノプティコンに淵源する「監視社会」が一般化しつつあるように見える。監視カメラによるばかりでなく、巨大ネットワークプラットフォーマーの提供するネット空間のもとで、ネット足跡を通じての誘導が拡がりつつある(ショシャナ・ズボフ『監視資本主義』)。そこで主題になるのは各人への支配ではなく総員の統計的放牧である。共同体の意義が唱えられる背後で、トリアージの黒タグが付けられているかのようにして、放置された老人たちが続々と孤独死していくのはその一例である。

政治リーダーたちはその統計を根拠にしつつ、自分たちの群れに都合のよい資源配分をしようとするのだが、かれらの立場を与えているものもまた統計のなかの数値に過ぎず、支持率の低下によってその地位から追いやられる。とはいえ、正しい政策を立案する思考もまた確率的にしか生じない。かれらが地位を保全したいならば、支持率の上昇する政策ばかりを追求し、政治はポピュリズムに向かうであろうが、それが現代の「民主主義」である。*

＊水島治郎『ポピュリズムとは何か』によると、そこには、大衆をレトリックによって扇動するカリスマ的指導者の出現とメリットクラシーに基づくリベラルな政治に対する大衆の反発という二種類があるという。民主主義はいわばこの両者のいずれかに転落する危険を伴った稜線を進んでいくかのようである。

個体の物語

かつて民主主義の理念は、理性的思考を推奨しつつ、国家の繁栄と文明進歩に寄与する義務を国民に課してきた。「全体」の善悪、公共の利害をふまえ、個人はそれに対応する善い行為をすべきだという近代主義的な倫理である。

しかし、個体の物語は、社会の全体の物語には回収され得ない。群れは意識によって形成されるものではなく、行為の動機を個にも全体にも与えない。社会全体を変化させるものは、意識された善ではなく、パトス＝受難である。すなわち疫病や天災や飢饉や戦乱や、ＡＩのような新しい技術であり、それはイワシの群れを襲い、群れに形を与えるサメのようにしてである。大衆というよりは群れの人々は、概してその反作用であるパトス＝情念、不安や恐怖を鎮めるために全体性を維持しようとするイデオロギー的言説*やファンタジー的空想を受け取って、思考と称してそれらを反復しつつ、右往左往するのである。

＊イデオロギー概念の変遷についてはテリー・イーグルトン『イデオロギーとは何か』を参照せよ。その最も一般化された用例として、ルイ・アルチュセールは、学校や教会など、人々が出会うすべての人間関係に浸透されているとするが（『国家とイデオロギー』）、本書で使用するイデオロギーの概念もそれに準じる。

群れのなかに湧き上がってくるその情念＝パッションは、それなしでは群れがただちに解体される、いわば群れの本性＝自然としての引力のようなものなのであろうか。一定密度を超えたイナゴの群れが雲霞という群生相へと変身し、長距離を飛翔してすべてを食い尽くすように、群れにおいてはむしろ情動＝アフェクトとしての、近接度合いに応じた隣どうしの模倣や呼応によって生じる秩序の源泉なのであろうか。＊

＊パッションとアフェクトの違いは、いずれも感情の類義語であるが、前者が「受動」ないし「受難」として同一の状況において人々が同時に被る感情や反応であるのに対し、後者は「情動」ないし「触発」とも訳されるように、群れのなかで相互に輻輳しあう伝染する感情や動作である。バーバラ・H・ローゼンワインとリッカルド・クリスティアーニの定義によると、情動 affect とは、風景や地理と相関し、その場所において伝染し、諸身体のあいだにおいて触発される感情である（『感情史とは何か』）。近代における情念 passion は、デカルトが定義したように、受け取られたものとして体に由来する感情である（『情念論』）。その感情が同時に起こる場合でも、それは伝染によってではなく、同一の身体という一般性において起こる。

そこには「私」を模倣せよ、「私」の手足となれという欲望――それがファシズムなのか、群れを結晶化しようするアジテーターたち、主体＝主人となる欲望が意識となって「個人」の姿を出現させる。しかし、大多数の人々は、イデオロギー的言説やファンタジー的空想のもとで、ひたすら群れの中心へと飛び込んでいく。彼らの頭のなかでは、スマホの通知のようにして、いつも正規分布のベルが鳴り響く。絶えず他と比較し、自分が「普通」であること、「正常ないし健康や健常者」であることを証明しようとし、流行のあとを追う。＊

＊何がその義務を課するのかという問題はある。権力欲が蔓延し、それが周囲の人々に強制を生みだす。権力欲とは他者を奴隷化しようとする欲望である。群れのなかに湧き上がってくるその情念は、いわば群れの引力のような本性であろうか。なるほどそれなしでは、群れはただちに解体されるだろう。ヘーゲルが指摘したように、奴隷なき主人はあり得ないし、奴隷がいることによってはじめて成りたつ（『精神現象学』）。しかしそれは人間本性における欲望ではなく、群れの本性において特定の個体に出現する情動である。

流行とは、群れのなかのちょっとした変異が群れに絶えずバイアスをかけて形を変化させるという現象である。たいした根拠もなく、よい商品は売れ行きのよい商品であり、みんながよいと思う商品であり、群れ＝クラウドの特性を熟知した世界的巨大ＩＴ企業群がクラウドを通じて諸国家の法を超越したアルゴリズムによって煽るなかで、よい生活はみんなが目指す生活である、となる。ひとは資本主義経済における「自由な主体」として労働を売っているのであるが、そればかりではなく、自分のキャラクターをまで商品とするようになる。そこでは「個性」とは、どのような消費行動によって他人たちと差異化しているかということに過ぎない。＊そこに生の袋小路、自分が望んでいない状況に巻き込まれたり、あるいはどうでもいいことに苦しめられたりするのである。

＊ジャン・ボードリヤールは、消費社会の分析において、商品がみずからの社会的なポジションの表現となっているとともに、消費の自由が近代的意味での個人を完成させると述べている（『物の体系』）。つまり、流行現象は、主に急速に普及してから排除されるまでの期間の短いものを指し、経営学的観点やデザイン論的観点から多様に分析されているが（マーク・アラン・デカン『流行の社会心理学』）、現代の消費社会より、また資本主義社会よりも以前から、「物」に向かう人々の動機を構成していたに違いない。生活必需品まで含めて、すべてに認められるものとして流行の概念を捉えたい。

情報を自分で判断することが重要だと、口々に説かれているが、そもそも判断の基準も情報として与えられている以上、それは虚しい。情報に対して理性的に根拠を探求すべきだといわれるにしても、しかしどうやってそれを、専門家でもない人々が得ることができるというのか。とりわけ専門家の権威も地に堕ちたネットの世界では。*

＊カラオケの普及によってプロ歌手たちの舞台の価値が減退したように、言論においても専門家の言説の価値が減退した。カラオケでは歌がうまいことよりもそれぞれが下手なりに仲間のまえで歌うことに価値があるように、ネットの言説は、論証の厳密性や一貫性よりも、それぞれの思いつきを軽率に発信することに価値がある。その価値は、喝采や反発の量によって測られる。

マイナーなひと

群れとしての社会において、分子一人ひとりの遭遇する出来事に対し、ひとはどのようにして思考し得るであろうか。

なるほど、どのひとも思考して、自分なりの「意見」をもっていると考えている。だが、群れのなかでの意見とは、統計を取ればすぐ分かるように、その群れのマジョリティやマイノリティを代表する意見分布のそれぞれの例に過ぎず、だれかが思考したことの記憶を我がものとした意見、植えつけられた記憶でしかない。マジョリティとは、そのことの意識もなく自由に行動できる条件の与えられた人々であり、マイノリティとは、マイナーであるとの意識をもって連帯して、マジョリティに権利ないし譲歩を要求する政治集団である。かれらの意見は、いずれにせよ、相互の差別を否応なく内包して敵対する政治的意義をしかもたない。*

＊マイノリティは、自分たちが排除されるのは社会に弱者を分断して排除するシステムがあるからだと主張するが、それは自分たちの権利要求の裏返しの表現に過ぎない。もともとあってしかるべきものがないと主張しているわけである。そしてまた、そうした主張によって権利要求の共同体を作る政治活動なのである。しかし、

そこには、マイノリティからも排除されたマイナーなひとが一層困難な状況に追いやられることがある（小西真理子／河原梓水『狂気な倫理』参照）。政治とは思考停止である。闘争する相手との対話を否定すること、連帯する以外の人々のことを配慮しないことである。思考と称して、もはや相手の言葉の価値を貶めることや目的に対する手段を計算することしかしないことである。

重要なのは、理性的になることではない。[*]全体の状況を予測して対策を考案しようとする理性的態度とは、マジョリティであろうとする意識に過ぎず、実際、情報が蔓延したこの社会状況では、理性的になることも難しい。むしろ、このような状況においては、ただ置いてけぼりにされたり、中心へ飛び込むことに遅れたり、間違った方向へと突き抜けたりすることで、群れの中心からはずれてしまうひとが出る。組織の一員、群れの分子として抽出される「キャラクター」ではない、そのようなひとが「異常＝病気や障害や劣った生」とされるわけだが、しかしながらその、自由でないマイナーな分子こそ、自由を求めている分だけ一層、より深い思考をすることができるかもしれない。

＊理性的であろうとして本書を読むひとが多いだろうから反発されるであろうが、もっと深い推論が必要である。たとえば、死の迫っているひとの不合理な考えは、熱病のうわごとのようにして「なかったもの」とされるが、その不合理性は現実に含まれる不条理の表現である。権力欲、自由な主体、すなわち全員が奴隷を持つことの欲望をＡＩで代置させながら、その不合理性のなかで全体も奴隷も忘れることができるのなら、理性的であるよりもずっとよいことなのかもしれない。

ひとは、「理性的に」、あたかも群れの外からその全体を捉えたかのような言説によって自分の置かれている状況を理解し、行動方針を決めようとする。それが西欧近代における自由の権利に伴う義務なのであるが、そのようにして見出だされる全体像は一幅の絵、出来事の一部分にほかならない。真に全体を知るには全体の外から見る必要があるが、そのために全体の外に出てしまえば、[*]全体を知ろうとする動機自体がなくなってしまう。それに対して、群れからはじき出されるときに否応なく与えられる群れの外からの知覚にこそ、群れ全体の真の形が与えられる。そこには群れを見出だそうとする否応ない動機があるからである。*

＊群れにあるのは蓋然性＝確率であり、必然性はないのだから、群れからはずれたすべてのひとが思考するわけではなく、群れのなかにいるすべてのひとが思考しないというわけではない。ただ前者の確率が後者よりも高いであろうし、後者においてはそれが群れからはずれる理由になる。ひとり孤島のような場所で暮らしていればいいのであるが、近代において、デフォーの描くロビンソン・クルーソーは、それでも近代市民社会から抜け出ることができなかった。

群れからはずれたひとの意見は、そうではないひとたちの意見とは区別され難いかもしれず、あるいは、それこそが群れから追放されているということだが、群れのだれからも理解されず、思考であるとすら捉えられないかもしれない。それでも、それが意味をもつのは群れのなかにおいてである。そのような思考が、群れの真の形を教え、あらたな生活形態を生みだすことも不可能ではない。大塚英志は、「「群れを慕う」感情の断念から出発し、……互いの差異をみずからのことばで語り合い、それらの交渉の果てに「公共性」がある」（『「伝統」とは何か』）と述べる。だからこそ、全体に同一化しようとする「個人」になるよりも、「全体を知らない分子」になることに意味がある。*

＊デュモンは、個人が社会を形成するとされる西欧型の社会に対し、インドでは社会からはずれた行者のようなひとが個人であり、そのようなひとが尊重されると紹介して、社会と個人の関係が一様ではないことを指摘している（『個人主義論考』）。むしろインドに見出だされる個人のあり方が「個人」という概念にふさわしい。

マイナーなひとは、むしろしばしば新興宗教や過激政治に走ってしまうといわれるが、それはマイノリティに連なることの安心安全を希求しまうからなのであろう。しかし、マジョリティであろうとマイノリティであろうと、いずれにせよ真に思考するならば、そのこと自体が、思考するそのひとを群れの外へと連れ出して、そのひとをマイナーにするだろう。もとよりマイナーなひとであるのなら、思考はそのひとをマイノリティにするのではなくて、なお一層マイナーにするだろう。倫理学は、そうした状況において生きていくあり方を論じるべきであろう。

第二章　群れ社会の倫理

社会は全国民を統合する国家のことではなく、群れである。そのことをふまえるなら、そこでの善悪正邪は一義的なものとはならない。善や正義は群れの論理によるが、それとは異なる「個」の倫理はどうなるのかを検討しよう。

1　「おいしい」とは？

群れの道徳法則

前章で論じたのは次のようなことであった。

近代西欧の倫理は一人ひとりが自由な個人であることを基盤としていたが、自由は他の人々との関係からかえって不自由を生みだすため、他の人々の自由を保障するという人権尊重の義務が伴うものであった。ところが、現在に近づくにつれ、自由によって享受される生活の安全と豊かさのなかで、自由を捨てる自由が認められず、自由であるように強制されるということが問題として意識されるようになった。

というのも、近代西欧の諸理念が衰退するのに伴って、人々はむしろ自由から逃走し、人間本来の群れとしての社会に生きるようになりつつある。そこでは、だれにも共通した自由な個人というあり方を前提した倫理を語ることはできない。おのずから群れのマジョリティであったり、それに対抗するマイノリティであったり、群れそのものから排除されたりするあり方に応じて、善悪正邪の基準も変わる。

普遍的倫理の夢は捨て、感覚と快楽と自我の具体的経験から、この章では、社会が出現し善悪正邪が主題になる状況について考察することにしよう。たとえばカントのいう道徳法則が真理であるとしても、群れのダイナミズムをふまえると、「あなたの意志の格律がつねに同時に七〇%以上のひとにとっての法則として妥当し得るように行為せよ」ということになる。七〇%というのは正規分布を想定した場合の概算値である。カントがこれに納得するとは思えないが、このことを食事のおいしさに関する判断のような身近な事例から考えていこう。

好きなのかおいしいのか

概して、食事を自分で作ってひとりで食べるときには味がしにくい。食事をするというよりは、明日の活動のために自分に給餌しているかのようである。食欲は、必ずしも体の空腹によってよりも、その後の体力を維持するために、あるいはただ満腹になるという快楽のために、頭で思いつく場合も多い。他方、ひとに作ってもらう場合には、おなじ食材、おなじ調理法で自分で作るよりもおいしく感じる。それをそのひと、またはだれかと一緒に食べるとすれば、微妙な味の違いまで感じられる。そのようなときにこそ食欲のもたらす快楽が感じられ、ひとは「おいしい」と思うだろう。

それにしても、「おいしい」とはどのようなことか。ひとは自分の体のもつ感覚で、自分の口に入れた料理がおいしいかそうでないかを判別する。ということであれば、「好き」という主観的判断をただ「おいしい」と表現しているだけではないのか――ここで「好き」とは自分の体の欲望を反復しようとする欲望についての肯定的判断のことである。実際、おなじものを食べているひとが、「おいしい」とはいわないばかりか、「まずい」ということもあるのだから、自分だけでおいしいと思っているのは主観的でしかなく、ただ好きなだけであるに違いない。

だから、それを一般化して、おいしさは主観的なものでしかないとみなすなら、「おいしい」という語を国語辞典から削除すべきだということになるが、実際には複数の人々がおなじものを食べて口々においしいと語りあう。社交辞令であることもあるが、ひとりで食べるときにはそれほどでもないものが、しばしば本当においしいと感じられることもある。体調の悪いときにはそのようには感じられないのだから、単なる錯覚というわけでもない。

おいしさの客観性

もし好きであることを「おいしい」と表現するに過ぎないとすると、おいしい料理はひとによってみな違うということになるが、しかし、「おいしい」と判断して、正しいとされたり誤りとされたりして、それが普通である。おいしさは多くのひとに共有される。それは、ひとがみなおなじ身体、おなじ感覚器官をもっているからであろうか。実際、他のひとよりも感覚の鋭いひとがいて、材料の新鮮さや使用された調味料の違いや調理法の違いなどを指摘したりもする。本当は他人の感覚を感覚できない以上は、その判断がおなじ感覚についてのものかどうかはいえないはずであるが……。

とはいえ、感覚の鋭いひとが好きな料理が必然的においしい料理であるとはかぎらない。育った家庭や地域や文化によって、おいしいとされる料理は異なる。ある土地の人々がこぞっておいしいという料理を、よそから来たひとがまずいと感じることがある。土地の産物こそがそこに産まれ育った人々においしさの基準を与えているに違いない。*とすれば、おいしさは、鋭い感覚のひとによって一義的に判定される普遍的なものであるとはいえないだろう。

＊縄文時代に作られた土偶が、学説では人間身体をかたどって自然への崇拝を表現しているとされるのに対し、それが身体ではなく食物であるとする竹倉史人の見解は興味深い（『土偶を読む』）。とはいえ、人間精神が土地を捉え、そのなかに食物を知覚して土偶でそれをなぞらえるというよりも、テーバイの土地に蒔かれた竜の歯から兵士が生まれてきたとするカドモスの神話のように、土地と呼ばれるものから身体も生え、他の生物の身体も生え、それらが喰らいあうところに土偶の意味が生じると理解するなら、さらに興味深い。

感覚の鋭いひとの判定はおいしさの判定ではなく、おいしさの条件の判定でしかないというべきである。たとえばぜんざいのなかの塩を感じる能力は、かえってぜんざいの甘さを堪能できないのだから、料理のおいしさを感じているとはいえない。料理にはすべての感覚が関わる。嗅覚や、噛んだり飲み込んだりするときに感じる触覚、盛り付けの見た目を感じる視覚など。とりわけ刺身は生の魚の味や香りばかりではなく、その魚種によってふさわしい切り方、形こそが味を決定する。料理人にとっては重要な諸要素ではあるが、しかしこれらもみなおいしさの条件に過ぎない。

では、おいしさの客観性は何に由来するのか。「おいしい」ということを「好き」ということに還元しようとするのも、食べるひとの感覚の鋭さに還元しようとするのも、それは各身体を個体とみなし、その感覚がその身体の経験で完結すると前提しているからである。

しかし、料理は給餌とは異なって、ひとをもてなすものである。ひとりで食べる場合は好きか嫌いかだけを問題にしていればよいのに対し、ひとをもてなすときにこそ、おいしいかどうかが問題になる。「好き」という表現に、他のひとが好きであるかどうかが含まれてはいないのに対し、「おいしい」という表現は、同時に他のひとも好きであるはずだということを含む。ひとをもてなす以上は、なるべくおいしいと感じられるような料理を出そうとするものだし、そのときは、感覚の鋭いひとが推奨する料理が、そのひとに好かれる可能性が高いとはいえよう。

とはいえ、おいしさは、材料や調味料や調理法だけで決定されるわけではない。ひとは満腹のときや病気のとき、ストレスがあるときやマナーの悪い人物と一緒のとき、あるいは緊張させられるような場面では、おいしいとは感じない。おいしい料理とは、体調がよく、リラックスできる関係の人々と一緒に食べるという条件のもとで、正規分布の七割以上のひとに好きだと感じさせる料理である。まずい料理とは、おなじ条件のもとで七割以上のひとに嫌いだと感じさせる料理である。むしろ、まずい料理についてこそ、料理の材料や調味料や調理法が問題となるのである。

なぜひとと一緒に食べた方がおいしいのかと問う必要はない。食欲は、自分の体においてと同時に諸身体のあいだで、諸身体とともに感じる欲望である。欲望は単に生理学的な機能ではない。欲望を規定しているのは、個人ではなく群れの身体である。もし、ひとりで食べるときでもおいしいものを食べようとするひとがいれば、それはそのひと自身の感覚の快として意識されるにしても、それまでに習得した「人々が好きなもの」を欲望しているからなのである。そこが、単なる偏食者との違いである。

多数派の好み

こうしたことは、風景や美術品を見るときのような、視覚経験においても起こる。ひとは好きなものを見たいという欲望をもっているが、好きであることはそのまま「美しい」ということではない。感覚の鋭いひとは、色や形の差異とその組み合わせをよく識別することができる。そこから美しさには客観性があって、ひとによってそれが分かる感覚の鋭敏さが違うと考えられがちである。しかし、超越的な美が存在し、ひとによってそれを直観する能力の差があるということではない。龍安寺の石庭を見ると、古代ギリシアでいわれた黄金比が美の絶対的基準ではないことが分かる。美とされるものも、時代と文化と土地によって異なる。おいしさの場合と同様に、形や色の微妙な差異を識別することのできるひとが「好きだ」と感じられる条件のもとで、ただ七割以上のひとが好きな風景や作品が「美しいもの」なのである。*

＊「個人的に好き」という経験が最近のものだからであろうか。美しいものを見るのが好きなひとたちによって、美しさの判定は分裂してしまうようになった。真に美を求めるひとが、醜いとしか思えない作品を推奨したりもする。印象派以来の現代芸術は、時代ごとに異なりつつ伝承されてきたダ・ヴィンチ以来の芸術的な美の探究をやめ、作者のスタイルの一貫性によって「個性」を表現しようとしてきた（メルロ＝ポンティ『間接的言語と沈黙の声』）。それは一方では新しい美を産出することもしたが、他方では感覚に対するテロのようなものにもなった。崇高な精神を描こうとした近代の「芸術」が終わったのである。今日では、「芸術」は、風変わりな作品を作って投機の材料を提供するか、人々の好きな美しさを破壊するかをしているように思われる。経済や政治が入り込んで芸術という分野を荒廃させているともいえよう。なるほどみずから孤立して、美しいものを捉えようとする精神は存続しているが、大多数の場合は、多くのひとが好きなものが美しいとされる。美の絶対的基準があるとする主張は、孤立した探究者たちの社会的身分を維持するための言説であり、それに対して、展望台から見る絵葉書のような風景など、美とされるものが好かれるものでなければならないとする集団的圧力もある。

このことは、聴覚が中心となる音楽においても成りたつ。感覚の鋭いひとがリズムや旋律や音調についてよく識別し、優れた音楽とそうでない音楽を区別したりするのだが、結局はそれぞれのひとが好きであるかどうかが問題である。七割以上のひとが好きな音楽がよい音楽とされるわけであるが、なぜかそこにはおいしさや美しさのような特定の形容詞が見当たらない。もとより音楽は大勢で楽しむものであったのだが、録音再生や放送伝達の技術が発達してひとりで聴くようになって、余計にそのような形容詞が必要なくなっているのであろうか。*

*古代中国における「礼楽刑政」にもあるように、諸身体に一斉に働きかける音楽の政治的影響力は、儀式やパレードのような祭式に、軍隊の突撃や行進に活用されてきた。その意味では、多数派の判断というよりは、まさに多数派形成の道具であるところから、その形容詞がないのかもしれない。

ともあれ、感覚的判断としての主観的な「好き」は一人ひとり異なっていて、それが集団のなかで七割の多数派と多様な少数の人々に分かれ、多数派に属するひとの判断が客観的に「おいしい」とか「美しい」と表現されるといいえよう。

ただし、急いで付け加えておかなければならないが、事情はもう少し複雑である。感覚は単なる刺激の感度ではなくて、経験を通じて獲得される多様で微細な差異の記憶を背景としている。ある程度は歳をとったひとの方が、状況に応じて簡単に変わることのない確かな判断をするし、より複雑な感覚を楽しむことができる。あるいはまた、感覚は、そこに独自の感性を纏ったという意味で「センス」のことでもあり、感覚の鋭いひとたちが、みずからの感覚のみを信じて真においしいもの、美しいものを自分自身にもてなそうとして、知られていなかったおいしさや美しさを発見することもある。

おいしい料理、美しい風景や作品、すなわち多くのひとが好きなものは時代と文化と土地によって変遷する。自分の感覚を信じる特定のひとの好みがその先駆けとなる場合もあるだろう。変奇な趣味として単に忘れられていく場合も多いにしても、それが他の多くの人々にとって好きなものになるとき、一人ひとりの欲望も変異して、それで時代の好みが変わる。次節で見るように、特定の人々の好き嫌いが、一人ひとりの好きか嫌いかの判断を超えていく、群れのダイナミックな運動をもたらすのである。

2　感覚と自我

好きとおいしい

ひとりで食べても、おいしいものはおいしいと感じるのだから、「おいしい」ということを一人ひとりの感覚からのみ説明できると考えるひとは多い。それが正しいとすれば、好きなものがたまたまおいしいとされるひとはグルメなのであり、それに反するひとは悪食なのであり、何を食べてもおいしいひとは、感覚に乏しく、もっぱら満腹感で満足するひとであるとでもいえばいいだろうか――そのようなひとたちは生き延びていく能力の高いひとたちであり、進化論的には問題ないのであるが。

説明としてはそれで十分であろうのに、人々は好きである料理をあえて「おいしさ」に結びつける。人々は、おいしいとされる他の多くのひとが好きな料理は、自分も好きであると前提する。多くのひとが高額な＝市場価値が高い料理、行列のできる店の料理、メディアで好評な料理を食べてみようとする。とはいえ、そうした情報に頼るひとたちは、自分の食べたものがおいしいかどうかが自分では分からないひとたちなのであるから、食べてみても、やはりおいしいかどうかは何ともいえないのではないだろうか。

とはいえ、しばしば他の人々がおいしいというものを食べて、自分でも好きになることがある。単なるあらたな好みの発見というばかりでなく、自分の体では感じられなかったものを、他のひとたちの表現を通じて感じられるようになる。

それは、共感ではない。間身体的経験としての情動＝アフェクトである。伝染する欠伸や笑顔や膝組の方向……、それは音叉のように共振する。相撲を見ているときにひとりでに力が入ってしまうようなものである。それが神事としての相撲の意味であったのではないかと思うが、料理に関しても、見ているだけでおなかがすいてくるものなのである。

おいしいと感じる「私」が好き

ところが、そこからさらに奇妙なことが起こる。ある種の人々が、だれかがおいしいという料理を食べに行って、正直にはそれほど好きではなかったとしても、自分もそれをおいしいと感じたと表明する。まさにそこに「行列」が生じる理由があるわけだが、そのような人々の行動によって、おいしいとされる料理が確定される。

つまり、おいしさや美しさに関して、二つのタイプのひとがいる。第一に、おいしさを気にせずに自分の好きなものを食べることに専念しているひとで、感覚が鋭くないために何でもいいひと、あるいはみずからの感覚を極めようとしているひと。第二に、自分の感覚はともかくとして、おいしいとされるものや美しいとされるものを享受するのが好きなひと、さらには自分の好きなものを表現して追随者が出ることが好きなひと——セレブになりたいひとや、食レポの、口にするまえからどのように反応すべきか準備しているレポーターのようなひとたちである。

おいしいとされるものを食べるのが好きなひとたちがいるとすれば、七割のひとが好きであるという意味でのおいしさとは別のおいしさが、自分自身が好きかどうかという感覚から切り離され、好きな料理の分布に妙に高いピークを作ったり、ピークの位置をずれさせたりして、おいしさの判定が分裂してしまうだろう。* いわば群生相へと感覚が変異してしまった人々の集団は、好きなものの分布の海を、錨が切れた船のように漂流する。流行現象とはこれである。

＊ネットでの意見分布が正規分布ではなく、中央値が低くなったふたこぶらくだのような曲線を描くことを、山口真一が指摘している（『正義を振りかざす「極端な人」の正体』）。そこでは、誹謗中傷するひとたちをどう抑止するかという観点でのみ論じられているが、誹謗中傷するのが極端であっても、「極端な人」すべてが誹謗中傷するわけではないであろう。重要なことは、社会に公開される意見の、正規分布からのずれである。このことは、知識についてもいえる。自分の生活に応じて、おのずから知っていることと知らないことがある。山裾で育てば山道の歩き方や山菜の種類、海辺で育てば海の荒れ具合や海産物の種類、それが自分の集落内の基本的知識とは別に、社会の多くのひと＝七割以上のひとが知っているとされる「常識」に照合されるとき、単に常識をもっているかどうかではなく、常識を知りたいひとたちと、自分の知識を人々の常識にしたいひとたちが現われて、生活には即していない知識への欲望が生まれ、常識に、だれも知っている必要のないものの妙なピークを作るだろう。クイズ番組で勝利するほかには能のない知識。

ここにこそ群れのダイナミズムがある。おいしいものが自分には分かるということを表現したいひとたちは、感覚の鋭さに優れているとかセンスがあるとかいう評価を受けることを欲望している。あるいはまた、自分の好き嫌いが他のひとの行動に影響することを欲望している。その満足は、好きな料理を食べる満足とは別のものである。諸生物における自我[＊]は本来安全なものと危険なもの、自分の好きなものと嫌いなものを選別するところにあるわけだが、ここで人類の関心は、料理の感覚から自我の感覚へと、すなわち群れのなかでのプライド＝自尊や卑下の感覚へと移行しているのである。

＊自我とは何のことかと問われるであろうか。フロイトは肛門期が自我の形成に関わるとし、またラカンが排泄物を対象ａとして、自我が執着する欲望の対象であるとした。とはいえ、生物学的自我に対して人間の自我がどのようなものであるかは問題である。すでに自我であるものが自我とは何かを問うときには、思考の迷路に入り込んでしまうであろう。

なお、本書中の用語として、「自我」＝エゴは行動の主体として環境に対して行動を調整する何ものかであって、行動するとみなし得る動物にも見出だされるものである。それに対し、「自己」＝セルフは、思考や感情を含む行動の目的が行動の主体自身に向かう場合に意識される自我であって、自我に合致しているという保証はなく、ヒュームにおいてはこの意味での自我しかない。そのほか、「自分」＝マイセルフは他人に対する自我、「私」＝アイはつねに括弧つきでデカルト主義的なコギト＝思考する主体、「わたし」は著者ないし話者を指すこととしたい。

なぜ本来は好き嫌いを感じ、それで行動を変えるものとしての自我が、自我自身＝自己を対象としてそれを他の人々の自我と並べ、料理の場合のようにしてみずからの自我がどの程度に評価されるかに応じてその好き嫌いを感じることができるのか。その謎についてはもっとあとで論じることにしよう（第五章）。

ともあれ、ヒュームは『人間本性論』の第一篇で自己とは「知覚の束」に過ぎないと断言したにもかかわらず、第二篇の冒頭で、自尊と卑下という感情は、対象の性質、たとえば自分の家の美しさを原因とし、自己を対象として生じると述べている。*これを矛盾としてではなく、まさに人々のあいだでの評価によって生じる感情が知覚を束ねるものを意識させるということに解すべきであろう。

*モンテーニュやパスカルやルソーの「自己愛 amour propre」においては、社会的人間関係を通じて生じる自我への執着が批判的に述べられているのに対し、ヒュームにとっては具体的な経験的事実に過ぎない。それは個人の欲望ではなく、群れが形成されるときに否応なく生じるアフェクト＝情動であろう。とはいえ、それで徳を推奨しているというよりは、群れから離れることの倫理的意義を強調していると解されなくもない。

すなわち、「おいしいもの」や「美しいもの」、「きれいなもの」や「汚いもの」など、一人ひとりの体が欲望し、頭で好きか嫌いかを判定するだけに見えるものが多数の人々のあいだで与えられるが、それゆえにこそ、それが一人ひとりの感覚の範囲内で享受されるだけでなく、そのひとの感覚についての評価が問題とされる。そして、自分の感性が目指していたおいしさはもはやどうでもよい、感覚＝センスが優れているという評価を自分が受ける満足が、おいしいものや美しいものを享受する満足とは別のものとして生じてくるのである。

排泄物は汚いか

逆のこと、汚いものを隠すことの意味についても考えてみよう。というのは、以上のようなことは排泄物についてもいえることなのだからである。排泄こそは体の欲望であって、他の諸身体には関わりがないように思われるかもしれないが、もしそうだとすれば、鳥類のように、どこでも、どんな風にでも排泄すればよいはずである。* もしわれわれが糞便を汚物とみなし、糞便にまみれることへの嫌悪感をもつとすれば、それこそが排泄のマナーが諸身体のあいだにおいて欲望されているということの証拠である。排泄をひとの眼から隠し、汚さず快適に行うということは自分の体の固有の欲望というよりは、諸身体の欲望なのではないか。

＊谷崎潤一郎は『陰翳礼賛』において、どのようなトイレが最もすばらしいかを延々と論じている。美しい排泄の仕方を説くわけであるが、あとで論じる感性的総合の特殊な実践であると思う。

反論するひとは少ないと思うが、ひとは他人のものばかりではなく、みずからの排泄物をも嫌う。だが、それは生まれつきのことではない。そもそも排泄には快感が伴うし、幼児は自分の体から生まれてきた排泄物に対する親近感を隠そうとはしない。それに対して周囲のおとなが、トイレでのみ排泄し、排泄物をさわらないように、ひとに見せないようにと幼児を躾ける。とりわけおねしょ、つまり寝ているあいだに排尿することのないように訓練する。排泄のコントロールは、身体の動作のなかでもかなり難しく、幼児には大変なストレスであり、ほかにストレスがあれば、その苦しさの表現としておねしょしてしまうほどである。

その結果、要介護の老人にとって、トイレで排泄できないことが人間としての尊厳が失われると感じられるほどの恥辱となる。しかし、戦場や被災地など、過酷な状況においては糞便まみれになる事態はあり得ないことではない。生物のなかには他の生物の糞を食料とするものもいるし、糞便の混じった泥を体にこすりつける動物もいる。それに対して、モンテーニュはみずからを洗い清める動物として象を取り上げて、象は宗教をもつのではないかと問うた（『エセー』）。つまり、かれは糞便が嫌われる理由を宗教に求めているわけだが、なぜ糞便は、人間にとってそれほど避けられなければならないものなのだろうか。

排泄のコントロールは、それが不潔で病気に繋がるからという理由だけでなされるわけではない。* 尿は手のひらよりも清潔だといわれる。この、だれも正確な根拠を知らない「下《しも》のしつけ」は、幼児期のイニシエーションとして、幼児に、排除しなければならないものがあることを教えている。やがて幼児は言葉を覚え、「～ちゃん」という自分の呼び名ではなく、主語としての「私」、語る主体を理解して、「わたしは～が欲しい」、「ぼくは～したい」と自分の欲望を語り始めるのだが、そのとき糞便に対する欲望を抑圧し、おとなたちの「おいしいもの」、「美しいもの」、「きれいなもの」への欲望を受け容れるということではないだろうか。

＊病理学的な汚さとして細菌が問題にされるが、体内には数十兆の細菌がいることも忘れて一切の細菌を排除することに執着する人々も出てくる。無菌状態が「きれい」なわけではない。きれいであることは健康に害がないということには還元できない。身体に生息して身体の健康に寄与する無数の細菌、食品に生息して多様な料理を可能にする細菌がいる。そのなかで病毒の原因となる細菌は一部に過ぎないし、しかもそれらの細菌自体が汚いわけではない。

汚いことは悪いこと

かくして、幼児は、自分のものも含め身体の分泌物、排泄物が汚いと感じるようになる。もはや、糞便は汚いからトイレでするのではなく、汚いということ自体が「糞便のようである」と感じられる。プラトンも同意するのではないかと思うが、「排泄物のイデア」として汚さそのものが存在するのではない（『パルメニデス』）。汚いものとは、糞便に類するもののことである。糞便とは汚さの象徴、すべての汚さを代理表象するものである。それで人々は、拙いことが起こりつつあるとき、不快な人物の行動に出会ったとき、「くそっ＝シット（英）」と呻くのであるに違いない。

排泄のコントロールができるようになると、糞便は、身体から出てくる親密なものでありながら、身体から分離され、汚れを象徴するものとして自分の身体から隠されるようになる。糞便に病原菌が含まれるということは言い訳のようなものであって、幼児は、自分の身体と身体から排出されたものを切り分けることを通じて、自分の身体以外のもの、他人の身体、他人が触れたものを汚いと感じるようになるに違いない。

とりわけ他の身体から分泌される物質、尿、汗、唾、血、鼻水や膿やフケ……、それらが自分と他人の差異の感覚であり、この差異にこそ糞便の汚さの真の起源がある。* 排泄のコントロールができるようになった裏返しとして、幼児には自分の身体が自我として、相互に他の身体と自我どうしとして関わるという人間関係が確立されるのであるに違いない。自我が意識されるようになるのは、自分の身体に類似したものとして他人の身体に対し、その他人の身体を自分の身体と混同しないことによってである。その境界において、糞便は自分の身体の一部ではなくなったもの、他の身体に準じるものということになるのである。

＊『アヴェロンの野生児』において、イタールは森でひとりで育った少年が、ベッドのなかの自分の糞便に対して嫌悪感を示さなかったことを報告している。ここからしても、嫌悪感は他人たちのあいだでもたらされるといえる。フランソワーズ・ドルトは、肛門期を経て子どもは他の物体や所有物、とりわけ親の身体との分離を果たすと論じている（『無意識的身体像』）。なるほど、他人の身体の体臭や容姿、仕草や表情や言動まで、さしあたっては汚いと感じられることだろう。だが、やがては自我の克服を通じて、特定の他人の身体の体臭や容姿、仕草や表情や言動が、自分の身体と同様にきれいであると感じられるようになる。とりわけ性交渉に際してその逆転が劇的に生じるわけであるが、それは一時のあいだ自我が消滅するからであろうか、性交渉が「小さな死」と呼ばれるわけである。性交渉における体臭、とりわけ糞便の匂いは、少なくとも一八世紀まではむしろその誘引であったという（アラン・コルバン『においの歴史』）。

糞便や他人の身体は汚く、人間ではない諸生物の身体からなる食事はおいしい。生物の世界は、食べられないものと食べてよいもの、食べるものと食べられるものからなる。その差異の人間固有の識別が下《しも》のしつけによって与えられ、人間身体の食べてはならないし、いかなる生物によっても食べられてはならないという認識に伴って、みずからを意識した自我どうしが出会う精神の世界への導きとなっているのである。

悪いひと

とすれば、汚さは悪さの始原であり、人々はしばしばそれらの語を区別せずに使用する。風呂に入らない人物が避けられるのは、嗅覚の不快さ以上に、自分が臭いことを放置するような、他人を構わない振舞が拒否されるからである。だらしないこと、好色なこと、不潔なこと……、それらが特定の人物を社会から排除してよい指標となる。弱いひとにつけこんだり、変わった人物をいじめたり、平気で嘘をついたり、ひとに迷惑なことを押しつけたり、知的に劣ったひとを騙したりするひとたちが、「汚い」

という語で倫理的に悪いことをするとして非難されるであろう。

「おいしいもの」と「まずいもの」、「美しいもの」と「醜いもの」、「きれいなもの」と「汚いもの」、そのほかもろもろの感覚的判断におけるこうした価値の二分法は、おそらくは人類が群れをなして移動していた先史時代から続いてきたに違いない。

おいしさにおいては、おいしいものを感覚するひとによい評判が生じるが、汚さにおいては、汚いものを感覚しないひとに悪い評判が生じる。おいしさも汚さも時代と文化と土地によって変遷する。そのときどきの七割のなかに入るか入らないかということが、群れの分子にとっての自我のプライド、自尊と卑下を構成する。それは、要するに群れへの帰属意識のことである。

ひとは人間の群れのなかに産まれてくるが、そこでは、好きと嫌いだけで生きていくことは難しい。好きはおいしさや美しさのなかで捉えなおされ、嫌いは汚さのなかで捉えなおされ、それは自我、すなわち人々の身体のあいだの自分の身体の好き嫌い、自尊と卑下に転換される。それが人間としての自我である。

自分だけの好き嫌いを意識するのは、そこからはずれようとするときである。それで悪いことをしているとみなされがちになるわけだが、それでもそれをしようとするのは、群れの全体のなかに自分の好き嫌いを承認させようとしてでしかない。それが承認されるときには、よいことをしていると見なおされもするであろう。

自分の身体に備わる感覚器官の特性によって好きなもの嫌いなものが規定されるわけではない。家族とともにする食事を通じて、また育つ土地の環境と食材の特性を通じて、何がおいしくて何がまずいかという好き嫌いの基準が確立されていく。好き嫌いの判定が、一人ひとりの体が感じるものに対してなされ、それで一人ひとりの体がその対象を欲望したり拒否したりするように見えるにしても、その動機と基準は、他の諸身体と自分の身体のあいだから生じている。欲望が自分の好き嫌いだけで完結すると思い込んでいれば、その起源としての、群れの他の諸身体にとっての「好きなもの＝おいしいもの」と「嫌いなもの＝まずいもの」によって絶えず自我が触発されていることが忘れられてしまうことだろう。

3 「よい」とは？

善さそのもの

おいしさや美しさやきれいさは、よい料理、よい作品、よい身だしなみなど、しばしば「よさ」という表現に置き換えられる。ほかにも、よい気分＝快適な心身状態？、よい態度＝気持よい振舞？、よい成績＝高い点数？、よい暮らし＝豊かな生活？、よい政府＝公平な社会政策？などもある。「よい」は、さしあたっては多数のひとから好まれるものについての汎用的表現のように見える。しかし、他の形容詞がそれに置き換えられて用いられるとき、もとの形容詞とは何かが少し違っている。

倫理学的には、それらの形容詞を超越した「善さ」とは何かが問われてきた。たとえばそれは快楽であるかとか、幸福であるかとか、正義であるかとか、公正であるかとか、有用性であるかとかいうように検討されてきた。

善さを存在論的に追究していくと、プラトンのいうように、時と場所と状況を超えた究極的なものとして「善のイデア」という真実体が存在するということになるのであろう。だが、「よさ」が好きであることの客観性でしかないとしたら、そして事実上、どんな時代や文化においても好かれる永遠のものがないとすれば、そのような、だれにとってもどんな場合にもよいものとしての原型のようなものが存在するとは考えにくい。

アリストテレスは、ソクラテスが「善そのもの」を帰納法的に定義しようとしたが、それが何かをいえなかったと述べている（『形而上学』）。同様に、ウィトゲンシュタインは、「よい」という語が、よい椅子やよいピアニストという表現においては「有用である」という意味であるのに対し、それを超えた「善さ」があって、それは語るべきではないと述べている（『倫理学講話』）。

とはいえわれわれは、実際に語られている「よい」という語の意味については問うことができる。さまざまな形容詞に代えて「よい」、「悪い」と語るとき、それは未開社会における分類と同様の、古代ギリシア人にとっての二項対立に過ぎなかったということはないであろうか。本質としてではなく、「よい」ということでひとが理解している意味はどのようなものであろうか。*

＊本質の問いと意味の問いを区別すべきである。本質の問いは、主題になるものについて、「それがそのものであってそれ以外のものではないもの」（アリストテレス『形而上学』）のことである。そうした定義は、それに連関する諸概念の本質を分離して、分類学的整合性をもたらす。それを通じてひとは論理的に明晰に議論することができるようになるのだが、「本質とは何か」という議論自体においては迷走してしまうことも多い。それに対して、意味への問いは、概念の相互関係によってではなく、現代のこの社会で大多数、七割以上のひとがその語を使用する際の用法から、主題について洞察することである。その用法の分析については少数のひとは反対するかもしれないが、それが言葉というものである。それに反対であっても、そこから引き出された洞察が否定できるわけではない。

「よい」という語の意味

まずいえるのは、おいしいもの、美しいもの、きれいなものに対しては、「自分は嫌いだ」と判断することができるが、よいものに対しては、「嫌いだ」とはいえないし、悪いものに対しても「好きだ」とはいえないということである。それをあえていうひとがいるとしたら、それは社会的な善悪の評価が間違っているということを混乱して述べているか、自分が反社会的な人間であると認めているかでしかない。反社会的人間であれ、自分にとっては「よい」ことをしているわけであるが。

さらに、おいしいもの、美しいもの、きれいなものに対しては、それを自分が求めようが求めまいがどちらでもよいが、よいものに対しては、それが求められなければならないとされるし、悪いものに対しては、それが避けられなければならないとされる。学術的には「当為」というが、何であれ、「あるべきもの＝あらねばならないもの」、「なすべきこと＝なさなければならないこと」は、よい何かなのである。「あるべきでないもの＝あってはならないもの」、「なすべきでないこと＝なしてはならないこと」は、悪い何かなのである。

よいか悪いかと問われるときには、自分の感性による判断だけではすまされない群れの秩序が介在する。感性は、その意識の強弱も、その対象の種類も、その識別の基準もひとによって異なる。感性の意識が強いひとは集団からはみ出しやすく、弱いひとは集団に受け容れられやすい。集団に受け容れられたいひとは自分独自の感性を抑え、集団がどうでもよいひとはそれを発揮する。

とはいえ、一人ひとりが好きな「よいもの」を追求することは欲望と呼ばれ、集団においては制御されなければならないものとされる。一人ひとりの体に生じてくるように表象される欲望は、鎮められ、中止され、集団にとって「よいもの」へと変形されるように、理性によって制御される素材として表象される。ここでは理性は、一人ひとりの精神のもつ機能ではなく、一人ひとりの行動の抑制を命じる集団の声なのである。*

＊理性という語で古代ギリシアのロゴス＝比に参照するのが普通であるが、それは古代ギリシアのエピステーメーに依拠している。ロゴスは、そこで生きる人間がどのような自然と社会の経験をするかが規定されたあとに生じる。他方、その概念はストア派によって感情を制御し、世界全体と呼応するものとして理解された。ここではその意味で使用する。それが言語のなかで推論や計算となり、普遍的なものを表象するようになるのだが、それも集団における相互主観性にとっての共通認識のことに過ぎないというべきであろう。時代や文化におけるそれぞれの集団を超えるものではない。

その意味において、ホッブズは次のように述べている。

「善悪は、われわれの欲求と嫌悪を意味する名である。それらは人々の異なった気質、慣習、教義において違いがあり、多様である人々は、味覚、嗅覚、聴覚、触覚、そして視覚に対する快と不快が何であるかの感覚についての判断のみならず、日常生活の行動のなかで理性にとって満足か不満であるのは何であるかの感覚についての判断においても異なっている。」（『リヴァイサン』XV）

すなわち、善悪は、単なる好き嫌いばかりではなく、理性的判断の主題である。ホッブズのいう理性とは目的に対する手段を計算することである。目的が異なれば判断も異なる。そこに、「よい」とされる好きな事物や行動についての、単なる多数派にはとどまらない意味でのマジョリティと、マイナーとしてのはぐれ者たちのあいだの飛び越え難い溝が形成される。感覚的判断において人々が多様であることはその集団に好き嫌いの濃淡の斑を作るだけであるが、理性的判断において人々が多様であることは、マイナーな人々に対する義務や圧力や強制を生じさせるのである。

マナーとしてのよさ

さらにホッブズは、別の箇所において、よさの対象とはマナーであると述べている。事物のよしあしはそれ自体でいえることではなく、その事物を扱うやり方＝マナーによって決まる。よいとされる筆は、字の上手なひとが使えば美しい文字が書ける筆である。よい文字を書いているひとの姿勢もまた美しい。つまり、よいか悪いかという判断は、事物よりも、それに関わるひとの立ち居振舞、すなわち姿や態度や仕草や動作や言動を主題としている。

マナーは、元来は美徳の実質的内容であり、たとえば食事の作法であり、美術の技芸であり、汚物の処理法である。マナーを身につけているひとは美徳のあるひとであって、それぞれの場合に、どのようにすべきものであるかを知っていて手際よく実行できるひとであり、それをもって「美しい」ないし「きれいな」所作とされるわけだが、マナーに欠けるひとは、それを知らないか、知っていてもできないか、あえてやろうとしないひとである。「醜い」ないし「汚い」所作である。*

＊先に、美は多くのひとが好む視覚対象であると同時に、その評価に関する自己愛によって偏差を与えられた対象であると述べたが、ここでさらに身体動作についてはマナーに適う対象であると付け加えよう。いずれにせよ、美の超越的ないし普遍的基準があるのではない。それらの評価の習慣によって規定される経験に過ぎない。好きか、多くのひとが好きとするか、マナーに適っているかで、深く考えることなく、「美しい」、「きれい」、「かわいい」という感想の言説とその言説が惹起する感覚が生じる。もちろん、それらが相克することはあるが。

マナーを守るひとが「よいひと」であるとすれば、それは必ずしも「秀でたひと」や「強いひと」ではなく、仏教における「善男善女」ともあるように、辛い状況にあるひとに同情し、楽にしてやろうとするひと、周囲の人々を気持よくさせよう、楽しくさせようとするひとを指すことが多い。いうことをよく聞き、喜んで手助けしようとし、あるいは邪魔しないようにするひとである。*

*ひとがマナーを守るのは「利他的」だからではない。群れの個体が中心に飛び込んでいこうとするのは、むしろ利己的であるとモフェットは指摘している（『人はなぜ憎しみあうのか』）。動物と連続した群れの性質を社会に見ようとする進化心理学の影響のもと、遺伝的本性としてホモ・サピエンスは利己的か利他的かと問い、そこに道徳の起源を見出だそうとするひともいる。だが、ひとが利他的であったり利己的であったりするのは、群れにおいてである。そのいずれかが群れを形成すると主張するのは概念の混乱である。リチャード・ドーキンスの主張（『利己的な遺伝子』）においても、自己複製を利己的な行動とするのは擬人化でしかない。そもそも、利他的な行動がそれをする自我を愛するという動機のもとにあったり、利己的な行動として自分が理想とする平等な人間関係を目指すということもあったりするのだから、概念自体が曖昧であり、利害関心の方向だけで人間行動を割り切るような人間観を前提しているように思われる。

しかしながら、ここではそのような「徳」といった個人的特質が問題なのではない。とりわけ、「徳はひとりならず」と述べた孔子の教える仁という心がけの問題とは無関係である。マナーを守るひとかどうかは、古代中国思想が前提するような人間本性の善悪とは無関係である。おいしさについての自我の好き嫌いと同様に、マナーについての自我の好き嫌いが自尊と卑下の感情を生むというだけである。ところが、人々がマナーに求めているものはそうした評価だけではない。ホッブズは、マナーとは、「平和で統一されて共生するということに関わる人類の特質である」（同書XI）と述べる。平和という目的に適うのがマナーなのである。文脈は異なるが、いかにも聖徳太子の十七条憲法にもある「和を以って貴しとなす」である。*

*ここでわが国の伝統的概念を提示したことで、これまで述べてきたことが日本固有の倫理なのではないかと訝るひともいるかもしれない。確かに伝統的に「国風」など、国際的な文化との差異が強調されてきた。近代以降も、さまざまな論理がたえず国際的に通用するかと問われてきたが、しかし国際的なものとは中国や欧米

のものであるにほかならなかった。中国人も古代ギリシア人も西欧人も、普遍的なものを思考していたのであって、それがみずからの文化に固有なものとは考えてはいなかった。固有なものかどうかを思考するのもひとつのエピステーメーに過ぎない。固有なものが他の文化に受け容れられていったものが国際的なものであるに過ぎない。思考において国際的かどうかをふまえようとすることは、それ自身普遍的なことではない。

ホッブズのいわんとしたことは、マナーが存在する理由は、諍いや争い、簡単にいえば揉め事＝トラブルが生じないようにするというところにあり、その意味で、マナーとは、一人ひとりに備わって評価されるものというよりは、和を実現する振舞一般のことなのである。それでかれは、さらにこれを規範として明文化し、「可能なかぎり平和を希求せよ」という第一の自然法としたわけであった。*

＊ホッブズは、有名な二つの自然法に続けて第三の自然法を示し、「契約を遵守すべきである」と述べ、さらに第四の自然法として「善意を裏切るな」、第五の自然法として「他の人々に対して適応するよう努めよ」とする。それに加えて「過去を赦せ」、「処罰するな」、「侮辱するな」と続ける。ホッブズは誤解されているように、自然状態をばらばらの個人がつねに戦闘をしている状態としたのではなく、それを契約や同盟、名誉の尊重などがすでにある社会として描いている。それがその絶えざる裏切りと重なっているのが戦争状態なのであるが、そこにこそ市民社会への入口がある。というのも、事実上人間は不平等であるが、自分の必要以上のものを求めて他のひとの必要なものを奪うこと、自分にはしないことを他人にすることが争いを招くにしても、これを克服する第一歩が「自分に対してしないことを他人にするな」ということであり、それこそが真の道徳の原理であるとするのだからである（『リヴァイアサン』XV）。ホッブズの前提にあるのは、社会的構成員としての個人である。相互に信頼しあったり、裏切りあったりする人間関係があって、たとえそれがすべての個人を超えた暴力の要請であろうと、平和な市民社会とは理性によるその克復なのである。それに対して、ルソーは、信頼や裏切りは市民社会においてこそ出現する（『社会契約論』）と述べるが、それらは自然であれ文明であれ、群れ社会には必ず伴うのではないだろうか。

とはいえ、「善とは和である」というわけではない。和が成り立たなくてもマナーは「よい」のだからである。人々は「何がよいか」とは問うが、「善とは何か」とは問わない。というのも、悪いことをしたときにはそれをしないように、できたらよいことをしようと考えるわけで、それが何かを知りたいからである。それが総称されてマナーと呼ばれるのである。

それに対して、なぜそれがよいかと尋ねるとすれば、人々からは、たとえば他人に迷惑をかけたり、傷つけたりすべきではないだろうし、他人が助かること、喜ぶことをすべきだろうといった答えが返ってくるであろう。ところがさらに、哲学者が、何が一般にそのようなものであり、なぜそれをすべきでない、ないしすべきであるのか尋ねるとすれば、多くのひとはただ困惑することであろう。なぜなら、何がよいかはだれにとっても成り立つわけではないし、状況によっても異なるのに、それをひとつの言葉で表現するという非日常的なことを求められ、かつまた、よいことをしようとする気持の根拠を要求されているのだからである。

すべき、すべきでないという気持は「生じる」ものであって、根拠から推論するようなものではない。悪いことをしたら自分の気分も悪くなるし、よいことをしたら自分の気分もよい。だからこそ、何がよくて、何が悪いかを知りたいのである。それで十分なのではないか。*

＊どんな根拠からそれがひとつの言葉になるといえるのか。どうして根拠が必要なのか。実践において真に尋ねるべきことは、せいぜい、どうしてそれがときどき分からなくなることがあるのかということくらいではないだろうか。

諸身体の調和

マナーは単に「守った方がよい」のではなく、「守るべき」であるとされる。* 守るべきとされるのは、守った方が自愛心を満足させるとか、平和という目的に対して有用であるからではない。ホッブズはそれを理性的であるという意味に解して自然法を唱えるのであるが、しかし、マナーを守るのは正確には理性ではない。理性という名をもつこともある群れの本性である。理性的であることが現代の倫理ではあれ、理性的なことが倫理的なことではないし、倫理的なことは理性的なことではない。マナーとは、似た多数の身体がおなじ空間でさまざまに運動して相互に妨げあわないような行動様式のことにほかならない。

＊「マナーがよい」、「マナーが悪い」という表現もある。マナーを狭い意味にとって、単なる「やり方」という意味で使用する場合である。マナーに反するにしても、思いつきでその場かぎりでそうしている無手勝流の場合もあるし、マナーとは異なる自己流の場合もある。他方、「よいマナー」と「悪いマナー」という表現もある。上記に準じる場合もあるが、異なった集団でマナーが異なる場合に、それぞれが自分のなじんでいるマナーがよいと主張する傾向がある。残存する狩猟採集部族で知られるヤノマミは、議論するとき、顔を見合わせず、互いに中空に向かって語る。眼を見て議論すべきとする西欧流のマナーとは異なるが、まさにそれがかれらのマナーなのである。

マナーを守らないことは、自分の身体が他の諸身体のあいだで穏当に存在することをやめ、浮き上がり、その結果、他の諸身体から攻撃され、排斥されかねないことである。マナーを守ろうとしないひとや、あえてマナーに反して自分の感性を追求するひとはただ「汚い」といわれ、糞便のようにして嫌われるだろう。メアリ・ダグラスは、「われわれがある動作をしたり休息をとったりするさい身体が示す姿勢は、さまざまなやり方で各種の社会的圧力を表現する」（『象徴としての身体』）と述べる。エドワード・ホールは、文化は自然と連続したコミュニケーション体系であり、動物には逃走距離、攻撃距離、臨界距離＝どっちつかずの空間という相互的な空間の質があって、さらに同類として認めあう適切な距離としての「社会距離」があると述べる（『かくれた次元』）。マナーを守るということは、振舞の好き嫌い、振舞う自我の単なる好き嫌いには解消されない、集団のなかで自分の身体が他の諸身体に調和するひとつの身体となることなのである。

さらに、アーヴィング・ゴッフマンは、群れを閉じたシステムやルールのあるゲームにおいてではなく、社会規律として理解すべきだと述べている。「社会規律を簡単にいえば、ひとが目的を追求するやり方を調整する道徳規範のセットの帰結」（『集まりの構造』第一章）である。それは目標やパターンではなく、目標やパターンを求める様式であって、通行規律がよい例であるのだが、そこでは、言葉にする以前に「ボディ・イディオム」とでも呼ぶべき身体相互のコミュニケーションがそれぞれの身体の振舞を決めているというのである。

なるほど、「歩く」というシンプルな動作ひとつをとってみても、そのことはあきらかである。産まれてから一年も経つと手足四本と肩に頭を乗せた赤ん坊の身体はその能力をおのずと獲得し、やがては大多数のひとにとって自在にそれが可能になる。人間としておなじ身体である以上はおなじ歩き方をするかといえば、ほとんどのひとに微妙な差異があって、ＡＩを使用すると歩き方だけからその個人を特定できるほどである。だが、問題はその歩き方が美しいかどうかばかりではない＊。人々は、山を歩き、海辺を歩き、田畑の畦道を歩き、雑踏を歩く。しかし、問題はそうした歩き方のうまさばかりではない。雑踏でひととともに歩き、あるいはすれ違い、あるいは追い越したり追い越されたりする。そのときの動作についてこそ、マナーが問題となる——ぶつからないこと、他のひとの歩みを止めないことこそがマナーである。

＊ホッブズはデカルトを揶揄して「歩くものは存在する／わたしは歩く／ゆえにわたしは存在する」（デカルト

『省察』「反論」）と述べている。しかし、ほかにも動作はあるのになぜ歩行を取り上げたのか。それよりずっと以前、アリストテレスは歩きながら思考して、逍遥学派を開いた。思考することと歩行することには深い関係があるのかもしれない。ジェレミー・デシルヴァの『直立二足歩行の人類史』によると、ホモ・サピエンスはチンパンジーのような歩行はせず、直立二足歩行する祖先から進化してきたという。それが道具の使用、火の使用、言語の使用を可能にしたという。他方、明治になるまで、日本人は「なんば歩き」だったという。右手と右足を同時に出すような歩き方である。体を回転気味に歩いていたのであろうが、いまでは滑稽に見えようと、みんながそれをしていれば、それで何の問題があろうか。もとより田植えなどでは都合がよかったとの説もある。同様に、ティム・インゴルドは、川田順三を引きつつ、日本人の膝下を主に使う歩き方が西欧人の腰を使う歩き方よりも安定していると指摘している（『生きているということ』）。直立歩行こそが人類の知性を発達させたというダーウィン以来の説は、手の働きばかりを重視して知性を特権化し、足の意義を過小評価しているというのである。

子どもはちょこまかと動き回り、周囲のおとなは苛々する。大多数のおとながそれをしないのは、それはマナーを守っているからである。法律もなく意識もせず、大多数のひとが、はじめて出会う匿名の多数の人々のあいだを、たいしたトラブルも起こさずに歩いていくのは、他の諸身体を視野に入れながら、身体を微妙に捩り、手足を絶えず微調整しながら、他の諸身体と調和するように繰りだしているからである。

歩きスマホ、歩きタバコ、かさを脇に挟むこと、キャリーバッグを引きずること、ガムやつばを吐くこと、仲間どうしで広がって歩くこと、飲食しながら歩くこと、なかには女性に向かって体当たりしようとする人物……、これらはマナー違反であると多くのひとが捉えるだろう。それをしてはならないという法律があるわけではない。実際に迷惑するひとがいて、文句をいうひとがいて、場合によっては暴力事件になるときには法律が介入するけれども。

マナーは、群れとして生きている人々の行為が、相互に邪魔しないで支えあうのに都合のよいものとして、相互に模倣されつつ、それぞれの集団に形成されるものなのである。だれもが似たようなことをする単なるやり方に過ぎなかったものが、集団の人々に目撃され、評価され、洗練され、おいしいものや美しいものやきれいなものを作るごとに、それとともに、その身体の振舞が「よい」もの、美しいものとして賞賛され、そうでないものが「悪い」もの、汚いものとして非難されるようになるのである。*

*マナーは他の人々と同一であって相互に動作を妨げないということが本質であるが、そこに美しさも含まれる。マナーに適うものは、その動作が美しく、その動作によって生まれる作品が美しいとされる。美しいとは、眼で見て「好き」なものの客観性であって、見る感性の自己愛を通じて各人の好きから遊離したものとなるが、それが客観的であるマナーに融合される。他方、「かわいい」とは、美しくないわけではないが、むしろ子どもや動物など、何らかの弱者がマナーにあわせようとする様についての形容詞であると思われる。みずからもかわいいことを望むひとは、マナー本来の特性として、マナーが乏しいひとへの寛容さを期待するのであろう。

マナーの本質

ここからひとは、人類にとって「他人の動作を妨げないで歩く」という普遍的な規範＝道徳があると推論するかもしれない。一見、カントの道徳法則、「すべてのひとがおなじ規範に従い得る」という条件にもあてはまるように思える。

しかし、このようなマナーは通行路に限ることだし、体を寄せあう祭りのような場所では成りたたない。もし雑踏で刃物を振り回す人物がいたら、むしろ動作を妨げて取り押さえるべきであろう。そもそも、このマナーは、すべてのひとが守ることのできるものではない。走り回る子どもばかりでなく、障害があって車椅子で進むひと、ひざの痛いお年寄り、大急ぎでどこかに駆けつけなければならない事情のあるひと……、それらは決してごく稀な例外者というわけではないのだ。

それゆえにこそ、マナーとルール＝規範は峻別しなければならないのである。ホッブズが「自然法」として、マナーから規範を導きだそうとしたとき、そこには大きな飛躍があった。＊ 規範は、「フォーカスされた場面」（ゴッフマン）で宗教的、政治的、経済的、法律的に問題にされ、すべてのひとがなすべきことであって、しなければ罰則ないし賠償支払いの義務が伴う。それに対してマナーは、「フォーカスされない状況」において、大多数のひと、ないしは特別なひとたちがすることであり、守らないひとがいることは前提であって、マナーを守るひとが、上品であるとか、巧みであるとか、清潔であると評価されるだけである。マナーを守らないひとは、明確なトラブルが生じるまでは不問にされ、せいぜい白い眼＝反感のまなざしで見られたり、さらには関わりを避けられたりするだけなのである。

＊カントは仮言命法の例として、習熟と怜悧とを挙げている（『道徳の形而上学の基礎づけ』）。習熟とは、要するにマナーを学んで自分のものにするということであろう。怜悧とは、自分の目的に対する合理的な手段を見出だすということである。ホッブズは、これらの仮言命法を「平和の希求」という定言命法的な普遍的目的のもとで捉えたということになるともいえるが、それを実現するのはカントのいうようにすべてのひとが守るべきマナーにみずから従うという不可能なことによってではなく、すべてのひとの暴力をあわせた国家権力に服従することによってなのであった。

むしろ、マナーにおいて最も重要なことは、「郷に入っては郷に従え」というように、多数のひととおなじように振舞うことである。「和を貴ぶ」とは、思いやること、仲良くすること以前に、互いの振舞を妨げないようにするということである。

たとえば、イギリスでは、通路に立っているひとの脇を通るときに「エクスキューズミー」といい、通ってから「サンキュー」というひとが多いが、日本では無言のまま押し通るひとが多い。なぜかというと、マナーとして、西欧では立っているひとに権利があって通るひとが断るべきことだと前提されているのに対し、わが国では立っているひとが通るひとを察して道を開けるべきだと前提されているからであるに違いない。

同様に、自動車の左側通行と右側通行は国によって異なるが、重要なことはどちらか一方に決めていないと自動車どうしが衝突するということである。人々がおなじように振舞っているからこそ、スムーズに行動できることは多い。マナーは理由があって成立しているのではなく、マナーがあるというそのことによって人々の行為がぶつかりあわないというのがその原理なのである。

それこそが、倫理学者たちが求めてきた「善」なのではないだろうか。合理的な理由があるからではなく、あるいは人々を信頼するのが美徳ないし人情だからではなく、ただそうすることでトラブル=諍いが生じにくくなる、というそれだけでマナーは守られる。平和の希求は、義務でも意志でも感情でも願望でも祈りでもない。「善」とはマナーがあるということそれ自体である。なるほどマナーは、ホッブズのいう「平和の希求」それ自体なのであり、われわれの身体の振舞の、落ち着いていくところなのである。

4　マナーの変遷

マナーの相対主義

マナーを守らないひとのなかには、すべてのマナーには合理的な理由があるはずだと前提し、合理的な理由の見つからないマナーには従わなくてもよいと考えるひともいるかもしれない。

マナーは、安全であるとか、快適であるとか、危険が少ないとかの理由づけがなされることもあるし、あるいは、ひとにマナーを守らせたくて牽強付会としかいえない奇妙な理由をいいだすひともいる。だが、マナーには必ずしも合理的な理由はない。人々は、むしろ根拠のない、場合によっては不合理なマナーを守りあう。*

*現代の最小集団としての夫婦関係を例にして述べよう。あるひとは、夫婦とは対等な人格として何でも話し合って互いを支えていく関係だと考える。またあるひとは、夫婦とは妻が家事と育児を担当し、夫が労働によって生活費を提供する関係だと考える。またあるひとは、夫婦とは互いの性的魅力から生じる欲望の満足を永続的に与えあう関係だと考える。ほかにも、共通した夢をもつとか、役割分担しながら仕事をするとか、同居生活をする親友であるとか多々挙げられるが、歴史的にはいずれも核家族化した結果、たかだかこの一〇〇年で普及してきた考えに過ぎない。これらの考えのいずれが合理的かが重要なのではない。重要なことは、夫婦関係が破綻しないためには、考えが違っていても、夫婦で対立しないマナーをもつということである。考えが一致していてもマナーを巡って争う夫婦は破綻する可能性がある。結婚した直後にはマナーの違いがあるものだが、夫婦であり続けるということは、時間が経つにしたがって、それぞれの考えに従うお互いの行為が調和するマナーを作りだしていくということである。それが「よい夫婦」なのであるが、とはいえ、共通のマナーを作りだすために、子どもを教育虐待したり、一方が借金して他方がそれを返済するための過酷な生活を送る共依存したりするといったマナーも生じ得る。その場合には、周囲の人々は夫婦関係が破綻する方が正しいと判断するであろうが、それは倫理的判断ではなく政治的判断なのである。

マナーは時代や文化によって異なっており、ある地域や集団ではマナーであるものが、他の地域や集団ではマナー違反である。たとえば麵類を食べるときにずるずると音をたてるのは、国際的には異端であろう。それによって日本人は最も熱いものを食べられるという説もあるが、むしろ音のたて方にもマナーがあって、日本人は、音をたてるべきではないマナーの土地でマナーを守らないひとのようにして粗野な食べ方をしているわけではない。

あるいはまた、エスカレーターでは、歩かずに乗るひとは関東では左側に立つが、関西では右側に立つ。エスカレーターは、疲れないで階上に行きたいひとと、急いで階上に行きたいひとが同時に使用する。当初は立っている人々の合間を縫って歩くひとがいたと思われるが、ぶつかったりすることがあって生じてきたマナーなのであろう。* それを左側がいいか右側がいいかと規定する理由はない、どちらか一方をあけておくことがマナーである。

*これを、事故防止のためと称して、エスカレーターでは歩かないように規制する自治体がある。一定時間内で歩行者が移動する効率性と事故防止の観点からである。しかし、ひとの移動は物品の輸送とは異なる。急ぎたいひともいれば、楽に行きたいひともいる。事故が起こりやすいなどの理由をつけて自由を奪うことによって平等を実現しようとする社会は、平等に自由を制限する権威主義的な社会である。

マナーの対象は人々のあいだでする行為に限られるわけではない。たとえばあらゆる道具は、それを使ってする目的に適うやり方があり、それはそれを発明し工夫した人々の改良によるものであるが、そこにもマナーが現われている。なぜ目的に適うかを知っていることよりも、それにふさわしい扱いをすることがマナーである。もっと都合のよい使用法があるかもしれないが、それはマナーに反するということが伴う。* このようなことは、道具ばかりでなく、知覚についても成りたつ。何を知覚するか、どう知覚するかもマナーである。、さらに言葉自体がマナーである。何を意味するか以前に、どんな状況で何を喋るかもマナーである。

*ひとは、お箸の「正しい」もち方を教えるときに、覚えたてではかえって食品を挟みにくいのに対し、端的にそれが「美しい」と説明する。ここでの正しさとはマナーに適うことに過ぎず、美しさとはマナーが守られている姿のことにほかならない。習熟すればそれが食品を挟みやすいもち方であるのは確かだが、もっと合理的なやり方や美的なやり方があるかもしれない。しかしそのやり方が多くのひとに採用可能でなかったからマ

ナーになっていないのであろう。

グロティウス的自然法

ここにはグロティウスのいう、神が存在しなくても人間本性＝自然にあるというような意味での「自然法」がある。たとえばすれ違えない狭い通路で、向こうからひとが来たときにどうすべきか。互いにそこへと入っていけば、途中で戦うことになるか、後戻りを余儀なくされる。そこに先に来た方を優先して、そのひとを通したあとでそこに入っていけばよいであろうが、そう考えるのは理性的推論なのであろうか。じゃんけんをして勝ったひとが先に入るとするのもよさそうであるが、そう考えるのは理性的推論なのであろうか。

否、それは経験的判断である。相手がどんな推論をするかが分からない以上、そこで同意したように見えても裏で何を考えているか分からないのだから、いくら考えても仕方がない。考えるべきことはマナーの記憶であり、相手もそのマナーの記憶をもっているかどうかである。そのマナーを守る方がよいかどうかは確率論的判断なのである。

それゆえ、ひとはマナーに反する行為も選び得る。たとえば行列に割り込むような場合であるが、腕力に自信があって、それをして生じる諍いに自分で対処できるという判断があれば、割り込むべきという理性的推論もあるかもしれない。ただし、それは他の人々が割り込みを前提しないで行列を作っているという場合である。だれもが割り込みをして当然な状況であれば、だれも行列を作ろうとはしないであろう。そのような群れには、マナーがある場合よりも諍いが多いであろう。*

＊カントは借金を返さないということが道徳法則にならないのは、貸し手がいなくなるからだと論じている。

したがって、ここでも、「だれもが割り込みをすべきであるとすれば割り込むべき行列がなくなる」という意味でこそ道徳法則は成りたたない。だが、「割り込みはしない」というマナーは、しばしば割り込みが発生する場所でも成りたつ。それでいて、善悪がないというわけではない。割り込みをよいこととしているわけではない。社会が群れである以上、受け容れざるを得ない現象なのである。群れとそこにおける経験は、生の経験である。単純ないくつかの概念によって必然的なものとしてそれを説明しようとすることは、いわば精神の欲望に過ぎない。学問はそうした欲望に淫することなく、錯綜したものはそのようなものとして示さなければならない。

だからこそ、マナーがあるということ、それ自体がよいのである。生活の変化からあらたに生じる動作や行動もあって、以前からのマナーが守りにくいこともあるが、それらは、さしあたってはよいものでも悪いものでもない。逆に、マナーの確立されていないところでは、ちょうどダンス会場に下手なひとがいてぶつかりあったり、コーラスで音をはずしているひとがいるようなもので、ひとの振舞が相互に邪魔しあう。どんなマナーであれ、何らかのマナーが普及して相互に調和するようになれば、それがよいことであり、そのとき排除されるひとの振舞が、マナーの欠如とみなされるようになるだろう。

あらたなマナー

とはいえ、いずれにせよ、言語の変遷と同様に、マナーはおなじものにとどまることができず、時とともに変化する。どんなひとの振舞もマナーになり得る。歩き方や笑い方すら伝染する。あるひとりが勝手に異なったやり方で振舞っていたら、それが模倣され、次第に他の人々のあいだにも伝播して、あらたなマナーになったりする。そして以前からのマナーに固執するひとが、マナーに反すると見られるようになる。こうしたマナーの変化にも、たいして合理的な理由はない。流行である。生活や行動や場所の変化によって、あらたなマナーが生じては伝染して、古いマナーが淘汰される。*

＊歩きながら食べるのは、当初はマナーに反しているとみなされたが、それが楽しそうだとかおいしいとなると多くのひとが真似しはじめて、マナーの許容範囲内になってきた。また、部屋をごみだらけにするのは、体が動かなくなった独居老人にとっては、他人が来訪しないかぎりは悪くはない。ごみの分別回収というルールを要求される老人がそれに対抗しているわけである。

では、どのような振舞がマナー、多くのひとが真似をするような振舞になり、どのような振舞がそうはならないのか。

マナーが重視されるのは、家族、近隣、友人や仲間や同僚などといった、それぞれの集団においてである。関わりを持たざるを得ない人間関係において、マナーの相互拘束が生まれる。たとえば食事のマナーは、各家族において少しずつ異なっている。ほかの家族で育ったひとどうしが一緒に食事をするとき、ほかのひとに迷惑をかけないとしても、マナーに関して何らかの調整をしなければ、つきあいにくいひとといわれるであろう。そこでの主題は、おいしいかどうか、美しいかどうか、きれいかどうかである。正義か否かではないし、利他的か利己的かですらない。ただ、マナーを共有しようとする「仲間」は、おなじ食事をおいしいと感じるかどうか、その仕草が美しいかどうか、不潔でないようにしているかが気になるのである。

しかし、どこまでいっても、それは感性の問題であるから、必ず調和するとか、必ずいずれかのマナーが採用されるとはかぎらない。そこで生じる対立は、仲間が多ければ多いほどよいとするひとたちがおなじマナーで振舞おうとすることと、感性という観点で、自分なりのやり方を維持しようとしたり、追求したりするひとたちが、マナー違反とされるのを恐れずに振舞おうとすることとのあいだの拮抗にある。＊

＊美を追求するひとのなかには、だれも美しいと思わない振舞や制作を追究するひとも多い。しかし、どこでも類は友を呼ぶ。それが芸術家たちのように社会全体で評価され、模倣され、伝播するようにもなり得る。芸術はしばしば感性へのテロリズムであり、下品で醜いとみなされることもあるが、しかしそれが社会に普及すると新しい美の経験を生みだすこともある。美醜が感性の肯定と否定の基準であるとすれば、それが感性であるかぎりは相対的である。

マナーを変えるもの

マナーを変えようとするひとは、マナーを守ることよりも、もっと価値のある動作や作品を生むと思うような行動や発想を選ぶだろう。＊もしそうした行動や発想が多数のひとにおいて成りたつような場合には、当該集団では無視できないものになり、やがてはそれが旧来のマナーに取って代わって、あらたにマナーと呼ばれるようになるかもしれない。それが「よいマナー」だというわけではない。マナー自体が善なのであるから、マナーのよし悪しをいうのは無意味である。模倣され追随されるかぎりでそれがマナーとなり、そうでないものが悪い。

＊ソクラテスが死刑になったように、理由を求めること自体が、そうした社会への反逆となる（プラトン『ソクラテスの弁明』）。西欧近代においてすべてのひとについていわれた「自由な個人」は、実際には人々のなかに生まれる例外的な「思考するひと」だったのではないか。思考するとは、通常は、生活における目的に対する手段を発見しようとすることであるが、ここでは、そもそも自分が何をしようとしているのか、その意味が与えられるのはどんな世界かをあきらかにしようとすることである。西欧文明が、宗教と政治と倫理を分離させたのは、自由な個人からなる社会を形成しようとしてからである。それらはもともと分離し難いものであるが、文脈を切り分けて、それぞれについての自由の概念を追求したのであった。前近代社会では、宗教と政治は分離されておらず、卜占が政策であり、人徳の欠如が災害を招く。政治と経済は分離されず、贈与と強奪が繰り返され、人徳の欠如が戦乱を招く。経済と法律は分離されず、利得と詐欺は紙一重、人徳の欠如が飢饉を

招いていたことだろう。

理性はそれを議論したがるわけだが、それぞれのマナーに合理的根拠があるわけではない。普及しつつあるマナーがより合理的であるというわけではない。どんなに合理的であっても、マナーには、それをする集団の大多数＝七割のひとに可能であるという絶対的な条件が伴う。複雑な振舞、苦労させられる振舞はマナーにはならない。*マナーを高度化したものであっても、超マナーは非マナーである。理性の仕事はただ、どのようなマナーが趨勢となりつつあるかを判断するだけである。

*高度に職人芸的なマナーの集団もある。あるいは、ひとを寄りつかせないようなジャルゴンで満ちた集団もある。概して群れの全体に広まるマナーは、簡単で習熟の必要が少ないものとなる。美しく見事なものを作りだす文化は、マナーの複雑さの水準が高い文化であり、異なった文化のひとにとっては習熟し難いところがあるに違いない。

マナーは、家族、近隣、友人関係や趣味仲間といった集団において、また学校や病院、企業や役所といった組織において、あるいは街中や商店や映画館やレストランや公園といった状況において、多様なレベルでそこに集う人々のあいだにあり、しかも絶えず変遷する。内部で変わったことをするひとがいて、あるいは外部から出入りするひとが関わることによってあらたなマナーが採用され、それが伝染していく。*それがより大きな集団、最終的には民族や国家といった幻想上の集団にまで広げられていく。そこからグロティウスの考えたような国際法、国際社会にも共通するマナーがあると想定されるようにもなるのである。

*「旅の恥はかきすて」という表現は、マナーを知らない地域に旅をするとき、その住民から顰蹙を買うようなことをしてしまうのは仕方ない、すぐにそこを去るので将来的な影響が少ないという意味でもあるし、逆に積極的に行動して経験を積むことの価値の方が、顰蹙を買わないようにすることの価値よりも大きいという意

味でもあるだろう。

マナーの錨

とはいえ、年寄りの世代、および現行秩序に安住しているマジョリティの人々にとって、マナーの変遷は死活問題となる。かれらは、儀式やルールなど、さまざまな手段を使って、マナーを変遷させないための「錨」を下ろす宗教や法律の岩礁を探索してきた。

たとえば、宗教は、人知の及ばない超越的なことがら、生命や死や宇宙の存在理由などについての独断的言説であるが、それを身体動作の強要としての儀式を通じて集団的に共有し、宗教団体の世俗的繁栄をもたらした。* また、宗教から分離したのちの政治においては、君主の声としての命令的言説が、一方では庶民の行動を強制し、他方では暴力によって庶民にその行動を強制する軍人の行動を強制する。そこに、宗教よりは変遷しやすいにせよ、マナーを維持するためのルール、なかんずく法律という言説の秩序が成立する。

＊儀式はどのような宗教にもあると思われるが、共通の知識として集団を結束させるものだとマイケル・S-Y・チウセはいう（『儀式は何の役に立つか』）。聖典も、その教義が同一にとどまるとの信念によって、集団を結束させるだろう。逆に、これが脅かされるとの不安がファシズムを生むこともあるだろう。その言説は、アドルノとホルクハイマーの『啓蒙の弁証法』にあるように、マナ＝得体の知れないものに名を与えることによって支配しようとするものでしかない。「なぜこうなっているのか」という問いに対して「神が命じた」と答え、「どうなるか分からない」という判断に対して「神のみぞ知る」と答えるように、謎を定型表現に変形しただけであるが、その表現は、ひとにそれ以上問うのをやめさせる絶大な効果がある。ジョン・T・ジョストはマルクスとエンゲルスの有名な表現、「宗教は人々にとってのアヘンである」を引きつつ、宗教的言説は社会的システムを正当化して、人々が隷属を受容するように仕向けるものであると断言する（『システム正当化理論』）。わ

が国でも、憲法第九条を一言も変えずに死守しようとするひとたちもいれば、逆に憲法に国を愛する義務を追記したくなるひとたちもいるが、逆に、憲法が容易に変更可能となれば、その是非を議論するための宗教的自然法的根拠がないことが問題になるであろう。宗教は布教のための抗争を呼び起こすがゆえに、グローバル化した時代においては後退を余儀なくされて世俗的な権威は弱まるがゆえに、マナーは変遷しやすくなっている。とはいえ、超越的なことがらとして、ひとが知り得ないことについての言説であるがゆえに、どんな宗教的言説にも完全には否定できない領域が残る。カルト宗教がひとの心に付け入るのはそこである。初期の宗教は大なり小なりカルト宗教であって、社会批判を含んでいるからこそ救済を求める人々を集めて過激な抗争をすることもあるのだが、社会のなかに場所を得ると社会システムを受容する教えを説くようになるのである。

法律は、何らかの強制や暴力を背景とせずにはない。法律は理性によって取り決められる契約ではないし、そう見える瞬間があっても、それは理性的合意であるというよりは一種の儀式である。なるほど法律を守る誠実さ自体はマナーではあるが、しかしルールに反するときに何らかの暴力ないし罰則が与えられるものとして、庶民の生活の条件が構成されるところに本質がある。それは単なる自由の制限ではなく、内乱等による社会秩序の転覆を防ぎ、経済活動における詐欺や強奪を防ぐという点では、庶民の生活を安全で豊かにする条件ともなるであろう。

人々は、言説が媒介されてマナーのうえに生じてきた儀式やルールや法律をマナーの本質と見誤り、倫理を宗教や政治や経済や法律と混同する。とりわけ政治的言説は、みずからの正統性を主張するために歴史的起源を捏造し、マナーもある種の法律や宗教的ドグマに置き換えて、マナーのもつ始原的なダイナミズムを抑え込もうとする。倫理学はそうした政治的言説から距離を取り、倫理の本性を探求しなければならない。*

*自然法を批判したベンタムがまさにそれを明確に意識し、「モラルサンクション」と表現して、「リーガルサンクション」や「フィジカルサンクション」から区別した。モラルサンクションは、白い眼で見られるとか、

信用されないとか、そうした要因において働く拘束であり、それをどう受け取るかは諸個人の自由とみなしたのであった。サンクションとは、ベンタムが発明した語であるが、褒章や懲罰の境界線によって限どられる知覚の範囲で生じる情動とそれによって規定される行動の枠組のことである（拙著『ランド・オブ・フィクション』参照）。とはいえ、この概念自体はまだベーコンの「自然のルール」（『ノヴム・オルガヌム』）の延長にある。マナーはモラルサンクションであるといってもいいが、その場合は、法律をも定義する法律以前の「サンクション」として、本質的にルールとは異なるものとして捉えるべきである。それでもまだ、個人の側から見たマナーでしかない。

5　マナーとルール

習慣

マナーは、合理的な理由をもつとはかぎらず、全員が守るともいえず、しかも絶えず変遷していく。それで、はたしてわれわれはマナーを守る必要があるのだろうか。自分の流儀で、つまりマナーを守らず一人ひとりの勝手なやり方で生きていくというひとがいても、それはそれで差し支えないのだろうか——こうした疑問をもつひともいるだろう。

実際、儀式やさまざまなタブーのもとで生き、法律などさまざまな規範に従いながらも、ひとはマナーを自分ひとりで日々作り、更新していこうとしている。それは通常、「習慣」と呼ばれる。*習慣とは、習熟した動作を体に任せて、その動作の細部を忘れることである。概してひとは頭を使って新しい行動や生活や場所に慣れようとする。一つひとつの手順を自分の体にとってスムーズなものにしようとする。それを繰り返して、ちょうど自転車に乗れるようになったときのように、意識しないできるようになれば、体が頭に代わって遂行してくれるようになる。それが習慣である。

*たとえば炊飯器でご飯を炊く場合、お釜を洗い、お米を研ぎ、水を入れてからスイッチを入れるという簡単なことでも、当初は手順の一つひとつについてどのようにしたら失敗しないか意識して行うしかない。だが、慣れてくると無駄の少ない一連の動作でスイッチを入れるところまで到達するようになり、やがては無意識に、つまり意識はあるが一つひとつ記憶しないような仕方でご飯を炊けるようになる。その一つひとつの動作が、ご飯がおいしくなるため、手際よくするため、清潔であるためなど、必要であった理由も忘れてしまい、そうした「習慣」ができたわけだが、それも家族のあいだではマナーになるといえる。おいしく炊けたかどうか、他のひとが判定するような状況では、なお一層マナーである。

こうした自分の習慣が、自分だけのやり方なのか、おなじ状況にあるひとすべてが守るべきマナーであるのかは相対的に過ぎない。あるいは、マナーとつねに緊張状態にある。正規分布によって七割以上のひとが従う習慣がいわゆるマナーなのであり、そうでない場合は、マナーに抵触しないかぎりにおいて単に習慣と呼ばれるだろう。*さらにいえば、マナーに適う場合には「慣れ」と呼ばれ、マナーに反する場合には「癖」と呼ばれる。

*習慣こそ倫理の源泉であるとする思考は、アリストテレス『ニコマコス倫理学』やパスカル『パンセ』やラヴェッソン『習慣論』を参照せよ。

このことは、それぞれの集団でマナーを習得しようとすることとは混同されてはならない。自分の習慣のままではマナーに欠ける場合でも、生活が不自由になるというほどのことではない。あるいは、習慣が共通した人々が、それをあらたなマナーにすることもあるだろう。

習慣が集団のマナーと食い違う場合に、集団に背くことを許されない状況、集団のマナーに即した習慣のみが称揚される状況は息苦しい。どんなにマナーが精緻なものであっても、人々の行為が完全に調和することは難しい。それをする技能や、それをする意識がひとによってまちまちだからである。

マナーに反する正当性

そもそもマナーは窮屈で、マナーに反する方が楽なことが多い。ところが、マナーに反すれば、下品であるとか粗野であるとみなされる。周囲の人々の反発が生まれる。直接、害を与えているわけではないのだから、その反発は、おそらくは、マナーを守らないひとが、楽をしようとして他人と違うことを気にしないでいる厚かましさへの反感に由来するに違いない。

マナーを守らないひとに、集団に背く意識、さらにはその集団を嘲笑したい欲望が見出だされる場合もあるだろう。だが、ただそのマナーを遂行する技能がないだけかもしれず、あるいはマナーとして意識できていないだけなのかもしれない。* そのいずれであるかを識別する標識は見出だせないことが多い。

*自動車運転においてその事情は分かりやすい。狭い道で離合するとき、すれ違う適切な場所に待機するしかないのに道の中央を進んでくる運転者は、道路際に寄る技能がないのかもしれず、そうすべきである道路状況を把握できていないのかもしれない。それを、「どけどけ」といって相手が遠慮することを要求する厚かましい運転者だと決めつけて喧嘩したり、煽り運転をしたりするのは、マナーというものの性質をよく分かっていないひとである。

また、地域の移動によって起こるトラブルもある。高度成長期には地方の村落から都会に出て労働者になるひとが非常に多かった。そのとき、村落のマナーのままで生活するひとと、都会ではマナーは要求されないと考えるひとと、都会のマナーを率先して身につけようとするが、それが勘違いされたマナーだったというひとがいたと思われる。都会のマナーは、そうした多数者によってしばしば混乱し、そこでマナーを説くひとたちが現われるのだが、それも「とんでもマナー」であることが多い。ひとは成長するとき、あるいは新しい集団に入ったとき、あらたな状況に遭遇したときには、周囲の人々の真似をして危険を減らし、生活を便利にしようとする。その行為が実際にそのような効果をもつかどうか、すべてのひとが従うべきものかどうかを理性的に判断して取捨選択するとしたら、それは難しい。

マナーは集団によって決まり、「真の」マナーなどは存在しないのだから、マニュアル本やマナー講師の説に従うよりは、むしろそれをしてみて苦が少なく快が大きければ習慣とし、それをして苦が大きければ避けるようにするほかはない。

むしろ、マナーを知らない子ども、旧いマナーしか知らない年寄り、マナーを知覚できない発達障害のひと、精神病のひと、認知症のひと、来訪したばかりの外国人……、そのようなひとたちのことを想像してもらいたい。マナーを息苦しいと少しは感じているかもしれないが、これらのひとがみな集団に背を向けて、それを嘲笑しているとみなすとすれば、それは偏狭というものであろう。*

*ベンタムが「知性の根源的劣性」（『存在論断片』）ということをしばしば指摘して、動物と人間の知性の相対性を主張していた。なるほど、多くのチンパンジーは一部の人間より知性がある。少なくとも人間と相対的である。人間をDNAで定義する以上は、すべてのひとが潜在的には知性があるという前提を捨てるべきであろう。理性による論理的能力にかぎっても、会話のなかでみずから矛盾に気づいて訂正するひともいれば、はっきりとした命題にしてみせると気づくだけのひともいる。気づかされても、前提を変えて非現実的なことをいいだしたり、主題の意味を無意味になるほど拡張したりして、みずからの利害ないし自尊心に関わる最初の思い込みを頑なに守ろうとするひとがいる。利害関心や自尊心の擁護から決して離れず論理的な破綻を無視するというのは、小学生でも可能なことであるが、知性の一種なのだろうか。なお、ベンタムはそのことをふまえて、マナーを守らないひとに対しては、実質的＝マテリアルな害がないかぎりは「自分の反感の方を克服する」ことを求めている（『道徳と立法の原理序説』）。

そもそもであるが、マナーを守らないひと、守れないひとは必ずいる。誘惑に負けるひと、先延ばしするひと、忘れっぽいひと、面倒がるひとたちがいて普通である。そしてまた、普段はマナーを守るひとも、病気のとき、疲れたとき、酔っているとき、老いたとき……、そのようなときにはマナーを守れなくなる。事故や病気の後遺症のひとや障害のあるひとについては、なおさらである。[*] マナーが精緻であればあるほど、守らないひと、守れないひとは一層増えるだろう。

＊一定数のひとがマナーを守らないことについて、前近代では集団外部の悪魔や狐がついてひとを悪人にするのだと理解され（ダグラス『象徴としての身体』）、現代では発達障害等の精神病＝異常によるとされている。そこまでとはみなされないひとについては、このようなひとがあるマナーを守って振舞うと、それができるのになぜほかのマナーを守れないかというように人々は考えがちである。かれらがかれらの望むかぎりにおいて無理をしているとは考えない。できないことは多様であり、何ができて何ができないかはひとによるのだが、何でも努力すればできるかのように思われて、期待通りにやらないことに反感をもたれるか、何もできない状態に誘導されようとする。ほかの人々とのあいだに、健常＝正常と異常という、こうした深淵が開かれることは、差別や人権侵害よりももっと根源的な問題である。

しかも、行列を作るというマナーがあれば、それゆえにこそメリットの生じる割り込みがあるように、マナーがあるところでは、ひとを出し抜くことが可能になる。そうしたひとたちは、なるほど「悪いひと」たちである。暴行や契約違反に対しては法律が対応するが、それが適用されない範囲においては、放置せざるを得ない。[*] そのように、マナーは一定数のひとが守らなくて普通である、その裏返しとして、マナーを守るひとが「よいひと」として賞賛され、そこに自己愛への報酬があるというわけである。

＊マナーを守らせるのは、従来は言説であった。すなわち、対話して説得することであった。喧嘩することがマナーであるような集団や社会もあるが、その喧嘩の仕方にもまたマナーがある。しかしいま、言説のなかに含まれる威圧や過剰論理に対する「ハラスメント」という告発によってこの種の言説が封殺されようとしている。そうとなると、マナーを守らないひとに対しては、距離をとるほかに手段がなくなるだろう。マナーの欠如には、「ひとの道をはずれた」というほど嫌われる種類の行動もある。だが、これをやめさせるのは、倫理ではなく法律であってしかるべきであろう。そうした対応が進むと、人々は、いよいよ罰則のある規範や精神医療による排除監禁に頼ることになるだろう。

りや恐怖の引きつり顔に似ている。*

マナー意識

それなのに、得てして過剰なマナー信奉者がいて、マナーを守らないひとに妙に頑《かたく》なになったり、その行動に干渉したり、嘲弄したりすることがある。さらには、「正義の味方」となってマナーを守らないひとに暴言を浴びせたり、暴力を奮ったりまでするかもしれない。単に嘲弄する場合、その笑いは怒りや恐怖の引きつり顔に似ている。*

*ベルクソンは笑いの本質を「弛緩」に求めたが、それは幼児にも分かる人間的失敗、たとえばバナナの皮で滑ったりするようなことへの笑いである（『笑い』）。一発芸や駄洒落のようなものであるが、その笑いには、見るひとの、自分が失敗する不安があるがゆえに、失敗するひとを嗤っているという事情もある。他方、ルイス・キャロルやモンティ・パイソンの笑いは知的な笑いである。かれらは過度な合理性がもたらす奇妙な状況を作りだしてみせるのだが、視聴者はその奇妙さを、説明されなくても分かる程度の知性が自分にあるかどうか試されている。その点で、自分の知性が不足していると見られることへの不安とともに、知性の欠如したひとを嗤っているといえなくもない。それらに対し、マナーを守らないひとへの笑いは、その中間にある。人々は自分がマナーを知らずにみっともないことをしているのではないかとの不安の裏返しとして笑う。それが「いじめ」に繋がるのではないか。いじめは、集団全体が共通のマナーで統一されるようにとの圧力が絶えずかけられているような状況、学校や軍隊など規範とプロパガンダで支配されている場所で起こる。それは、群れにそぐわない振舞や見かけのひとに対し、侮辱やつき纏いによって追い出すかマナーを強制するかしようとする行動であり、いじめにあいたくないほかのひとをそれに参加させつつ、集団の結束を強めようとする相互規制――そうした嗤い＝嘲笑は、「ほほえみ＝微笑」という相手がそこにいる喜びの表現とは正反対のものである。西村清和と松枝到は、微笑を「笑いの零度」と呼び、通常の笑いと本質的に異なって、「自己と他者に対する独特の身構え」であると述べている（『笑う人間／笑いの現在』）。

マナーを守らないひとに対して、望まれてもいないのにマナーを教えようとするひとがいるとすれば、それは親切というよりは、すでに「政治的な活動」なのである。儀式として強制するとすれば「宗教的な活動」なのである。具体的な迷惑がかけられていないにもかかわらず、マナーに反することを指摘して改善させようとするひとこそ、マナーは強制されるものではないというマナーに反しているとはいえないか。そんな普遍的なマナーがあるという意味ではなく、マナーを強制するマナーがあるとすれば、それはすでにルールであって、マナーではないという意味である。

他方、マナー不安症のひとたちがいる。自分のマナーに自信がなく、マナーに反して反発されないように、あるいはマナーに熟達した上品で繊細な人物に見せかけたくて、マニュアルのようなものを欲しがっているひとたち。そういうひとたちに対し、あたかも定まったルールがあるかのようにマナーを教えるひとがいるとすれば、それはすでに「経済的な活動」なのである。その結果、奇妙なマナーがまかりとおって、他の人々にとって、かえって息苦しくなることもあるであろう。

マナーを法律のような規範とみなして、諍いや争いを厭わないこわばった精神がある。他人にだけでなく、儀式のような、自分自身にも強制せずにいられない依存症のような場合すらある。それに対して、具体的な政治的差別や経済的損失がないかぎり、大目に見ることのできる柔らかな精神がある。宗教的戒律においても、こころの持ち様を重視した融通無碍な扱いがあり、法律の運用でも、例外に対して無慈悲でない柔軟な対処がある。倫理が主題になるのは、そのような水準においてである。*

＊近代において法律がそれとは異なるものとして立てられるようになるのは、明確な理由が示され、それをしないと罰が与えられるという意味での強制によってである。ルールはマナーとは区別される。ルールに反したら罰せられなければならないし、理由のないルールは廃棄ないし改正されるべきであるとされる。タブーや儀式が近代の法律によって禁止されないと同様に、ルールのないマナーは無視していいとはなっていない。そこにはタブーや儀式の本質がある。それらは宗教の形成に応じて発明された特別のマナーである。おなじ信仰をもつことのため、それを証すため、暴力以外の方法が用いられる。

ルールの制定

とはいえ、マナーを明文化し、全員が従うべきルール＝規範として策定しようとする人々が出てこざるを得ないような状況もある。当該の集団がより大きな利益を求めているとき、あるいは危機に瀕してもっと結束が必要なときである。たとえば商店やレストランにおける接客マニュアルや、放送業界や法曹業界における倫理規定など、マナーがルールとして定められる。明示化されたマナーは、すでにルールであって、法律のような体裁をもち、場合によっては罰則も制定されることになるが、しかし法律とは異なっている。というのも、そのマナーを守りたくないひとは、その集団から去るという以上のことは求められないからである。*

＊前近代における共同体においては、ルールに反した人物はその共同体から追放されたという。西欧では人狼伝説やロビンフッド伝説にもなるように、生き延びて山賊になる人々もいたという（阿部謹也『中世賤民の宇宙』）。わが国では村八分がよく知られている。現代では法律による決裁もあるし、多くの集団があって他集団に移ることが可能であり、経済的な補償も可能である。たとえばお釣りを投げてよこすというマナーに欠ける店員がいたら、それ以降、ひとはその店では購入しないようにするであろう。その意味では、マナーは経済的価値に換算されるからマニュアルも作られる。金額がおなじでも、マナーを守る店は割安で商品を売っていることになり、買い手が増えるであろう。

こうしたことは、先史時代から現代まで、つねにあったことではなかったか。そして、マナーをルールにすることによって、人々はかえって揉め始める。ルールを制定するに際して合理的な理由が与えられ、そのことによってそのルールに規定されないグレーゾーンが生まれ、ずるいひとが*「禁じられていないことは許されていることだ」と強弁したり、生真面目なひとが「禁じられていることに少しでも関わればすべて禁止されるべきだ」と拡大適用したりすることが起こり得る。

＊ひとがルールに従うことを前提して、それに反したりグレーゾーンを使って自分の利益を得ようとするひとを「ずるい」というのに対し、単にマナーを守らないひとは見かけも悪いことが多く「汚い」というのではないか。しかし、実際にマナーを尊重していなくて汚いのか、マナーを知らないだけなのか、マナーを守る技量が不足しているのかは、本人にとってすら曖昧である。ともあれ、一旦マナーがルールのようにして提示されたなら、ルールを守ろうとしないだけでも悪いひとであり、ルールには反していない場合でもマナーに反するなら、マナーを守ろうとするひとの心を知らない悪いひとである。日常語であるから截然と使い分けられるということではないが。なお、「要領のいいひと」は、ずるいとされないぎりぎりのところを狙うひとでしかなく、決して「よいひと」ではない。他方、「手際のよいひと」は、マナーに習熟しているという点で「よいひと」であるに違いない。

そうしたことが起こり得るわけは、マナーを完全にルールに解消することが原理的に不可能だからである。というのも、第一には、言語表現にもたらされたものは、曖昧さを本性とするマナーの写しにはならないし＊、第二には、ルールに従うべきであるということそれ自体はマナーにとどまって、そこに混在させられるのだからである。

＊言語の本質を記述と見る考え方があるが、風景画がその場面を知覚させるようにして言語が対象を記述することは不可能である。文学作品で情景が描写されると、読者は自分の記憶から類似した情景を選びだしたり、それらを合成して想像したりするだけであるから、ひとによって異なった情景が知覚される。言語は対象や情景の写しではない。それらを喚起することはできても、同一性をもって描写しているわけではない。したがって、ルールを記述したとしても、それが規定する行動は、類似していようとも、同一ではない。ここでも七割のひとが似たような行動を想像できれば、それがルールの規定する行動の意味として通用する。

ルールはマナーとは本質的に異なる。意識され言語化されて基準が画定されているのがルールであるのに対し、明確に意識されず、自分流のやり方に従っているだけに思えながらも、自分のオリジナルではなく、多数のひとが同様に振舞っているのがマナーである。そこにルールが設定されると、マナーだけで見えていた風景は一変し、ルールによって見えてきたあらたな機械的ないし合理的な諸対象が知覚されるようになる。それがマナーのもつ美しさ、すなわち意識せず黙ったままで成就する姿形や結末を損なわせる。

善悪と正邪

多くの社会、多くの集団においては、マナーとルールが混在し、かつ混同されている。マナーはそれを守る一人ひとりにとっては習慣となり、意識されなくなるのに対し、ルールは意識して従われるものだが、それも習慣となって意識されなくなる場合には、余計にマナーと混同される。動物にも獲物を食べる順番など、マナーがあることが見受けられるのだから、人類にとってもマナーが先立っていたと思われるが、言葉によってルールが作られるようになると、人類のマナーには異なった事情が生じてくる。言葉は、どんな状況で何をいうか、何が意味されたとするか、それ自体もマナーである。＊それに加えてルール、すなわちマナーについての言葉が語られるとなると、マナー自体も変質を被るのである。

＊言葉のマナーについての議論は、周知のごとくかまびすしい。言葉を喋るどんなひともその議論に参入し、自分流の喋り方の正当性を語る。『いかにして思考するべきか？』で論じたのだが、そこで問題となっているのは、概念ではなく、声である。ヘイトスピーチのような無慈悲で残酷な声ないし沈黙があり、ただ寄りそうような慈悲に満ちた優しい声ないし沈黙がある。理性的な言説はすべてを概念化してその内部で議論することを求めるのに対し、人々は概念がどちらの声を表現しているかを詮索して、いつしか、どのようなこころをもってひとに接するかではなく、どのような表現を採用すべきかというマナーの問題に移行する。残酷なことはこころで思ってもいうべきではない、というようにである。真実の声はマナーを守らず、みずからのこころを概念にしようとするものであるが、とはいえ、真実が人々にとってよいものであるとはかぎらない。消極的安楽死を「お看取り」といいかえて、家族のこころに動揺を走らせないようにする場合など。

さしあたり、ルールはマナーにのっとって作られようとするであろうが、人々の実行できる能力の水準や例外的な状況など、多様な諸事情が盛り込まれることで、マナーとは対立する場合が出てくる。それによって、ひとはマナーによるべきか、ルールによるべきかと判断に迷うことになる。

しかも、ルールに従うことそれ自体はマナーであって、すべてのひとがルールに従うわけではないから、ルールはしばしば違反される。このことを、ひとは、マナーを守らない場合に「悪い」というのとは異なって、「不正である」と表現するだろう。不正＝ファールのなかには、マナーを守ろうとするがゆえになすこともあるが、マナーを守らず、ルールに従うというマナーも守らず、したがってルールに従わないひともいる。それはアンフェア＝不公正であって、汚いといわれるであろう。

いかなる規範にも、それに従うことを要求する規範は含まれない。それを強制することができるのは警察や司法を含めて「権力」という名の暴力であり、それに対して自発的に規範に従おうとすることは、一人ひとりにとってはマナーである。それゆえ、法律に即しては、再犯者たち、反社会的勢力のひとたち、重大な罪を犯すひとたちには、法律を遵守しようとするマナーに反して差し支えないとする判断がある。

倫理学的にいえば、法律は国民すべてが従うべきものではない。悪法には従うべきではないという判断もあり得るが、それ以上に、ベンタムも述べていたように、発覚しそうにない犯罪、逮捕するのにコストがかかる犯罪、罪が軽いか執行猶予になるような犯罪も、一人ひとりがそれを行うかどうかを判断する余地がある。社会には一定数のそうした判断をするひとがいることを否定できないし、それ自体はマナーを守らないのだから「汚い＝アンフェア」というだけのことなのである。*

＊かつて江副浩正氏や堀江貴文氏が検挙されたとき、かれらが社会的にはアンフェアだったとしても犯罪では

ないと開き直ったことに対して、検察が強引に立件したという噂がある。

この辺の事情については、スポーツなどのゲームを例にすると分かりやすい。* ゲームでは、まずそれが成立するためのルールが作られる。そのなかに、何をもって勝ち負けとするかも規定される。もし勝つことだけにこだわるなら、ルールに従ってさえすれば、マナーを無視しても差し支えないはずである。

＊ゲームが人気を集めるのは、出来事の展開と敵味方が分かりやすいからであるが、現実の出来事とは質が異なる。それは、人類社会の原初状態を復活させる祝祭であり、子どもたちが法律で整備された社会活動に入るまえに経由しておく学習体験、一種のイニシエーションでもある。

あるいはまた、ゲームは、理論において人間本性や人間関係の条件を検討することにも役立つ。たとえば別のひとにいくらか渡さないかぎりにおいて自分もお金を得られないという条件のもとで、渡されるひとがいくらで承認するかというゲームは、ひとがたとえ損をしても公平でなければならないとする倫理観を炙りだす（小林佳世子『最後通牒ゲームの謎』）。とはいえ、これは経済的な目的合理性と倫理的な価値合理性が金額で調停され得るという事実を示しているに過ぎない。また、囚人が仲間を裏切ることによって自分が助かる可能性があるときどうするかというゲームも、他人の行動の推論と自分の人間観が相関的であって結果が予測不可能であるから、むしろ相手と同様の行動指針が一番有利であることを教えてくれる（佐伯胖『「きめ方」の論理』）。

しかしながら、このことはゲーム論的に思考するひとどうしの関係についてしか妥当しない。現実には気紛れなひとが多くいる。したがって、現実はゲーム、ないしゲームの複合などで決してはない。現実ではマナーを守るかどうかが先立つが、ゲームはルールが先立ってはじめて生じ、現実とは異なって対戦相手が相互に尊敬されるマナーが要請されているのだからである。たとえば恋愛をゲームとみなす人物が非難されるのは、相手がゲームと思っていないこと、ルールを知らないことをふまえないという点でマナー違反、アンフェアである。戦争するひとは、相手を殺してよい獣のようなものとして扱うが、さもなければ自分が殺されることになるだろう。ゲーム理論は、日常の駆け引きを鮮やかに推論しあうゲームとして説明しようとするが、ゲーム主体のような空想的人間像を前提するからこそそれに失敗するのが現実である。

さらにまた、法律は、ゲームにおけるルール、スポーツやゲームの性質と内容、勝負の基準を規定するものとは異なる。現実の社会で勝ち負けを決定するのは、ゲームのルールとは異なって、法律ではない。法律で裁く司法の場でも、まずは宗教的、政治的、経済的に、それぞれの勝ち負けがある。それを巡って、裁判の判決がさしあたっての勝ち負けとなる。そこで問題になるのが、正義である。正義＝ジャスティスと公正＝フェアを混同してはならない。

マナーとルール、ルールと法律の差異を生みだすもの、それらを繋ぐものは何かという問いもあるだろう。後者が権力であり暴力装置であることは容易に推察できる。前者に関しては、言語が媒介するわけであるが、言語がどのように媒介するかは、意識を巻き込むことであるがゆえに、説明は困難である。ヒュームの理論（『人間本性論』）から、マナーを現在の共感によって成立するものとし、後者がそのときの一人ひとりにとっての未来のための黙契を明示したものとみなすことができるかもしれない。しかし、それは個人の側から見た説明であり、本書の論旨からすると諸身体一般の観点からまず黙契とされる共通性があり、個々の身体においてマナーを守ろうとする動機が、逆向きに共感と称されるといえる。個人的意識はその逆の場合に出現するだけであるが。

たとえばサッカーにおいては、ボールを保持するひとのボールを取るとみせかけて脚にタックルしてもいいし、相手がまったくふれてないのにファールされたように転んでみせてもいい。逆に、敵のひとりが飛び出してゴールに迫ったとき、突き飛ばしてあえてファールをもらって危機を脱することもできる。*

*シェイクスピア『マクベス』に登場する魔女たちの「よいは悪い、悪いがよい」、原文からいいかえると「フェアはファール、ファールがフェア」という有名な科白がある。そこでは、「フェアに行うことはファール＝禁止事項で、ファールすることがフェア＝みんなが行うことなのだ」という意味であろうと思われる。ホッブズのいう戦争状態である。それに対し、古代ギリシアのオリンピックもそうであったが、たとえ戦争中であっても停戦を条件として開催された。ゲームはしばしば錯覚されるものの、戦争＝戦闘とは本質的に異なるのである。

しかし、それではアンフェアだとみなされよう。勝ち負けがあるといえども、ゲームは実際の戦争ではなく、相互に楽しみ、また観客が楽しむためのものであって、終わればノーサイドとなる特殊な活動である。そのことを忘れず、ルールに従うというマナーを守るとき、さらには相手が万全に闘えることを尊重するというルール外のマナーを守るときには、「フェア＝公正」といって賞賛されるだろう。そうしたフェアプレイがないと、ゲーム自体がつまらなくなり、だれも参加せず、観客もいなくなるかもしれない。ルールに反するのがファールであるのに対し、ゲームという語に「戯れ」という意味もあるように、ゲームとはルールとマナーの戯れなのであり、ルールを成立させる源泉としてのマナーを守るのが「フェア＝公正」なのである。＊

＊実際、一人ひとりのプレーヤーは、頭として思考し、体として動作し、それらを統合しようと振舞っているのだが、自分の身体がどのように見えているかは知らない。観客がその見かけからフェアかどうかを判定する。フェアであるとされるのは、それぞれが他のひととおなじ身体をもつということを前提して振舞っているときであり、フェアでないとされるのは他の人々の身体をないがしろにしたときである――それは「汚い」、つまり糞なのである。なぜこのような書き方をするかは、第五章を読んでいただいたあとで理解されよう。

以上が、善悪に対して正邪の意味するところである。善悪はマナーを守るかどうかであるのに対し、正邪はルールがあるときに、その勝負に対してマナーを優先するかどうかである。もとより、マナーのある集団のなかで、マナーが廃れかけているとき、あるいはマナーをより多く守らせようとしてルールが策定されるとき、そのルールに適合する行動が現われてマナーを変質させ、他方ではルールの違反＝ファールが指摘されて揉め事が増えるというように、本来のマナーとは異なった事態が生じ得る。そのような事態において、本来のマナーの意義を思い出させるようなマナーが行われるとフェアであるとして賞賛される。集団の大きさや性質の変化によって、マナーからルールへという弁証法が生まれるが、その弁証法はなんらアウフヘーベン＝止揚されることなく、いつかルールは忘れられてマナーに戻り、その循環が無際限に続くであろう。*

＊中村敏雄は、ゲームのルールが変更されるのは、そこに参加するひとの多様性と不平等という矛盾を克服するためだと述べる（『メンバーチェンジの思想』）。なるほど、参加者や観客の増大がゲームを支えるところに、ルール変更の必要性がある。フェアではないと感じるひとが増えればゲームは衰退するということであろう。

第三章　正義と悪

正義は社会的な諸問題について善と同様に倫理的価値を表現しているように見えるが、しかし、そこにある政治と倫理の対立のなかで、群れのなかに個人が析出されてくるダイナミズムが見出だされる。

1　正義とは何か

倫理の相対性

以上に見てきたように、マナーとは、ある程度の数のひとにしか守られず、違反してもはっきりとした罰則のない振舞のモデルである。それは、宗教にも、政治にも、経済にも、法律にも含まれている。しかしもし、マナーを、ひとの行動を拘束する基準である「規範」とみなしてそこに混ぜあわせてしまい、そちらから倫理について理解しようとするならば、倫理それ自体が見えなくなってしまうであろう。

たとえば、嘘をつかないとか約束を守るということが、マナーではなく規範であるとする。そうとすると、嘘をつかれたり約束を破られたりしたときには、相手を非難したくなってしまうであろうし、逆に、自分が嘘をついたことにならないか、約束を破ったことにならないかと神経質になってしまうであろう。*

*カントの道徳法則の具体例として、「嘘をつくべきではない」という、カントがコンスタンとの論争において

書いた論文が挙げられることがある。カント哲学においては、「嘘をつくべきである」ということは道徳法則にはならないとはいえるが、「嘘をつくべきではない」ことが普遍的倫理として証明されたわけではない。嘘をつかない方がよい理由はいろいろあるが、いつでもどこでもそういえるかどうかが問題なのである。

これが裁判における証言とか取引における契約とかであって、法律に規定があることなら罰則や補償が強制される。しかし、そうでない場合、嘘は社交辞令に過ぎないものもあり、損害を生じない程度に相手を気分よくさせることもある。倫理的にいえば、契約＝約束はたわいない冗談であったり、破ることでかえって相手が助かる場合もある。倫理的にいえば、嘘をついてよい場合もあれば、約束を破ってよい場合もある。それらは政治や経済においては規範であるが、違反されると拙いことが起こる場合に制定されたものなのである。

このことは、暴力や殺人についてすらいえる。たとえばかつての武士は一旦刀を抜いたら相手を切り殺すべきであった。* 現代のマナーには反するが、今日なお、戦場では敵をよく殺傷することこそマナーである。ひとを傷つけたり殺したりすることは法律では有罪であるが、倫理的にいえば、戦争もまた、相手の戦闘をやめさせるためにするという点では「平和の希求」なのであり、その意味では、暴力を奮ってよい場合もあれば、殺人をしてよい場合もある。暴力や殺人の禁止は宗教や法律における規範であるが、しばしば違反されるからこそ規範となるのだし、その違反が倫理的にはよいことであることもないわけではない。

＊『葉隠』（山本常朝）を参照せよ。また、横井小楠は襲われたときに戦わずに逃げたという理由で、七十日の蟄居を命ぜられている。同様に、一揆、内乱、革命、戦争は、歴史的に必ずしも悪とはされていなかった。出し抜かれて残虐な仕打ちにあう社会と、戦争のさなかに団結している社会のどちらをいいとするかは時代と文化と土地による。先の大戦中にも、国家のために尽くせる時代に生まれてきてよかったと考える多くの国民が

いたのである。

以上のように、倫理をただただ「平和の希求」という条件のもとに成立する振舞であるマナーとして、その拡散と集中の運動＝ダイナミズムにおいて捉える倫理学、したがって善悪正邪における唯一普遍の規範があることを否定する倫理学は、倫理的相対主義なのか、あるいは単なる倫理現象の記述に過ぎないのか。とりわけ、人間としての正しい生き方というものがあると考えているひとにとっては不快に感じられるかもしれない。* だが、広い意味での「倫理」もある。こうした、群れ社会とそこにおける人間的生の認識からも、ある生き方が推奨され、ある生き方が避けるべきものとして示される。そうした倫理学的主題があることを見損なってはならない。

＊たとえば、困っているひとがいて手助けするという行動は、一般には多くのひとが「よい」と判断すると思われる。しかし、その何がよいのだろうか。手助けされたひとにとってありがた迷惑の場合はどうか、手助けするひとが他の人々から賞賛されることを求めていたのならどうか。

なるほど純然たる善意から手助けして、手助けされたひとがそれだけ楽になったのなら、それはさしあたり「よい」かもしれないが、善意の起こらないほかのひとが非難されたり、手助けされたひとに助けられることへの依存が生じるようになったらどうなのか。手助けするひとが多い社会とそうでない社会のどちらが優れているかはいえない。そこで暮らす人々のマナーが異なるだけである。後者の社会では、手助けすることがかえって迷惑であり、「悪い」とされるかもしれない。

たとえば車椅子のひとが階段を昇るのを助けるような場合、西欧では「隣人愛」の精神からノーマライゼーション、すなわちどんなひとも他のひとと同様の行動をする権利があるという観点で、周囲のひとが、感謝を期待しない義務としてそれをする。しかし、わが国にはそのようなマナーはない。車椅子のひとを助けるのは「思いやり」からであり、本人が援助を依頼することに対してなされ、助けたひとは感謝されることの快を求めている。少なくとも「情けはひとのためならず」、回りまわって自分もそのような状況になったら感謝するだろうという動機からそれをする。もし車椅子のひとが助けられることを西欧のように権利と理解して周囲に要求するなら、それはわが国のマナーからするとマナーに反すること、「悪い」こととされるだろう。
　どちらの社会がよりよい社会なのか、基準はない。災厄の状態にない社会では、大多数のひとは周囲に迷惑をかけず、状況をよく見て適切に行動している。そのひとたちには倫理を説く必要がない。なぜ全員にとっての倫理が必要なのだろうか。

　人々は、倫理的問題に関しては、概して個人から出発する。何をすべきか、何をしてはならないかと判断するのは個人であり、その判断と行動を要請されるのも個人である。それで、倫理学者は個人が「すべきこと」、「してはならないこと」の普遍的な規範、それがいつでもどこでもだれにでも成りたつ根拠を探究してきた。倫理的判断とは、規範を知っておいてそれを適用することなのか？——しかし群れとして社会を捉えるときには、個人の意義も変わってくる。群れの大勢でおなじことを考えるとしたら、それは倫理というよりも呪文であろう。もし、群れからはずれることでしか倫理的判断が生じないのだとしたらどうであろうか。

規範のイデオロギー

　むしろ、こういおう。唯一普遍の規範があるとされるのは、宗教や政治や経済や法律の領域において主張されるイデオロギーなのである。これらは、それぞれの集団のルール＝規範をさらに拡張し、制度や組織を設立し、つねに拡散していく群れ社会を、大なり小なり凝固させようとする。宗教、政治、経済、法律が、上手に運営されさえすれば一人ひとりに安定した生活条件を提供することも忘れてはならないが、しかしながら、倫理学としては、それぞれが学問の体裁をとって抗争しているこうしたイデオロギーに囚われることからの解放をこそ教えるべきではないだろうか*。

＊規範主義とは、倫理を道徳規範に還元しようとする立場である。しかし、規範を決めるのも、またひとをそれに従わせるのも政治である。政治には不可避的に権力が、すなわち物理的暴力や言説的暴力が伴う。ルールを決める言説自体が暴力である。規範の原理や正当性を倫理学が論証するにしても、それを「倫理」と呼んで規範にするのは権力である。なお、優れた規範を探求するのは政治学であるが、「規範とは何か」、「政治が人々に何をしているか」を論じるのは倫理学である。

反規範主義は、「みずからの感性を追求すべきである」という規範を主張しているように見られるかもしれない。しかし、問題は行動の原則や基準をもつことではない。みずからの感性を、生きているひとはみな追求する。意識においては、それを抑圧しようとする社会的圧力を撥ね退けることが主題になる。では、「圧力を撥ね退けるべきである」という規範かというと、絶えずそうすべきなのではないし、そうしたからといってよいものが生まれる保障はまったくないのだから、そうした規範を主張しているわけでもない。反規範主義は、志のあるひとに、ただ生を否定しないようにと勧めるのみである。

反規範主義倫理学の主題はマナーであり、マナーを変更する感性的総合である。とはいえ、善をマナーとするのは、人々が「よい」と呼んでいる現象や言葉の意味を説明しているだけで、出来事を引き起こしたり、出来事の結果をもたらしたりするもの、人々がそれに生死や人生の意味を賭けるようなものについては何も説明していないと考えるひともいるだろう。せいぜい、人々が好きなものを好きになり、嫌いなものを嫌うだけの俗物主義ではないかと考えるひともいるだろう。規範主義から抜けきれず、これを「マナーを守るべき」という規範と取り違えたひとがそうした考えになるであろうが。

宗教は神の名のもとに信仰に反するひとを迫害し、政治は国家の名のもとに権力闘争において党派を作り、経済は富の名のもとに自由競争によって貧困を産みだし、法律は正義の名のもとに警察と司法によってひとを拘束し監禁する。それらの理念によってなされるがままになるのも、他のひとたちの行動と発想を強制する側に回るのも、ひとつの倫理的方針であるとはいえるが、倫理とは何かを問うひとにとっては、それでは答えにはならないであろう。

宗教は儀式によって、政治は言説によって、経済は利害によって、法律は暴力によって、集団のすべてのひとの行動と発想を制御しようとする。これらの諸力に対して、倫理を問うことは、みずからの身体と他の諸身体のあいだで自分の行動がどうあるべきかを判断しようとすることである。

政治哲学

とりわけ正義は、しばしば倫理学の主題であるかのように取り違えられてきた。正義とは、古代ギリシア語でディケー、剣と天秤をもつ女神として表象され、裁判における理想を示す概念であった。なるほど共同体で取り決められたルールに反しているか否かについては、だれかが調停者や仲裁者や審判者としてその争いに裁決を下すことが多々あるに違いない。その裁決が正義に基づくことが求められ、正義とは何かが議論されてきた。*

＊わが国においてこのタイプの正義はなじみの薄い概念である。講談における大岡裁きでは、三方一両損をはじめとして、奇妙な裁決が喝采を受けた。そこでは、公正な判定者が超越的基準によって裁決するのではなく、当事者が納得しさえすればよいといった「機知」が重視されている。その意味で、明治以降に取り入れられた西欧風の正義は、しばしば建前に過ぎず、むしろ強権のいいわけのようなものとなっている場合もあるように思われる。

今日では、とりわけ法律こそが正義を実現すべきものとしてあり、倫理学はその正義をあきらかにして、正しい法律を規定する学問であるとする考えもある。実のところ、このような議論こそが、自然法に関する近代初頭の政治学であった。自然法は、中世以来受け継がれてきた理念であり、神によって与えられた法という意味である。そこには普遍的な倫理が示されていると考えられ、それにのっとった法律が制定されるべきであるとされた。だが、当時、ただちにパスカルが、為政者が自分に都合のよい法律をその名まえで粉飾しているだけで、唱導される法律は、起源が抹消された慣習法に過ぎないと批判している（『パンセ』）。*

*西欧では、一八世紀には、倫理とは切り離された法実証主義的な法律論が提起され、自然法とは別の原理が探求された。そこでは法律は、社会が安定的に維持されるための、政府が独占する暴力の活用手段である。もっぱらマナーとは別に、社会に生じてきたトラブルが解消されるように、とりわけ政府が転覆されることのないようにするために箇条書きの文言が制定され、それに反する場合の罰則が規定された。自然法を明確に退けたベンタムの最大幸福原理がそのひとつである（『釈義批評』）。そこでは統治のために法律がどのように位置づけられるかが主題であり、犯罪者に対する報復や見せしめといった、倫理において問題となる要素の入る余地のないものとされた。ベンタムは、人々が何を善と考えるかは別として、法律を人々が自由に快楽追及できる環境を整備する柵のようなものと考えた。違反すると当該犯罪者に苦痛を生じさせるのだから、いわば電気柵のようなものである。かれは犯罪者を悪人とみなすのではなく、法律をよく知らない無教養な人物か、快楽よりも苦痛を選んでしまう病的な人物とみなし、刑務所を一種の教育機関ないし医療機関とみなしていた（拙著『ランド・オブ・フィクション』参照）。

自然法は、一八世紀にはその宗教的背景を払拭して普遍的倫理とされるようになり、そのなかに人権の尊重のほか、嘘や約束不履行、殺人や暴力の禁止が含まれると考えられた。倫理学というとすぐに普遍的倫理＝道徳は何か、「なぜ殺人は悪いか」などという問いが発せられるが、それはこのような事情を背景としている。*

*戦争において、あるいは死刑制度や緊急避難や正当防衛の事例などにおいて、時代や文化や状況に応じて必ずしも妥当しない場合があって、しばしば違反され、無視されてきた。そして、それらが普遍的なものなのかどうか、そうした規範のリストを作ることで人間行為の正しさがいい尽くされているかどうかが問いに付されてきた。

法哲学者たちは、自然法という神学的根拠が失われたあとに、平等や自由や人権という概念を巡って、法律の倫理的根拠を求めて多様な原理を検討してきた。その影響のもとに法律が制定されることもあったが、それは宗教と法律と倫理を混同した結果であったともいえる。

政治と倫理は、明確に区別しておくべきなのである。政治とは、究極的には暴力による統治である。民主主義社会では「例外状態」（カール・シュミット『政治的ロマン主義』）において真の姿を現わすが、しかし通常は、そのマキアヴェリズム的本質において、宗教、経済、法律、倫理を活用している。人々の超越的なものへの畏れ、階層や集団ごとに偏った富の再分配、処罰の伴う規則の明示等によって政策を実現しようとする。とりわけ倫理に関しては、善悪を恣意的に訓示して、一人ひとりが悪いとされることを排除し、よいことを率先してするようにと呼びかける。しかし、その政策自体がよいものかどうかは別の問題である。一人ひとりはそれに惑わされず、政治に善悪を混ぜ合わさないようにすべきなのである。

今日も、「人道に対する罪」など、普遍的倫理に反することがあると考えているひともいるが、それは各宗教の教義によって禁じられているか、近代のイデオロギー、すなわち自然法という名に変えられた教義によって普遍的倫理規範に反すると思い込まされているだけである。自由には価値があるか、人権には根拠はあるか、人間には意志はあるか——政治哲学の仕事があるとすれば、それは自分の宗教を背景とした倫理観に対応した正義を理論化することではなく、平和を実現する統治の合理性と効率性を高めることにあるのではないだろうか。

正義の本質

もとより正義＝ジャスティスは、理念としてではなく法律の発生とともに意識されたものである。法律は、公正な＝フェアな手続きによって成立しているとの前提のもとで正義の基準とみなされる。しかし、法律が正義とされるのは、法律に従うというマナーを守ろうとする人々にとってである。悪法とされるのは、自然法に反する法律ではなく、その社会のマナーと調和しない法律である。

したがって、法律がそのまま正義なのではない。法律に従うというマナーのほかにも、法律に含まれない無数のマナーがある。社会は群れでしかなく、それぞれの群れの分子が、正義を、それぞれが前提する異なった秩序観のもとで想定している。法律が正義であるとされるのは、その七割以上のひとにほぼ共通して意識されるマジョリティの秩序観に法律が合致しているときでしかない。しばしば法律に従うことが躊躇されたり、あるいは必ずしも法律に反していなくても不正であると非難されたりするのは、マジョリティの秩序観とは異なった秩序観が抱かれているからである。

さらには、マナーの延長において形成される慣習法においてもあり得ることだが、とりわけ法律では、既存のマナーとは無関係に、体制の維持および支配階層の権益が優先されたり、民主主義社会においても、特定の選挙民の利害が優先される傾向がある。そのような人々がマジョリティでなくなるときには、法律の改正が要求されることになるだろう。

とりわけ近代においては、法律が正義を実現するためにあるかのように錯覚されたのであるが、実際の法律は体制を維持し政策を実現するために制定されるものである＊。法律は、マナーについてのルールとは異なって、政治において覇権を得た権力階層が、暴力を背景として人々を統治するために導入したものに過ぎない。「法が正義だ」といわれることがあるが、正義は、制定された法律において、人々がどの程度にその統治に納得しているかを示す指標に過ぎないというべきであろう。

＊正義とは、トラブルが当事者たちに納得できるように解決され、それによって生じた損害が補償されることである。しかし、政治においては、マキアヴェリが指摘しているように、人々にそのような印象が与えられる

ことの方が重要なのであって（『君主論』）、政府権力が安定して持続し、権力者たちの権力欲と所有欲が満足されるためにある。『ゴルギアス』における力か正義かという二者択一のソクラテスの問いは、倫理と政治や法律が明確に区別されていなかった時代の問いに過ぎない。こうした二重性を明確にしたのは近代法学の父といわれるベンタムである。かれは正義を「最大幸福」と置き、快楽と苦痛の計算によって法律をその目的の手段として位置づけたが、それは同時に無政府主義的誤謬を退け、政府のコストパフォーマンスを最大化するためのものでもあった（拙著『ランド・オブ・フィクション』参照）。

実際のところ、しばしば、不注意や身勝手な動機から家族を殺されてしまったひとが署名活動をして、その犯罪者を最大限に重い刑にするように要求する。法律に従った量刑に不服があるのはどうしてかというと、それは正義がなされていないと感じるからである。

正義とは、トラブルに遭遇した人々に対して、損失が補償され、人間関係が回復され、相互の納得のうえで、それ以上のトラブルに発展しないようにする規準である。人々は、災害や飢饉や疫病や戦乱でも運命として納得することなく、政治の不作為や怠慢を「人災」と呼んで非難するが、とりわけ対人関係における揉め事には、対等な人間どうしとして、正義を求める。法律がその正義を実現するものではない場合に、ひとは署名活動をしたりするわけである。

正義のヒーロー

とりわけ現代の法律では罪の軽重と刑の量の対応が重要であり、刑罰も教育更生を旨とするがゆえに、被害者の報復感情を満たすものではない。しかしながら、家族を殺されたりした恨みなど、そもそもそれを解決する法律などありそうもない。ひとは、敵討ちを繰り返した時代のように、何代にもわたって仇とその子孫を恨み続けることだろう。*

＊ひとは産まれてきて日々の経験をするなかで、極端には、すべてを受容して天国にいるかのように生きるひとと、すべてを忍耐として地獄にいるかのように生きるひとの中間にある。何をもって標準とするかはひとによるが、時間とともに快と苦が入れ替わるがゆえに、受容できるか忍耐するかの捉え方は変化する。宗教はそのいずれかになるように思考に回路を作る。だが、他人との比較によって基準は変わるだろうし、さらには他人との相互行為によって結果も変わるだろう。自然現象であれば受容か忍耐かのいずれかであろうが、他人が自分の快苦の変化の原因であればその基準は変化する。ひとは、苦が与えられれば報復を、快が与えられれば親交を求めるだろう。四千年前のハンムラビ法典にあるような「目には目を」という処罰は、相手をおなじ目にあわせることによって恨みや報復感情を抑えることはできるだろうが、視力が失われたことをそれで受容できるわけではない。韓国における慰安婦問題や徴用工問題は、植民地化されたという歴史的事実を受け容れられない人々の恨みの表現であるように見える。どんなに理性的な政治的国際法的解決もその恨みを捨てさせることはできないであろう。単なる権利の配分においては平等こそが重視されるが、出来事をなかったことにはできない。平等な結果は不可能であり、そうした不条理をどう捉えるかが各人のテーマとなるのである。

他方また、他人はたとえば経済的な意味での交換においては快を与える。余った木の実をもつ山の民が余った貝をもつ海の民と交換を行えば、そのままにするよりも双方で効用が高まる。その量が等しくなくても、交換を繰り返すことでその差は小さなものになるであろう。そこに等価や平等という概念を持ち込むのは政治である。経験の質に数値を割り当て、等量をもって正義としようとする。他人の経験の質は経験されないのだから、等量はあり得ない。だれしも自分により多くの効用が生じることを期待している。それで政治は暴力と法律を必要とし、それへの不満を押さえ込もうとする。それが正義と呼ばれるのではないだろうか。

だからこそ、人々は、法律やそれを施行する警察を当てにせず、しばしば「正義の味方」と呼ばれるヒーローの出現を期待するのである。しかし、正義の味方は「不正をなすひと＝犯罪者」を罰するわけではない。そうではなくて「悪人＝アンフェアなひと」を懲らしめようとする。正義に対立する概念は、政治権力が定義して取締まる「不正」ではなく、悪である。悪人は、ルール＝法律に従うというマナーすらも守る気がないわけであるから不正をもなすが、むしろマナーを気にせずその集団のマナーを嘲笑することによって、善男善女の人々を挑発する。そのような人物を懲らしめるためにこそ、水戸黄門のような正義の味方が必要とされる。

しかも、正義の味方の方も、みずからは法律を犯す危険を冒して暴力と殺人を行う。かれらも法律にふれることを厭わない。法律を遵守しようとするマナーがないという点では悪人である。その意味で、ヒーローものの物語や映画は、悪人と悪人の対決なのであり、主人公側の悪人が、法律には反しつつも、いわばマナーを守らせようとしているのである。そこに金庫破りなどの犯罪ものの物語や映画も成立する。人々は法律的には悪人である犯罪者に正義の味方を見ているわけだし、さらにはポピュリズムのように、法律に反しても正義の味方のようにふるまうひとを政治リーダーにしようとすらする。民主主義体制のもとであっても、人々はその制度を使って王を求める。正義を実現する王を求めているのである。あるいは、目下の王の権威を失墜させるヒーローを求めているのである。そこには、王自身にすでに正義がある。*

*小人物を王にした国民は哀れであるが、そこから王が大人物であるべきだと考える国民はもっと哀れである。たとえば、戦争は絶対するべきではないという考えもあれば、人間の性《さが》であるという考えもあるが、戦争をするのは人間ではなく国家であり、悪いのは戦争ではなく国家である。国家を自称する王である。

今日では、三権分立に基づいて、法律は国会において制定されるが、それは為政者にとって都合のよいだけの法律になることを避け、選挙によって選ばれた国会議員が、選挙民の倫理観を念頭におきながら統治に役立つ法律を策定するようにである。これが民主主義という、西欧近代文明がキリスト教の自然法に基づいて構築してきた人民主権、「正義」の制度におけるマナーの法律化されたものである。

選挙のやり方や審議運営のやり方を国会議員がお手盛りで決めることで因襲が生じ、民主主義からはしばしば離れていくにしても、そしてまた、正義がそれほど実現していなくても、暴力革命を経ることなく政策を変更させ得る民主主義体制は、非効率的ではあるが絶えず反対する勢力が現われて極端な政策に走りにくいという点で、暴君が出現して戦争などの災厄が生じるよりはまだましであろうと考えられているわけである。*

＊「来たるべき民主主義」（デリダ『ならず者たち』）においては、リバタリアンのいうように国民それぞれの自由を優先すべきか、コミュニタリアンのいうように共同体的連帯が実現されるべきか、功利主義者のいうように安全と豊かさを実現する「幸福工場」（ベンタム『道徳と立法の原理序説』）が目指されるべきかと、全体について語りたがる識者たちが論争する。民主主義ではない体制、「人の支配」がまかり通る体制や結局は暴力が優位を占めるアナーキズムは避けた方がよいが、いずれにせよ自由も連帯も幸福もともに目指されるために、ビッグデータを活用したＡＩによるアジャイル的な政策、統計によって国民の希望を聞きつつ絶えず微調整する政策へと向かうことであろう。いろんな望みのひとがそれぞれに生活できて、しかもたとえ楽であるだけを目指して引きこもっているようなひとがいても、自律や利他行為などの特定のマナーによって圧力をかけられない社会が望ましい。

2　いかにしてみずからに個を作るか

感覚から個人へ

それにしても、それでも王ないし神、正義の味方であるヒーローや超絶的なアスリート、芸術家や哲学者や漂白詩人のような異能者が常に出現してくるのはいかにしてであろうか。どんな条件のもとにおいてであろうか。なぜそうしたことが可能なのか。

ここまでわれわれは、食事を味わうときに、みずからの好みから出発してそのおいしさを評価するという何気ない判断の底に、多数の人々の好みの想定や、みずからの土地で育まれた好みの基準が含まれているばかりでなく、その手がかりや目的について人々がその判断をどう評価するかが前提となっていて、おいしさの評価だけでない自我へ愛、自尊と卑下が反映されていることを見てきた。

そして、おいしさなど、そうした感覚の判断に関してさらに「よさ」が判断されるとき、それはマナーという諸身体のあいだでの自分の身体の動作を規定している振舞い方に準じることであって、それがもはや個人から出発できない群れにおける諸身体の平和への希求、諍いの回避のあり方であることを論じてきた。

しかし、よい生き方としてただ一人ひとりがマナーを守ることに尽きない要因として、新しい生き方への志向や他の人々から干渉される規範との葛藤があって、マナーに反し、マナーを超えていくような振舞がある。そのような振舞は一般的には悪いとされるにせよ、その裏で、マナーを固定化しようとして、すべてのひとを強制する規範やそうした規範を規定する普遍的理念があるとする思考には根拠がない。群れの中心から周縁へと、また周縁から中心へと揺れる、こうした一人ひとりの生き方において何が起こっているかということに眼を向けることにしよう。

個性

しばしば「個性を大事にしよう」とか、「個を確立しよう」といわれる。「自分なりの生活や活動や信念をもとう」といわれる。問題なのは、それをしようとしても、社会では受け容れられないことが多いということである。そのようにいわれて育った子どもは、騙されたと思うだろう。群れ社会とは何かを考察して、そのことの意味を考えなければならない。

人々は、概して マナーを守って生活する「善男善女＝仏教でいうところの功徳を積むひと」である。それは群れのなかの「個体」としての匿名の生である。そこではおいしさや美しさやきれいさにおける自己愛、プライド＝自尊と卑下によって、集団のなかでの居場所が与えられる。

もし、夫婦、親子、親戚、友人、教師と生徒、上司と部下、店員と客、役所と市民……、さまざまな人間関係＝間柄（和辻）において何かトラブルが生じると、自分ならどうするかという意識のもと、だれが悪いか、どうすべきかと議論したくなる人々で溢れる。「よさ」についての自己愛が、それぞれにとっての好き嫌いから切り離された、時代的文化的に浮遊するマナーの構造を生みだす。*

＊現代のSNSにおける炎上やバズらせ、ないし「推し」の諸言説は、現実にはだれからも意見を聞いてもらえない少数の人々によるものだと知られている。メディアがそれを盛んに取り上げるのは、多数の人々がこころのなかで少しは感じているが、口にすれば周囲から孤立すると分かっているような種類のことを含んでいるからであろう。危険を冒して自己愛を満たそうとする少数の人々によって、エリートたちのオーラが剝がされるのを見ることは、ずっと以前から庶民の娯楽であり、王やヒーローを求める裏返しとしてのルサンチマンであった。言論の自由の名のもとで、現代においてはそれ自体は大して英雄的な行動ではなくなっているだけであるが。

マナーによって形成される社会は、エアプラントのようにデラシネ＝根無し草である。どこへでも漂流していって、マナーを脅かす外部の敵、マナーを守らない内部の敵が喧伝されるときにはファシズムとなることもあるだろう。群れのなかから王が出現し、群れの諸個体の自己愛を刺激しつつ、「正義の味方」を標榜して群れを凝固させようとすることもあるだろう。* そのとき、全体を考慮して自分の行動を決めることがマナーとなり、「マナーを守るべきだ」という言説がマナーとなる。そして、すべてのマナーをルールにし、さらに法律によってこれを支えようとするだろう。ひとはみずから王になろうとするのである。

＊物語で描かれるヒーローは別として、実社会でのヒーローは、どこかに敵がいると煽り、それに対して内部の弱者たちがお荷物であると訴える。少し考えれば荒唐無稽の陰謀論が力をもつ状況が生まれる。陰謀論とは特定の人々が社会現象の裏面で秘密の企てを実行しているというタイプの議論である（秦正樹『陰謀論』）。社会について論じられた議論の大多数は陰謀論である。大雑把な読み方をするひとにとっては、マルクスは資本家たちの陰謀を暴いたのだし、フロイトは父親たちの陰謀を暴いたのだということになる。「バカ」という語をタイトルに使用する著者に人気が出るのは、読者が自分はバカではないかと脅え、読んでそうでない方に入ることで安心する特性をもっているからであろう。マキアヴェリが教えていたように、残酷に扱ったあとで恩恵を施すと大衆は喜んで従うようになる（『君主論』）。心理学以前の群れの特性である。

王と個

だが、一体どのようなひとが王になるのだろうか？

プラトンのいうようには（『国家』）、王は哲学者ではないし、哲学者は王ではない。ひとの知性は、教養として、宗教や政治や経済や法律の知識を使って社会全体をどの程度語るかによって測られる。社会や歴史の全体が分かっているかのように錯覚させる俯瞰図、自分の位置がすべてを繋ぐ流れのなかにあると勘違いさせる系統樹、指示されたことをしさえすればよくなると思い込ませる処方箋のような言説が評判をとる。政治権力のないひとであっても口々に社会全体について語るのは、それによって自分の知性が群れの標準を超えていることを示して自己愛を満足させるためである。＊真の異能者である自信のないひとが聴衆を求めてパフォーマンスをし、しかしその言説が伝播して、伝聞と記憶と想像の渦を作り、その渦中のひとが王のように振舞ったりするようになる。

＊七割以上のひとが自分の知性は平均以上だと考えているという。二割以上のひとが勘違いしているわけだ。デカルトはそれをもって知性が公平に分配されていると述べたのだったが（『方法序説』）、それはレトリックに過ぎなかった。知性を測る尺度は決して客観的になることはない。なぜなら、知性の水準は最も高い知性のひとからしか測られないからである。自分よりも高い知性は、それ以下の知性のひとからは理解できない。その結果、七割のひとが自分は知性が高いと錯覚する。とはいえ、デカルトが知性をボンサンス＝「よい感覚」という表現で示したとき、それは後世いわれる理性のことだけだったのだろうか。

それに対し、自分の好き嫌いを追求する個となって、自分だけの振舞によって生きようとするひともいる。それによってマナーに反し、群れから排除されるとしてもその方がよいと意識して、マナーを守らなくてもよい理由を見出だそうとするひと。これは理性があるかないかの問題なのではない。真の規範は何かという問題ではない。みんなとおなじことをしなくてよい理由があるかないかの問題である。＊

＊ライプニッツはそれをモナドと呼んだが（『モナドロジー』）、個とは「窓がない」ことを自覚する経験であるといってもいい。「窓がない」とは他人や物体に直接ふれることができないという意味である。諸感覚を通じて得られるとされる風景と他人たちの諸表象は、その表面に諸感覚が見出だされる自分の身体の観念を含めて、すべてみずからの精神の裡に生起する。それらの諸表象は欲望に応じて無際限に変化するとされるが、すべてを自分が創作しているかのように能動的に知覚するか、あたかも映画のスクリーンのように受動的に知覚するか、その違いに応じて、独我論的妄想に陥るか他のもろもろのモナドの知覚に開かれるかが分岐する。個をみずからに作るとは、経験のモナド的条件を自覚して、妄想ではない能動的な知覚を生みだそうとすることである。

悪人正機

生きるとは何なのか。マナーに反すること、あるいは語義矛盾であるが、「自分だけのマナー」をもつこと——なぜひとはそのようなことを思いつくのか。なぜみずからに個を作ろうとするのか——それが倫理学におけるもうひとつの問題である。

重要なことは、自分の振舞において自分の感性が満足することを、たとえ集団から排除されようとも追求するべきかどうかということである。なるほど、さしあたり、マナー、とりわけルールに従うというマナーを守ろうとしないひとは「悪人」と呼ばれる。* 人道に対する「獣道《けもの》」。だが、悪人にもさまざまある。自分の体の欲望に耽溺し、他の身体との平和のために理性を使用しない自己本位なひとがいる。マナーを規範として盲目的に従うことや、それを他人に強制しようとすることも、マナーに反しているという点では悪である。おいしさや美しさやきれいさにおける感性の総合を求めて、周囲のマナーとは異なった振舞をするひともいる。

＊あるひとの、それが普及すれば多くのひとが幸福になるであろうやり方がある。もしそれが普及しなければマナーに反するとみなされる。たとえば、はじめてナマコを食べてみたひと。よほど空腹だったのか。しかしその見かけや歯ごたえも、ある調理法を用いればおいしいという経験を可能にし、ほかのひともそれに習うなら、それはあらたなマナーになる。数十年前までは生の魚を食べる日本人のマナーを野蛮だと思っていた外国人は、いまや寿司を食べることが上品なことであると考えるようになった。「まれびと」は、来訪した異郷人としてあらたなマナーを伝え、確かに人々はそういうひとを歓迎する。他方、怒って暴力を奮うひとや性犯罪をするひとはあきらかに悪人であろう。「アンガーマネージメント」などといって怒りを抑えるための方法や意識が求められたりするが、それではあたかもすべてのひとに怒る本性があるかのようである。実態は、しかしそのようなひとにおいては、頭が同意しなくても、体が怒りや性犯罪を肯定してその準備をしているところにある。体のそうした姿勢をなくさないかぎり、そのようなひとは悪いことを何度も繰り返すであろう。

しかし、少し違った意味であるが、親鸞のいう「悪人正機」（唯円『歎異抄』）がある。夏目漱石のいう「自己本位」もある（『私の個人主義』）。また、和辻は「善があり得るためにはまず個人の独立化すなわち悪がなくてはならない」（『倫理学』上）と述べている。自分の感性への揺るぎない自信は、さまざまな悪を生みだし得る。個となってあらたなマナーを探求するのは、社会的に悪人とみなされる危険を冒すことである。しかし、理性によって善を発見してそれに従うのではなく、欲望を善としてそれをかぎりなく反復するのではなく、みずからの感性を追求すること、すべての感覚を動員してこれを総合すること、そして単なる習慣ではなく、これをひとつのスタイルにまで高めようと精錬すること——これらはマナーに対しては悪であるが、悪の一切ない社会が理想社会なのではない。だれも自分のマナーが絶対であるとか、真正であると主張することはできない。* そのことを忘れた社会、人々を息苦しくさせ、社会に新しいものをもたらすのを妨げる社会は苛酷である。

＊ただし、みずからの感性を追求するとき、他人に迷惑をかけるとすればそれは悪いことというよりは、不正なことである。法律的問題であって、倫理的問題ではない。SNS上の暴言や炎上は倫理的問題ではなく、法律的問題であり、どんな法律を定めるかを決める政治的問題である。一人ひとりに暴言や炎上をやめようと呼びかけることは、それを倫理的に解決しようとしているわけであるが、ちょうど行列があるから割り込みをするひとがいるようなもので、暴言や炎上の快感を高めて被害者を増やすことになりかねない。倫理的要求をしてそれに従うひとはもともと倫理的に振舞うひとであり、その要求が必要な当人は、それをいくら聞いても平気なひとだからそれをするのである。

自分の感性を追求するひとは、異邦人、すなわち「まれびと」ないし「さすらいびと」ないし「はぐれ者」である。* 異邦人とは外部からやってきたひとのことであるが、生まれてくる子どもたちも、集団になじめてないひともみな異邦人である。違うマナーのもとで育ち、あるいはマナーなしに生まれてきて、否応なくマナーに反し、いじめられたりもするのだが、マナーになじもうとしているかぎりで許される。そうでない場合には、排除されることになるだろう。

＊クルト・レヴィンが「マージナル・マン」としてユダヤ人の分析をしている（『社会的葛藤の解決』）。これは

民族性の違いによるものだが、単に追い出されようとしているひと、外へと出ようとしているひともまた異邦人である。能力に乏しくて集団に貢献しないひと、病気や老いのために介護を必要とするひと、そうしたひとは、マナーに従わないのではなく、従えないのであるが、追い出されようとする。あるいは自分から出て行こうとする。諍いやトラブルで出て行こうとするひともいるが、前近代では、それは死を意味することもあった。

個人と国家

従来、いかにしてあるときは個人が群れをなしたり、またあるときには国家を形成したりするのかと考えられてきた。群れのなかに個人がないとすれば、どのようにして個人が失われるのかと問題にしてきた。だが、そうではない。群れが先にあって、そこから個人が発生してくる。概して思考するひとは、自分がすでに個人であるからすべてのひとがまず個人として存在すると前提してしまうのだが、そのひとも、少なくとも物心がつく以前には個人ではなかったということを思い出すべきであろう。*

*子どもが個人になるプロセスがあり、それが単なる生物学的成長ではなく、エディプス・コンプレックスを経るということを主張したのはフロイトである。しかし、フロイトも、社会人はみな個人になるということを前提していた。個人になれないひとは、神経症の病者だということになった。とはいえ、その後、それでは大多数のひとは神経症患者なのではないかと囁かれ始めた。実際は、個人となるひとの方が神経症的なのであり、少数者なのではないか。

個人がまず存在するのではないとすれば、ホッブズが述べたように、国家が形成されるのも個人が集まって社会契約をするからではない。群れから国家への移行、および国家が解体されて群れになるということの際限なきダイナミクスがあるだけである。*

*同一平面上にないふたつの直線はねじれの位置にある。個人と社会の直線はねじれの位置にある。これを同一平面上に置こうとして、ひとは病的になる。個人と社会は噛み合わない。これを原初的な事実として承認す

べきではないのか。

群れである人々の本来の人間性＝本性は、「付和雷同」である。* ホッブズのいうように、そこから合理的な秩序を作りだすためには、群れから逃れて個にならなければならない。しかし、全員が個となって理性的に社会契約することなど、ルソーのいう「自然人」（『エミール』）が決して群れを作らないように、不可能なのではないだろうか。もしそうした個が集まって理性的手続きに従って一般意志を形成すると思い込むときは、フランス革命にも出現した「理性の女神」の祭りの群れの狂乱に幻惑されているのであって、それは恐怖政治が始まることなのではないか。

*スタンフォード監獄実験では、看守の役割を演じた人々が囚人の役割を演じた人々を実際に痛めつけたという。この実験の実証性には疑義が抱かれているが、他方、ミルグラム実験では、教師の役割を演じた人々が生徒の役割のひとに電気ショックを与えるという行動をしたという（スタンレー・ミルグラム『服従の心理』）。アウシュビッツも含め、そのように群れとしての人々が残酷な行動をするのは、一人ひとりが「人間性を失う」からではない。群れの人々は、個となってみずから思考することのないかぎり、慈愛の行動も、残酷な行動もする。そもそも、相互に人格を尊重しあうような人間性＝ヒューマニティは、西欧近代文明が理念として措いたものに過ぎなかった。

個の発生

個人が発生する条件や機序は、フロイトのいうように家庭にあるのではなく、群れのダイナミクスのどこかにあるはずなのだ。個となること、個として生きる思想が、そのどこかで生まれてくる。個人、個となるひとは西欧文明固有の概念ではなく、さまざまなタイプの個が世界史のなかに出現してはさまざまな事件を生みだしてきたと考えるべきであろうし、逆に、そのような一般的ではない存在者が集まって国家を作るという思想は、ホッブズが創作した物語でしかないと考えるべきであろう。
そしてまた、ひとにおける個なるものも、決して西欧的個人が普遍的なのではなく、文化によって異なるであろう。相良亨は「他にころばされることのない自己を支配し、独り立つ武士が出現する……強烈な個の主張があった」（『武士道』）と述べている。『葉隠』（山本常朝）における死に方もまた、確かにそれは群れの全体に対決するものであった。それらは、必ずしも国家を形成する個人ではない個の理想としてであった。*

*どんな文明も、みずからの思想を普遍的なものとして提示し、影響を受けた文化がそれを受け容れてきたとしても、わが国におけるのと同様、形式的なものとして議論において建前として使用されるが、その土地で培われた思考が支配し続けるということは起こる。学問における普遍性は、国際的な比較のうえで生じるのではなく、与えられた土地で思考したものをどこまで掘り下げるかにかかっている。それが国際的に理解可能なものになるかどうかは、その後のことでしかないと考える。

個となるひとは、意志や契約のような西欧的理念によって、ひとりの精神のうちに自然発生するのではない。あるいは、利己主義に間違えられるように、自我を強固にすることによってみずからなるのではない。そうではなく、社会のなかで、排除監禁されることに対して、逃走し解放されようとすることによって生まれてくる。このときこそ「自由」の意味がリアリティをもつのだが、むしろ鴨長明『方丈記』のように、みずから追放される道を歩むことによって生まれてくる。*自我への愛を利害関心とする群れのマジョリティに対しては、まさに無我を目指してなる。

*最近のポップスの歌詞もビジネス本も、一言でいえば「がんばれ」でしかないものが多いように見受けられる。そのようなものばかりが売れる。ありのままの感情や事実を見つめようという気はないようである。だが、「がんばれ」はもとより「我を張れ」である。みずからに個を作ることを命じている。「注視せよ」であるとい

う説もあるが、それも自分の拠点を維持せよという意味にもなる。とすれば「がんばれ」といわれて元気が出るのは、まったく頑張ってはいないのではないか。みずからに個が作れるのは、自分の感情の固有性を見つめ、自分の置かれている事実的状況にあらたな解釈を与えてこそである。

なるほど、ベンタムのいうように、ひとは快を求め苦を避けて生きている。それは他の生物と共通する身体の論理であり、人間の群れにおいても確かにそのとおりである。功利主義は、群れに対しては合理的な政策原理であり、思考する人々はみな、何らかのやり方で群れを導こうとしてきたように見える。そのための政治的な倫理を語ってきた。しかし、それはニーチェの言う「畜群」、家畜の世話のための理論でしかなかった。政治的思考は、真の思考ではない。逆に、真に思考するひとは、群れからはずれて思考する。そういうひとが倫理学を必要としている。わたしは本書を、そうしたみずから道を求めるひとひととともに考えたくて書いた。

われわれは群れの分子が群れからはずれて個となって、社会において個人になると論じてきた。そのとき群れと個体が存在するということを当然のように語ってきたのだが、そうした捉え方が正当であると主張するためには、そのような議論の手前で、それらの概念がどのようなものかを形而上学にまで遡って考察しておく必要がある。次の章では、個体がどのようにして知覚され得るのか、個体の分子が分離して個となることがどのようにして不可能ではないのか、そのなかで精神と呼ばれるものがどのようにして発生するのかを探求していきたい。

第四章　個体と個人

群れにおける個人とは何か。分子がどのようにして個となり精神になり得るのか。自我とは何か。まずは個体が個体として知覚される条件がどこにあるかを与える原理から考察しよう。

1　個人という概念

「私」の個人的存在

デカルトの「私は考える、それゆえに私は存在する」という一句に感銘するひとは多い。そして、「私の存在とは何か」と悩み始める。こうした思考の背景には、明治期に取り入れられた個人主義、あるいは戦後に流行した実存主義の影響が考えられる。西欧人と同様の自由で平等で主体的な人間像に憧れてか、あるいは世界や社会がどうであろうとも、まずはいまここにいる自分の、目も眩むような孤立感を訴えてか、ひとは「存在」について思索する。

だが、その意味での「存在」は、西欧の概念としては、「実存＝現実存在」と呼ぶべきものである。*実存とは原義が「外へと存在すること」、存在するもの＝存在者がいまこちらへと現出してきていることである。存在するものとは、人間の有限な経験を超える永遠なもの、生成消滅しないものである。さまざまな事象や物体が、知覚されるとおりのものであってそれ以外ではないとする経験を支えるものである。実存する「私」もまた、そのような「存在」に支えられてわたしとしていまここへと現出している、そう理解されるかぎりでわたしは「実存」なのである。

＊デカルトも、『方法序説』の「私は考える、それゆえに私は存在する」を、『省察』では「私は実存する、私は存在する」といいかえ、実存と存在についてそれぞれ述べなければならないことを示している。他方、サルトルは存在抜きに実存を思考し、それを非存在＝無であるとし、その捉え方をもって実存主義とした（『存在と無』）。ハイデガーは、それを単なるブルジョワ的思考であると片付けた（『ヒューマニズムについて』）。メルロ＝ポンティは、実存を生物的存在の意味で捉えており（『行動の構造』）、それは生の哲学に繋がる面もあった。

しかし、もし存在が何のことかがふまえられていなければ、わたしは実存ですらない。そもそも「私」とは、日本語では「公」に対するもの、向こうに対してこちら側といった程度の意味の語である。「私は〜する」という西欧の文に相当するものは、日本語では単に「〜する」という主語のない言説である。[＊]「私」という語が冒頭に付加されるのは、何をだれが分担するか、ないし享受するかを相談、ないし宣言するような場面においてでしかない。

＊日本語の助詞の「は」は、三上章によると、主語を指しているのではなく、主題を指しており、「〜については」といいかえ可能である。たとえば「わたしはうなぎです」という文も、「わたしについては注文品がうなぎです」といいかえられる正しい文である。また、それが主語として解される場合は、単なる動詞の動作主ではなく、自分の功績や能力や欲求をアピールしているという意味になってしまう。たとえば「わたしは散歩に行く」という表現は、ほかのひとは散歩に行かないという可能性を含んで意味している。「わたしはうなぎです」という文がこのように受け取られるとしたら、それはうなぎが他の生物たちと混ざっている状況で発話して、自分の種の名まえを告げている場合であるが、あり得ないことだからだれもそうは解釈しない。

その意味では、少なくともわが国では、「私」は何らかの存在ではない。[＊]デカルト主義も実存主義も、わが国では伝統的な日本の概念に還元されて思考される。「私の存在」について思索するひとは、「私」の存在を思考しているのではなく、「私」のエトス＝生きる場所を探しているのではないか。ひとりの人間としてのわたしの存在をではなく、「私」の個的な生をこそ問題にしているのではないだろうか。

＊こうした捉え方は、「私」は「知覚の束」に過ぎないと述べたヒュームにも見出だされる（『人間本性論』）。「私の存在」を主題にしたのは、デカルト以降の近代哲学であるが、ヒュームはそれを根源的に否定しようとしたのである。とはいえ、わが国には最初からそのようなものはなかったのである。

群れのなかの個人

「個体」と呼ばれるものは、群れについて考察するときにはその構成要素のことである。その群れ全体の「種の本質」としての共通要素が普遍と呼ばれる。こうした表現法は、生物学の創始者であるアリストテレスに由来するが（『形而上学』）、かれは「普遍」に対立する「個」の優位性についても指摘していた。他方、ホッブズが社会の最小要素が個人であると述べたとき（『リヴァイアサン』）、それは群れの分子としての「個体」でもあり、かつ自然状態では生き延びるために何でもするという、群れの共通性に対立する「個」でもあった。その二重の意味が「個人」という語に含まれていて、「個人主義」という表現には、社会が個人からなるという理論的観点のほかに、実践として群れに対立する生き方も示されていた。

社会が個人から構成されると信じ込んでいるひとに対していいたいのは、もしそうであるとすれば、ひとは「個人的」であったりなかったりすることはないし、ましてやそれを「主義＝行動原理」とすることはできないということである。個人の本質とは何か。理性的存在者？、自由意志の主体？、平等な人格？……、しかし、個人という言葉の意味についてであれば、それほど難しくない。

たとえば、中学生ともなると「個人行動は慎め」などといわれるようになる。成長し、個人行動ができるようになっているからそういわれるわけだが、団体としての行動に反して自分勝手なことをするなという意味である。それでいて他方、「主体的であれ」、「個性的であれ」、「自分で考えよ」などといわれるものだから、中学生は混乱する——それは個人行動ではないのか。

そもそも、「できること」や「したいこと」は匿名のことがらであり、どのひとにおいても同時に、またばらばらに生起する。生きているかぎり、ひとは、静止画のようにじっとしていても、時間が経つとともに眠くなったり退屈したり、おなかがすいてきたりトイレに行きたくなったりする。そのこと自体に倫理的問題はない。それに対して、「すべきこと」や「してはならないこと」とされる倫理的な問題に関しては、「だれが?」と問われる。従うにせよ、反発するにせよ、だれがそうするかが問題となる。それに対して「私が」と、あるいは「私がではない」と、ひとはまず自分に答える。そうした、みずからが「個人」であるとの意識が生じてくる理由と条件とを考えてみなければならない。

教師が「主体的であれ」などというときは、団体のなかで役に立とうとする自覚を生徒に期待しているだけなのだろう。だから、それが行きすぎると「個人主義」といわれ、利己主義に近い意味になる。西欧文明になじもうとしてきたわれわれにとって、個人主義はよいことなのか悪いことなのか——それは場面や事情によって異なった意味をもつ厄介な概念なのである。

個人主義

夏目漱石に、『私の個人主義』という有名な講演がある。その講演のなかで、漱石は、金力や権力を求めるのではなく、自分は個性を発展させて自己本位に生きると述べている。今日では普通にあり得る主張であるが、かれの主張は、伝統的な滅私奉公を選ぶべきか、西欧風の「個人」としての近代的自我を選ぶべきかと悩んでいた明治の知識人の出したひとつの結論であり、そのいわんとすることの含みは重いものであった。かれは単なる趣味人を目指していたのではなく、「個人主義の淋しさ」という表現も出てくるが、かれの晩年の思想「則天去私」に繋がるような、個を優先する厳しい生き方を模索するものであったのではないだろうか。すなわち、主体的であること、個性的であることは、単なるわがままなのではなく、団体に埋没することなく、「我も人も生かす道」を探求することなのだ。*

*その点では、北村透谷も挙げられていいであろう。かれは『内部生命論』において、「東西二大文明の要素は、生命を教ふるの宗教あると、生命を教ふる宗教なきとの差異あるのみ。……生命を教ふるの外に、道徳なるもの、泉源ありや」と論じている。自然現象としての生命に対する自身の内部に見出だされる生命の理解が、西欧の宗教と哲学に欠けているというのである。

わたし＝著者はといえば、組織や団体のなかで役に立とうとする意味での個人主義を勧めたいとは思わない。「主体的であれ」とか「個性的であれ」とか「自分で考えよ」などといいながら、全体の役に立つようにとの訓示のようなことを述べたいとは思わない。* そうではなくて、わたしはもともと個人は存在しないといいたい。個人になりたければ、みずからに個を作らなければならない。その作り方について考察することが必要であると思う。

*「全体のため」とは、具体的には共同体のため？　地域のため？　組織のため？　民族のため？　国家のため？　人類のため？　……、あるいは家族のためですら、それはイデオロギー、精神を通じてなされる奴隷化である。イデオロギーとは言説で編まれた鞭である。コンピュータにとってのプログラムである。暴力によって身体が奴隷化されるときには、ひとは反抗的な獣になることもできるが、イデオロギーによって精神が奴隷化されるときには、ひとは機械になる。体を機械仕掛けとみなしてその調整にばかり精を出す。それがフーコーのいう生命政治である。

とはいえ、わたしには「個人」がよいものか悪いものかは分からない。というよりは、それはひとによると思う。個となりたいひとがいる。とりわけみずから思考したいと思うひとがいる。しかし、思考したいと思っても思考できるものではない。ひとは自分では思考していると思っているが、それが人々の群れのなかで無数にこだましあう言説を口にすることでしかない場合が多い。どこかでだれかが考えたことを、あたかも自分が思いついたようにして口にする。しかし、そのことに気がついたひとのなかに、みずから思考したいと思うひとが出てくることもあるだろう。

　ハンナ・アーレントがアイヒマン裁判を通して人々に「思考せよ」と呼びかけたというのは有名であるが、群れのひとりに過ぎなかったアイヒマンにはもとより無理なことだったのではないだろうか。ひとは、テストをするといわれれば、あるいは何らかの資格が与えられるといえば、必死に記憶して、推論の仕方を身につけるだろう。しかし、それは本当の思考ではない。思考するひとであれば、呼びかけられるまでもなく、すでに孤となって思考している。思考するためには、個となることが必要である。ひとはだれも、もともと個人であるわけではない。思考するまえに、まずみずからに個を作らなければならない。そうしてはじめて、ひとはみずから思考することができるようになるのであるのに違いない。

2　個体の形而上学

分類と個体

　ところで「個」であるひと、個人は、より一般的にいえば、ひとの個体である。では、「個体」とは何か。何をもって個体とするか。そもそも個体とは何のことか。こうした問いが古代の形而上学*においては議論されていた。その議論にふれないで、どうしてわれわれは個についての議論の先へと進めようか。

＊形而上学とは、アリストテレスが開始した、哲学的議論の前提となる抽象的諸概念とその関係を検討する学問の名称である。そのなかでなされた独断的な主張に対して形而上学そのものを否定するひともいるが、形而上学的な検討を経ていない哲学的議論は、曖昧で混乱した議論になりがちである。

『形而上学』の著者、アリストテレスは、個体を、質料＝素材に対して形相が規定するものとして論じている。一本の樹木が枝葉や幹からなるように、あるいは大理石を彫って像が造られるように、個体は素材と形相からなる。枝葉や大理石が素材であり、樹木や像が形相である。しかしながら、そうしたアリストテレスの規定は、知覚される諸個体を分類し、その相互連関および善へと向かう秩序を示すためのものでしかなかった。個体自体は、質料の、数的に一なるものとして知覚されるもののことであるが、この規定は、どのようにしてその個体が存在するかを保証するものではなかった。＊

＊それについては、プラトンのイデアも同様である。知覚する対象としての個体が実存する、つまり「いまここに」それがあるとき、それが想起させるものとしてのイデアがその個体の現象を与えていると説明される。しかし、逆に聞こう。イデアはいまここにあるものを通してしか想起されないものなのではないか。知覚されない個体のイデアについては、われわれはそれが何か、そもそもそのようなものが存在するかどうかすら知らない。しかも、いまここにあるということはどういうことか。夢幻の経験があるが、それはいまここにないということである。それもイデアを想起させるとすれば、夢幻と知覚はどのように異なるのか。他方、その裡の何が真に存在するというのか。イデアとは、バークリーが述べるように（『人知原理論』序）、単に経験を積み重ねることによって一般化されたイメージに過ぎないのではないか。一人ひとり異なったものなのではないか。あるいは、それは言語を習得することによって学習された概念に過ぎず、単に他のものを機械的に指し示している記号に過ぎないのではないか。個体が何であるかは、結局は常識に依拠しているのではないか。

アリストテレスにとっては、眼のまえの個体そのものが何であるかよりも、個体を識別させる分類の方が重要であった。分類こそが、風景のなかから諸個体の知覚を析出させ、それらを統一した秩序のもとへ整理させるからである。とはいえ、分類とは何をすることなのか。

分類は、実践においては極めて重要である。生きるためには、「食べられるものと食べられないもの」、「薬と毒」、「襲ってくる獣と襲ってこない獣」等々の区別をする必要がある。それは間違いなく先史時代から、他の生物たちと同様に人類がしてきたことである。さもなくば、人類はすでに絶滅しているわけである。ただし、食べ物も毒も、危険な生物も、人類は他の生物のように単なる環境の要因としてではなく、そのそれぞれを「個体」として知覚してきたに違いない。* アルタミラの壁画やトーテミズムなどがそれを証している。そうした個体の分類の知恵が、より一層、生存に役立ったに違いない。

*そこでの個体は、オオカミならば識別標識のつけられた特定の個体を指すのではなく、似たような姿であれば、同じ個体かどうかは関係なく、オオカミの群れの一頭としてオオカミを代表するものを指している。ただ群れではないという意味である。

生物にとっての生存に役立つ分類とは、それを可能にするものと不可能にするものについての差異の記憶に過ぎない。毒になるものとならないもの、襲ってくるものと襲わないもの……、人類にとっての個体の知覚もその延長上にあったと思われるが、それに対して、アリストテレスは分類を生存との関係から切り離して、学問としてすべての個体を分類しようとした。しかし、そのことに、どのような意味があったのか。単にそれぞれの差異を知るだけではなく、差異相互の関係によって整合的に規定された体系を作り上げることに、どのような意味があったのか。*

*少なくとも、網羅的分類は、メンデレーエフの周期表のように、あらたな個体の知覚を可能にするというメリットがあるかもしれない。その延長において、意味や価値や善や正義といった理念＝抽象的個体の知覚が可能になる。としても、その究極の項とされた「存在するかしないか」＝あるかないかという分類は、生存における分類とどのように関わるのか。「ないこと」を排除した「あること」にはどのような意味があるのか。それ

は、分類することを徹底した先に捏造された幻覚に過ぎないということはないであろうか。なお、一九世紀末に、古代ギリシア哲学に回帰して、存在論を探求すべきだという思潮が現象学のなかから生じた。近代の主観−客観図式を捨てて、一元論的認識を探求するときに、再び「存在」が主題となるからである。しかし、ギリシアの存在が個体の存在論、もろもろの個体をそれぞれにその個体であらしめるものの理論であったのに対し、二〇世紀の存在論は意識の存在論であった。「私」を個体一般から区別する本質が主題となったのであるが、そもそも「私」を意識によって規定することに間違いがあったのではないだろうか。意識は個体ではない。古代ギリシア哲学は、近代哲学を理解するためには学ぶべきものであり、哲学するということの意味を教えてくれるものであるが、かれらの地理的にも文化的にも局在された思考、とりわけ言語が思考に対して有する影響を無視した思考は、現代を理解するのに不十分である。解析幾何学や量子論のない自然を前提することによってでは、今日のわれわれの生を理解することはできないだろう。さらにいえば、カモノハシのように、分類上において例外的である種も存在する。分類が究極的に存在するものという類に属して体系的に一覧に収まるということも現実的ではない。

同一性

学問的分類においては、複数の個体が比較され、おなじ諸個体と異なった諸個体に分類される。分類されるかぎりにおいて、複数の個体がおなじ個体であるとみなされる。*それが種である。したがって、個体は数えられるものであり、数えるための最初の個体と、それに引き続く複数のおなじ諸個体があるということを前提してはじめて、ある個体は個体なのである。

*「おなじであること」の原型は重ね合わせである。幾何学的な同一性＝合同は紙を切って重ねてみて、はみ出さないことである。しかしながら、現実的諸物体は、重ね合わせることはできない。

とすれば、分類するためには、個体の知覚ばかりでなく、数の知覚が伴う。数とは、おなじである個体の複数性の程度、すなわち段階的差異である。数は、一、二、三など、数えるための順序を記憶された名詞によって確定される。おなじ個体を次々に捉えながらその名を順に呼んでいくならば、そこにいくつの個体があるかが捉えられる。

そのとき、ある個体がその諸個体のひとつとしての個体であるとするためには、「一者」が前提となる。個体は、それ自体が一であるとされるかぎりにおいて個体なのである。単一であるそれぞれが一であるかぎりにおいて同一の個体は数えられる。そしてまた、個体のそれぞれの数の差異が、一と二の差異、二と三の差異というように、一としての単位となることで数えられる。それゆえに、個体はおなじであるというだけではなく、「同一性＝おなじひとつであること」を有する。同一性なき個体は存在し得ない。* 存在とは、個体に同一性が備わるということであり、あらゆる個体を分類する際の、個体を個体でないものと分類する究極の分類項なのである。

*おなじ個体がない個体、ただひとつでしかない個体、ひとつだけで種をなす個体はあり得ないのかと問われるであろう。たとえば地球はどうか。地球のような惑星は宇宙に無数にあるとしても、キリスト教の神はどうか。しかし、それも考えにくい。神々の概念を前提し、その複数性を否定しているだけに見える。聖書のなかにも、人間を創る際に「われわれに似せて」とあるように、複数性の名残りがある。

では、おなじとされた諸個体のうち、いまここにあって知覚されるこのものである個体の性質はどのようなものであろうか。その性質はその個体の知覚に立ち会う「私」に属していて、その個体には属していないのであろうか。* とはいえ、眼のまえになくても、その性質は消え去ってしまうことはないようにも思われる。たとえば親しい人物、あるいは飼っているペットでさえ、他の諸個体とどんなに類似していても同一とはいえないような固有性があるのではないか。

*アリストテレスも指摘しているそれぞれの馬における「ウマ性」のようなもの（『形而上学』）、ガンのヘンリクス（加藤雅人『ガンのヘンリクスの哲学』）、スコトゥスが主張した「このもの性」とでもいうべきもの。先

に挙げた、存在を前提する「実存」と混同してはならない。この問題を調停する論理として、ライプニッツが実体として無数のモナド＝単一なるものを挙げ、それらはみな異なっていると述べている（『モナドロジー』）。すべての個体に固有性、すなわち当該個体であるという特別な性質が備わるとしたら、それは同一である個体性、さらに分類の普遍性＝すべての個体に備わるということとは両立しない。そこでは、逆に同一性とは単に類似したものを同一とみなしているだけだということになる。類似しているとは、細部において差異があるのだが、同一であると取り違えられやすいということである。*

＊とすれば、ペットはもちろん、「私自身」も他人たちも、それぞれが複数なのではないだろうか。過去のそれぞれのペットや他人に類似しているというだけではないか。「私」は昨日の「私」に類似している。記憶とアイデンティティという理念でそれを引き受けているだけであり、認知症になればそれも薄いものとなる。ライプニッツのモナドという概念は、この問題を克服しようとしていた（『モナドロジー』）。すべて異なったモナドでありながら、他のもろもろのモナドをみずからのうちに表象し、予定調和においてそこにモナド全体としての宇宙が出現する。

類似性は、幻想や錯覚が同一性の無＝否定であるのに対し、同一性の多少の欠損のようなもの、同一物の存在を毀損する差異の浸潤のようなものである。同一性の境界を曖昧にして、分類の体系を否定してしまいかねないこの奇妙な差異の出自はどこにあるのか。*

＊ライプニッツに反していえば、それにしても、取り替えられても気づくことのできない、証明することのできない識別不可能な個体もあるのではないか。

特異な差異

実際、差異には二種類あって、訓化された差異と訓化されない差異＝特異な差異がある。* 前者は「多様性 diversity」とも訳され、それぞれの同一性のある多様な種を形成し、存在するものの分類の体系を構成する。それに対し、後者の差異 difference は、たとえば例外ないし「その他」を見出だしたときのように、「分からないもの」として主題となるものである。分からない何かに直面している以上、何ものかがあるわけであるが、それは錯覚や幻覚であるかもしれず、存在に属するとも属さないともいえない。

＊分類するときに種類を分かつ差異＝ディアフォラは、共通する属性としての同一性を前提している。たとえば麵類という同一性のもとに素麵と冷麦の差異がある。このような訓化された差異に対して、何ら同一性のない、訓化されない差異＝ヘテロテースがある。死がその典型であるが、得体の知れない何ものかということだけしか分からない差異である。類似性は、この種の差異を前提している。すなわち何かが違うがどこが違うか分からないような違いである。詳しくは拙著『差異とは何か——分かることの哲学』を参照してもらいたい。

分類できない「その他＝例外」に苦しんでいるひとには分かってもらえると思うが、こうした特異な差異というものがあることを承認するとすれば、存在と非存在＝無の二分法に対し、「分かることと分からないこと」の二分法の方が先立つといえるのではないだろうか。存在と非存在も分類することができるのだからである。「存在するものは存在し、存在しないものは無い」というパルメニデスの命題に対し、「分かるもの＝分類されるものは分かるが、分からないもの＝分類されないものは分からない」という命題を対置してはどうだろうか。「分からないもの」は、理性的に思考していけばいつかは分かると前提してよい理由はないのだから、分類しようとしても必ず残る。そして、「分からない」ということは「無」なのではなく、存在するともしないともいえないだけであって、まして、それだけで価値がないというわけではないのである。＊

＊アリストテレスの分類は学問的であり、観想的生活を促すものであったが、近代においては人種や民族など、分類は政治的であり、差別や戦争を促すものでもあった。人種や民族は実際は存在しないものなのだが、分類

されることで存在するかのように錯覚された。分類するひとは、それによって価値を付与し、権力がそれを利用する。

われわれは、分からない何ものかを、「その他」など、存在の同一性のもたらす分類体系のなかに回収して「分かるもの」として安堵する傾向があるが、そうではなく、そう感じ取られる何ものかへの差異そのものを凝視すべきなのではないだろうか。そこに存在から漏れ溢れさせられる生の、理論に隠される以前の姿が見出だされる。野生人の眼をもって見るならば、生において、諸個体は多様に生成消滅し、それを知覚する「私」も生まれながらにして多数である。

＊学校教育における存在論的イデオロギーは、生徒の能力を高めるということの意味を、分かることの量を増大するということに置き換える。「分からない」ことを含む質的差異を「分かること」の量的差異に変換して、質的差異の意義を生徒たちの心から消し去ってしまう。その結果、生徒たちは、世界は「分かること」で充満していると思い込み、自分をその欠如としてしか捉えられなくなってしまうだろう。

3 知覚される個体

個体のある風景

われわれは、形而上学的概念としての、存在と実存と生、同じであることと一であることと差異について論じてきたわけであるが、ここで気づくことは、はからずもわれわれはこれらの諸概念を分類してしまっていたということである。そのうえで、存在と生、同一性と差異が、分類の体系＝一覧をうまく構成することはできないと論じてきたわけである。それゆえにこそ、生に属し特異な差異をもつものとしては、「個体が存在する」ということはできないのである。

それは存在して分類される諸々のものに対する「例外＝その他」である。しかし、個体は知覚され得る対象であるには違いない。分類によって類似したものから切り離されて対象として知覚されるようになるものもあるが、*しかし、知覚の働きを広くとり、言語によって表象されるものも含めるなら、知覚されない個体はない。分類されるかぎりで存在するとされる個体以前に、分類という営みそれ自身には分類以前の知覚され得る個体があることが前提されている。したがって、知覚において個体がどのように現われるかを検討してみることは、有意義であるように思われる。

*その個体の知覚が、ロックのいうように言語の概念作用によってしか、経験にしっかりと結びつけられないというのが本当であるにしてもである（『人間知性論』序）。ソシュールの構造主義言語学が、虹の色や氷の種類など、言語が先立って対象の個体性が規定される例を見出だしているが（『一般言語学講義』）、だが、それですべての個体性が尽きるわけではない。言語のあとに、個体と言語の重層的な空間が開かれるというだけのことだ。おおよそすべての一般的なもの、抽象的なものは、言語抜きには与えられないであろうにしてもである。

他方、ベンタムは、大多数の個体は言語のパラフレーシス＝いいかえによって作られた「虚構的実体」だと論じていた（『存在論断片』）。「自由」や「権利」など、言語抜きにはあり得ない個体が存在するのは確かだが、われわれが言語を持たなかったとしても、しかしわれわれは素朴な個体、すなわち名づけ得ぬ事物や物体の世界を生きていることだろう。

ところで、風景のなかにはすでに個体があり、その数多《あまた》性という算術の論理がある。視覚的には、数えるという言語行為抜きに七つくらいの個体までは一挙に知覚されるという。つまり、個体をただ知覚するだけではなく、それを複数、同時に知覚することができるのであるから、数え上げられるまえの数そのものの知覚も可能なのである。たとえば、数え上げられた七個のリンゴと、それだけの数のリンゴを盛った籠、リンゴの籠も個体である。

そこにはすでに、部分と全体という幾何学的論理も含まれているのが見てとれる。七個を一体としたリンゴの盛りを全体とすれば、数え上げられる個々のリンゴは部分である。それはおなじ種の個体の複合体であるが、他方、リンゴとミカンも果物という同一物とみなすならば、足し合わせたり全体の部分とされたりし得る。同一物ではなくても、盛られた全体に対して、それを構成する種類の違う諸個体が部分ないし分子となる。* こうした初発的な算術と幾何学はどの野生の部族にも、もしかするとカラスやタコの行動においてすらも見出だされるに違いない。

＊風景のなかにすでに数が存在し、数多性の知覚＝算術や全体と部分の関係＝幾何学があるとすれば、個体には二種類あるということになる。すなわち、輪郭をもって知覚される個体と、輪郭があるとはかぎらないが、複合物としての個体である。知覚はされるが個体としては認識されない場合もあるということになる。

幼児は言葉を覚えるまえから個体を捉えることができる。言葉を操れない聾児たちにも、たとえば眼のまえのスイカが割られてそれが公平に一人ひとりの口に運ばれる物語の順序を、絵巻物のようにして理解することができるという。* もし個体の知覚が精神の概念作用、とりわけ言語によって可能になると主張されるなら、こうした初発的な算術と幾何学が無視されることになるであろう。

＊西岡けいこは、多くの研究が聾児という「障害」のある幼児がいかにして言語世界に接するかという健常者の観点でなされるのに対し、「言語なき物語」の可能性を示唆している。物語や歴史といった言語を媒介して可能なはずの人間精神固有の産物が、言語以前の経験のなかですでにあるということは重要な指摘である。

なるほど野生の社会においては、幻覚と知覚が理論的に区別されなかったため、神々のほか、魔物や怪物や妖怪や化けものや妖精といった諸個体もまた多様に知覚されていた。また、分類の基準についての検討もされなかったため、二項対立のような魔術的分類や、神話のような呪術的分類が多様になされていた。古代ギリシア哲学が注目されるのは、個体の知覚が風景のなかから自在に切り取られるのに対し、永遠なるものとしての存在を措定することによって、幻覚なき諸個体の分類を理論的に遂行したからである。そして分類されたものを存在者と呼んで、そのそれぞれの実存として眼のまえの諸対象が個体として知覚されるとしたのである。

個体と知覚

とはいえ、その理論では、いかにして個体が知覚され得るのかという問題は解かれていない。近代哲学以降において、知覚に対して記憶や概念や型やイメージやパターンが先行すると主張されるにしても、なぜそれが与えられるのかという問題が解かれたわけではない。それらはむしろ個体の知覚の効果であって、原因ではないのだからである。*

*デカルトは、個体の知覚がそのまま個体の存在とみされるのを批判して、蜜蠟に火を当てて溶解させてみたり、帽子のしたのマントのなかにはロボットがいるのではないかという疑いを一笑に付してみせたりする必要があった（『省察』）。それに対して、ロックが、その概念を個体の知覚から得るのではないとしたら、その概念はどこから来たのかと問いただしている（『人間知性論』）。ところが、さらにそれに対して、バークリが、かの有名な命題、「存在するとは知覚することである」という命題によって、知覚に先行する実体の概念を捨て去ったのであった。

世界が見えるとおり、聞こえるとおりだと信じるのは哲学なき素朴実在論である。そこには幻覚や錯覚が含まれ、それらはその瞬間には現実の知覚と区別できないのだからである。では、それらを推論によって訂正していけば、文明の進歩によって宇宙＝世界が正確に認識できるようになるのであろうか。自然科学がさまざまなセンサーを開発して、どの生物にとっても成立する宇宙の現象を完璧に認識するようになるのであろうか。

なるほど、数式を活用してビッグバンや宇宙の膨張やブラックホールを議論する理論物理学者たちは、その理論から導出されたダークマターやダークエネルギーに関するセンサーを何とか作り上げようとしている。それにしても、数自体、数を無際限に表現することのできる位取り記法や、四則演算を完結させるゼロや、微積分を可能にする無限は、言語を媒介しつつ歴史的に発明されてきたものである。それは有限の外にあるのではなく、有限な現実の裡に見出だされる空胞のようなものである。中世では、数は魔術の一種とされて忌避されていた。数は宇宙に存在するのか、宇宙の現象の普遍的形式なのか、それとも観念、ないし人間精神の認識の仕方に過ぎないのか。

それについては、理論物理学者たちも答えてくれない。日常生活と無関係だと思うひとは、無関心である。ただし、ホーキングは「人間原理」といって、進化した生物の知性によって宇宙は認識されるようにできていると主張した（『宇宙における生命』）。そのような考え方はどうなのか。

たとえば光を感受する細胞が突然変異で現われたのち、それがあたかもピンホールカメラの原理を知っていたかのように、眼球という窪みの底に配置され、瞳孔という一点から光を取り入れてその眼底に風景の映像が描かれるようになるまで進化したのはなぜか。じわじわとその機構ができあがっていく期間は自然淘汰とは関係ないであろうし、蛸と人間とでは異なった器官から発生するのも、機械論的進化論では説明がつかない。

そのことを指摘しつつ、ベルクソンは、多様な生物の身体が、進化によって変化していくのと同時に、光＝電磁波という物理現象が身体に眼が生じることを促していたからであると主張する。その眼によって生物は宇宙に光を捉え、人間は自然の風景という視覚像を得るにいたる。かれは、生物の感覚器官の機能の進化によって宇宙が知覚されるようになったのではなく、宇宙の現象がそれぞれの生物にそれぞれの感覚器官を与えたと論じている（『創造的進化』）。

だがそこから、ホーキングの人間原理のように、宇宙がすべての生物身体に向けて自己を知らしめようとしていると、論理を飛躍させるべきではない。光＝電磁波が宇宙に存在することと、眼球が生物の身体に備わることは、どちらかが先立つことではなく、ひとつの現象の二つの側面にほかならないのだからである。

対象を個体、ないし諸個体を部分とする複合体とする捉え方は、野生の社会から続く事物認識の基本的特性のように思われる。近代科学においても、個体を複合体として「分析」することによって、つまりその個体を分割して部分を取りだし、その部分相互の関係を見出だすことによって、全体であるその個体の本質や機構や形態が論じられてきた。*

＊たとえば時計という個体の仕組を理解するには、それを分解して元通りに組み立てなおしてみれば、各部品

となるそれぞれの個体がどのような役割をもち、どのように運動を伝達しているかが理解できる。そのようにして、近代科学においては、対象を分析するに際して、諸部分の性質や運動が全体の変化を規定している様を数学的に記述することが目指されてきた。力学的現象の数学的記述が、自然で生じている現象のメカニズムをあきらかにし、それらを組み合わせて、人間生活に有用な技術的機械を発明するのに寄与してきた。

化学的現象についても同様である。水を冷やせば氷となり、熱すれば水蒸気になるが、それは水の分子相互の距離に応じて別の秩序＝相が形成されるからである。しかし、水の相変化のように、熱を伝達したり吸収したりする媒体など、当該個体に関する記述だけでは完結しない現象も多い。炭が燃える場合には、空中の酸素が当該物体の原子と結合して二酸化炭素＝酸化物を形成していくにつれて、熱と光を発するという具合にである。とはいえ、その場合にはすでに、単に対象となる物体だけではなく、その周辺に浮遊する酸素も、燃える現象の同一の系をなしている。そこには、個体をはみ出して、個体を取り囲む環境的要素が巻き込まれている。

これに対し、原子という、それ以上分割できないという意味で最も硬い最小の個体こそが、この系をも含めてあらゆる複合的個体を構成すると想定された。しかしいまや、原子もまた量子からなるとされ、それは存在するよりも波とも捉えられ、さらに確率的なものとされ、そのかぎりで、量子の群れは対象とされる個体の表面や境界を形成する論理では語れなくなってしまった。原子が個体を構成するとはいえ、その内部と外部を区別する理由は、量子にはない。すべての個体を網羅することの延長で、最小の個体として量子が見出だされたとき、技術的機械に応用することまでできるにしても、それらは複合的個体の内部に限定されるようなものではなくなってしまったのであった。

群れと個体

近代の自然科学者たちは分解＝分析によって個体の部分を見極めたのだが、そこに個体を見出だすこともできなければ、個体を個体たらしめる要素を見出だすこともできなかった。逆に、部分を見出だすためには、先に個体が知覚されておらねばならず、諸個体は、知覚されたさまざまなもののなかに、幾何学や数式や論理を駆使してしか見出だされ得ないという次第なのである。

それでは、個体はどこにあるのか。感覚が光や熱も含め原子や量子の運動の効果によるのであるとし、感覚されたものを、対象である個体とそれを取り巻く諸要素というように分離して知覚できるようにするのは脳であると説明するにしても、それでは問題を先送りするだけである。たとえその回路を脳神経のなかに見つけたとしても、ではなぜ脳がかくかくしかじかに特定の印象を取り出して内部と外部に分けて個体とするのか、その基準は何かという謎が生まれる。

コンピュータによって画像処理をし、コントラスト等による境界線の識別によってパターンを捉えさせるにしても、何をもってわれわれの知覚する諸個体の正しいパターンとするかは、たとえＡＩがいかに進歩しても、すでに個体が何であるかを知っている人間が教え込むほかはない。ゲシュタルト説のように、パターンは自然に存在するということを認めるにしても、そのいずれに着目するかを規定しているのは人間精神なのである。

それゆえ、物質という概念のもとで知覚されるもののなかに原子のような個体の始原を捜し求めるよりも、個体を見出だそうとする精神の、そうした認識の仕方にはどのような起源があるかということから出発するほかはないのである。＊

＊無限定なもの＝アペイロンから個体の知覚が生成するというようなことを、アナクシマンドロスは述べてい

る（ディールスとクランツ『初期ギリシア哲学者断片集』）。われわれは、ゲシュタルト心理学のように、精神ではなく知覚それ自身に知覚を構成する論理を発見すべきなのであろうか。そして、そうした知覚が脳の機能によるとし、進化心理学のように、その機能が形成されてきた進化に思いを馳せるべきなのであろうか。世界を事物、すなわちもろもろの個体の多様な集合として捉える知覚こそが、人類が自然淘汰において生き延びるという方向に寄与したのだと。それは間違いとはいえないが、われわれの知りたいことにはまったく答えてはいない。進化には目的がないのだから、脳の機能が物体の知覚を目指して進化したわけではない。生まれてきた幼児が、たまたま身体に備わる条件によってやがて個物を知覚するようになるわけだが、それがどのような条件なのかがいえなければならない。

群れについては、多くの場合、それに属する全個体の集合として、せいぜいある種の流動性を伴った巨大な個体のようなものであるとされてきたが、もし内部と外部、部分と全体を分ける根拠が絶対的なものではないということになるとすれば、群れは、量子の場合と同様に、複合的個体としてではなく、個体とは本質的に異なるものとして理解されることになるであろう。

群れを個体とはみなさないということは、真理がもし認識された個体の知識であるとされるのであれば、近代認識論、つまり認識の限界や条件についての問いかけとなるであろう。*しかし、わたしがここで主張しようとしているのは懐疑論ではない。精神の起源にある認識と実践、ないし思考と倫理の分かち難さである。社会を分割して見出だされた個体としての個人は、群れに対峙する個とはまったくの別物である。知覚された個体が存在するかしないかを問うのではなく、どんな個体を知覚すべきか、いかにしてみずからに個を作るかを問うているのである。

＊マクロコスモスが宇宙であり、ミクロコスモスが身体であるとし、この両者が何らか感応しあっているとするのが古代ギリシアの思想であった。しかし、近代初頭、モンテーニュは、その境目にあってマクロコスモスを媒介するはずの感覚が、むしろ思考を欺きやすいという事例を列挙し、マクロコスモスにおける諸物体＝諸

個体が、ミクロコスモスにおいてそれに合致した表象となることを否定した（『エセー』）。マクロコスモスについての確かな知識は得られないというのだ。なるほど、われわれが物体であると思っているものは、われわれのもつ表象に過ぎない。われわれは物体そのものを知らず、すべては感覚を通して与えられるのだから、物体とその表象が対応しているかどうかは何ともいえない。これに対して、懐疑主義の克服者、デカルトは、物体が何であるかは重要なことではなく、感覚を通して生みだされた表象が確かなものでありさえすれば、物体の世界の秩序に対して思い通りに働きかけることができると論じた。「私は思考する」ということの確かさを証明したあとは、正しい思考方法としての数学を使って宇宙＝マクロコスモスを機械仕掛けとして描き出し、それによって機械を製作して、生活をよりよいものにしていくことができるというのである。

デカルトのしたことは、ミクロコスモスとされてきた身体を、ある種の自動機械とみなしてマクロコスモスに属する一物体とみなし、精神＝思考と物体＝延長を対置するということであった。ミクロコスモスから、身体を排除ないし偏心させたわけである。なるほど「私」は一度として物体の世界に遭遇したことがない。モンテーニュに続いて、スピノザもロックもバークリも、思考する「私」が存在するにしても、「私」は思考対象としての観念の世界のみを逍遥していると考えていた。個体は観念の性質に過ぎず、実体として自然や社会に存在するわけではないのである。

人々は、世界は無数の個体から成りたつ複合体であり、自分もそのひとつの個体であると信じており、それゆえ、社会もそれら多数の個体が集まってできた複合体であると考えてしまう。しかし、そもそも個体はわれわれの精神のなかにしかないのではないか。世界は真に個体からなるのか、むしろ内部に無数の流動体をもつ一個の全体ではないか。個体とは、われわれが世界を理解するためにこれを分割して名前を与え、共通して取扱える道具と化させた、ちぎられた世界の一部に過ぎないのではないか。

そうとしてまた、世界の一部に過ぎないわれわれがみずからを個とし、世界と他の諸個体である他人たちと対峙するようになる経験、それこそが精神と呼ばれるものなのであるが、それがいかにして世界のなかの非精神であるものの裡から生じてくるのであろうか。すでに世界が分割されて見出だされる諸個体の関係をいくら考察しても、それをしているのが精神なのであるから、それでは個体を分割する精神の説明にはならない。そもそも精神の起源を、たとえば脳や無意識のような、すでに概念として思考されているものによって理解しようとしても無駄である。起源というものは、生成の外部からしか理解できない。何ものかがみずからの起源を、そのすでに何ものかになったもの自身に理解できるように理論化することは原理的に不可能なのである。

むしろ、幼児に「物心＝個体を識別するこころ」がつく、大多数の人間がその条件をもっている以上は、世界経験のどこかにその機序があるはずである。人類という種にとっての風景、諸個体のあるありまえの世界の始原、何も分からなかった幼児の経験の裡にそうした「普遍的経験」を見出だすならば、われわれが群れの分子であったり、そこからはずれて個となったりすることが不可能ではないこととして見えてくるはずである。普遍的経験とは、思考するひとならば必ず経由してきた、思考の必要条件としての経験である。そこで、現象学的方法と呼ばれるが、すでに概念として思考の対象になっているものに照合されるべき現象、それがその当の概念へと生成してきた事象を記述し、単なる思考するひとの経験ではなく、ひとが人間精神になる機序を見出だすということを試みてみよう。

第五章　身体と精神

個体を認識する素材は視覚に求められてきた。視覚的光景には奥行があって立体が知覚される。それを視覚機能の問題としてではなく、他の諸身体がいて、みずからの身体をも含む「風景」というもののなかで理解しよう。

1　眼と手

両眼視による立体知覚

植物は個体の知覚をしないであろうし、動物でも、複眼の昆虫や魚眼の魚類にとっては、それは難しいであろう。動物たちの眼に映るものが、風景から切り離されて運動し変化する諸個体であるとするのは、どんなにその脳が情報処理をすると強弁しても想定し難い。というのも、個体が風景から切り離されるためには、風景が三次元であること、奥行をもっていることが必要であるが、たとえ二つの眼をもっていても、多くの動物はそれらが顔の側面についており、それぞれが独立して単眼視をしているかぎり、奥行を捉えることは困難であると思われる。

奥行を知覚するのに必要なのは、二つの眼が前面に並んでいて、両眼視差、それぞれの眼で捉える風景が微妙に異なるということではないか。というわけで、デカルトは、『屈折光学』において、遠くの対象は二つの眼の角度が開き、近くの対象はそれが狭まるところから、ちょうど二本の棒を両手で交差させるようにして、奥行、すなわち対象までの距離が知覚されるとした。

それが正しいかはさておき、両眼視をしない動物たちにとって、猛獣が風景のなかから近づいてくるときは、その個体の存在を知覚するどころか、ただ突然その大きな口が眼前に顕わになるというだけのことであって、また複眼視の場合には、風景全体に無数の口が出現するというだけのことであって、猛獣という個体の認知以前に、音や匂いが無条件の逃走の衝動を、その小動物に引き起こしているに違いない。

われわれもその世界、視覚のない動物が満員電車のなかにいるような風景を想像してみよう。電車の動きにしたがって、揺れたり浮き上がったり沈んだりしているさなかに、さまざまな部位の触覚が、何に当たっているかも見当がつかないままに変化し、次々と熱や風や匂いが入れ替わる。何という閉じられた暗黒の生。人類の視覚が広範囲の隔たった諸個体の配置を知らせ、自分の置かれた位置を捉えさせるようになっているにしても、それもまた満員電車のなかの触覚的世界からどれほど広く、どれほど異なっているというのか。

複眼視の昆虫たち、単眼視の動物たちも、少なくとも大きさや小ささ、遠さや近さ、こちら側と向こう側との経験が可能ではあるだろうが、そのでこぼこした、硬い、あるいは妙に柔らかい、熱いあるいは冷たい鵺のようなものに取り囲まれているだけの宇宙空間から、われわれの経験は、両眼視する視覚があるからこそ、異なった諸個体がそれぞれの位置があって組み合わさっているような宇宙空間へと移行してきたのであろう。そしてわれわれは、文脈や条件の違いに応じて、それを個物、物体、身体*、事物など、さまざまなレベルでの諸個体、およびその部分である諸個体に取り巻かれているとみなすようになっているのであろう。

＊日本語では截然と区別されているが、西欧において、物体と身体はおなじ語 body である。死体とすらおなじ語である。というのも、西欧においては、身体とは、ただ魂によって賦活されている物体に過ぎないのだからである。これから、その概念がいかに不適切かを述べていく。

物体から宇宙まで

二つの眼を正面にもつことで奥行という次元を感覚し、手を延ばして対象を探ることのできるようになった人類は、そこに風景から切り離された対象として知覚される個体の経験をもつことができる。さらに死んだ動物の大腿骨を棍棒にするように、特定の個体を道具として扱うようになった人類、そのことをもって「知恵」と呼ぶべきであろうか、それによって自然淘汰を生き延びてきた。人間が「ホモ・サピエンス＝知恵のあるひと」であるとされる知恵は、元来は神の知恵を指していたわけだが（カッシーラー『シンボルとスキエンティア』）、実のところは、眼と手の相互作用、道具として、または純然たる物体として個体を知覚するという点に存するのではないか。＊

＊動物も道具を使うとして、木の枝でバナナを取り寄せたるチンパンジーや、植物の茎を使って魚釣りをする鳥や、芋虫を飼育するハキリアリの例が取り上げられることがある。すでにケーラーが『類人猿の知恵試験』（一九二一年）で述べたように、道具として重要なことはそれを身体と別個の物体としてつねにそれを使用するために取っておかれるかどうかである。逆に、大多数の生物は環境の諸要因と自分の身体を明確には区別しておらず、周囲のものをそれと意識することなく身体の一部にすることは普通であり、それを擬人化して道具と呼ぶべきではない。さもなければ、「ウィルスは体細胞を道具として増殖する」という表現も可能になり、人間がわざわざ製作する道具が何のことか分からなくなってしまうであろう。

いまわれわれは、万物のアルケー＝始原を水としたタレスのようにして、万物のアルケーを手と眼に求めようとしているのだろうか。アルケーである水が、知覚される対象としての水というよりは、万物の要素として含まれる湿気のようなものであるのと同様に、手と眼も、眼のまえの他人の身体についている手と眼ではなく、世界のありとあらゆるところに手と眼が内在して対象を「触視*」しているとみなそうとしているのであろうか。

*ドゥルーズは『感覚の論理』の「眼と手」という表題の章で、フランシス・ベーコンが「第三の眼」としての触覚的な視覚＝触視を絵画において表現したと論じている。絵画作品の意味は、見られるものとしての絵画と描かれるものとしての絵画がそこで異質混淆するという点にある。

手に持てるほどの大きさの個体については、われわれはそれを見ながらくるくると回してみたり、ばらばらにしてみたりするだろうし、それ以上に大きな個体については、足が手の代わりをするのであって、その方へと進むにつれてその個体が、右手のものは時計回りに、左手のものは反時計回りに回転して別の姿を見せる。風景という地に対する図である対象としての個体、あるいは風景という全体に対する部分としての諸個体がそこにあるように思える。

諸個体は、眼と手によって知覚されるが、それに対して、眼と手にある感覚が生じる場所として自分の身体の表面がある。風景がすべての感覚に到来する可能な刺激であるとすれば、風景とは身体表面における感覚の大騒擾であって、われわれの精神はこれを個体の概念によって整除して、秩序を見出だしているというわけである。

固体的な個体ばかりではない。器に入れられた液体や密閉装置に入れられた気体。人間の手になじむように作られた道具、あるいはたとえ巨大であっても人間の操作によって作動する機械、そればかりではなく自然の事物やさらには山や川、生長する植物や行動する動物など、それら諸対象がみなそれぞれに大きさの異なった個体であって、それらが積み木のように組み立てられているとみなすことができる。

そうした無数の個体の知覚は、見えるものから見えないものへと進められ[*]、風景、社会、国家、自然、さらには宇宙の全体像をまで、個体として人間は知覚するにいたる。

＊メルロ＝ポンティは、晩年の草稿のなかで（『見えるものと見えないもの』）、肉とその裂開において、見えるものから見えないものとしての観念の世界が葉脈のように拡がっていると論じた。かれはそれをもって存在を説明できるとしたが、多様な植物がそれぞれに違った葉をもつように、観念は普遍的ではなく、その意味で存在を与えることはないと思う。

しかし、急いで注意書きすべきことは、こうした宇宙像もまた、人間の眼と手をもった生物にとっての宇宙に過ぎないということである。異なったタイプの眼を持ち、手のない動物たちにとっては、さらには眼もない生物たちにとっては、それは思いもよらぬ宇宙である。しかも、かれらにとっての宇宙が、このわれわれの宇宙の何かが欠損したものであるというわけでもない。紫外線を見ることのできる昆虫たちの宇宙や、超音波によって地形を知る蝙蝠たちの宇宙からしても、人間の宇宙像はその紫外線による光景や超音波による光景の欠損したものだとはされないようにである。

あらゆる生物の形態と機能は、その種の個体の特性や能力を示すのではなく、その群れとそれが遭遇するさまざまな生物との関係や、とりわけその生息環境と自然条件そのものを表現している。形態と見えるものは、その群れと他の生物に受け取られる空間、あるいは隠される空間であり、機能と見えるものは、その生息環境と自然条件の最大限に許される行動ないし繁殖可能性であるにほかならない。

とすれば、生理学的医学的対象としての人間身体の形態と機能も、社会と生物界と自然条件を表現しているわけである。個体的事物によって構成されているとされるわれわれの宇宙像は、逆にわれわれの眼と手の特性の裏返しでしかない（ベルクソン『創造的進化』）。とすれば、あらゆる個体は、他の生物たちの知覚からすると幻想に過ぎない。生物たちの身体が動き回る[redacted]景は、無数の諸個体の配置されたものではない。触覚しかない生物にとっては鵺《ぬえ》でしかないものが精[redacted]に分解され組み立てなおされたものであるにしても、個体は実体ではないのである。

2　奥行と間身体性

感覚論

眼で見たり手で触れてみたりし[redacted]えすれば個体が[redacted]のは、人間の身体および脳にその機能があるから、と説明されるほど問題は[redacted]単純ではない。視[redacted]触覚といった感覚が、そのまま客観的世界を個体的事物からなると認識させるわ[redacted]ではないということは、すでに一八世紀から論じられてきた。

その頃、「生まれながらの盲人が[redacted]眼手術を受けたときに、触覚的に知っていた対象を視覚によって同定できるか」というモリヌークス[redacted]題が話題となった。実験の結果は、開眼した盲人は、円錐のような尖ったものと球のような滑らかな[redacted]を、視覚では区別することができなかった。手で触れたものと眼で見たものには何の同一性もない。そこからバークリは、『視覚新論』において、われわれの真の世界は触覚的世界であって、視覚は光と[redacted]の多様でしかなく、その知覚は触覚的世界の記号に過ぎないと論じたのであった。

とはいえ、それが正しいにしても、[redacted]覚を触覚と関連づける経験の過程があるはずである。コンディヤックは、『感覚論』において、世[redacted]の最初の手がかりは触覚であって、周囲のさまざまなものに触れるなかで、手がみずからの身体[redacted]れるとき、触れるものと触れられるもののあいだで特別な経験が起こるとする。すなわち、触れてかつ触れられたと感じるならば、それは自己の身体であり、そうでないものが他者、すなわち物体なのである。そうして自覚された自我が、自他の分類の経験を通じて、視覚を含む他の感覚を触覚的世界に統合していくというのである。

単眼視と複眼視

とはいえ、触覚だけで理解していくならば、「群盲象を撫でる」といわれるように、世界は連続的であり、砂浜で摑む一握の砂のように、分離しては大地のようなものへと還っていくばかりなのではないか。風景から切り出されて一個の物体となるような個体の経験は、触覚だけでは成立しないのではないだろうか。

盲目のひと、ヘレン・ケラーが最初に見出だした個体は水であるというが、何度も言葉として手のひらに書かれた文字で教えられていた水が、手のひらのうえを流れていくのを感じたとき、彼女が発見したことは、世界はそれぞれに名まえのある無数の物体で満ちているということだったという。水という個体を触覚で認知したというわけではない。盲人に対しては、言葉が個体なるものを教えるのである。では、視覚はどのようにして個体を見出だし、それを触覚に教えるのか。

バークリは、先に紹介したデカルトの両眼視差の説に異を唱え、われわれはそうした交差する棒の角度のようなものの測定や計算をすることなく遠さや近さを知覚すると述べる。それは、焦点を合わせようとする際の筋肉の緊張度合いという触覚的な差異によるのだという。たとえば眼のまえのマグカップの手前の淵を見れば奥の淵がぼやけ、奥の淵を見れば手前の淵がぼやけるといった筋肉の緊張度合いの差異がある――それであるならば左右それぞれに単眼視の動物にも奥行が捉えられて個体の知覚が可能だということになるのだが。

　奥行は、風景を三次元化するばかりでなく、風景から個体を析出させるものであるが、それはデカルトのいうように両眼によるのか、バークリのいうように単眼で可能なことなのか。

　片目を瞑ってみると、その風景は、遠近法で描かれた絵画のように見える。* とはいえ、遠近法的絵画に決定的に欠けているものは、奥行である。確かにバークリのいうように近くを見て遠くに視線を変えるとき、何かが眼球において起こっているが、これもまたデカルトの角度を測定する説と同様、精密なものであるとはいえない。これによって個体が立体的に捉えられるとはいい難い。


*しばしば奥行知覚のモデルとされる遠近法による絵画は、単眼視の知覚であり、さらに、バークリのいうような対象ごとへの焦点の調整もない。あえて遠くをぼかすというダ・ヴィンチの技巧もあるが、ともあれ奥行というのは、ルソーも錯覚していたが（『エミール』）、対象が遠くにあれば小さく、近くにあれば大きいという大きさの差異ではない。それは奥行の効果に過ぎない。見る方が錯覚しないかぎり、その風景は立体にはなり得ない。遠近法は当時多々あった錯覚描画法のひとつに過ぎないのである。

　遠近法は、奥行を伴う両眼視の知覚とは本質的に異なっている。それは放射状の線と垂直線と水平線を交差させた空間の格子に色を配置した画像に過ぎない。間違えてはならないが、遠近法は、網膜像に映っているようなものではなく、奥行の錯視を可能にする絵画技法に過ぎない。われわれは、カメラに撮られる画像が写真、すなわち世界の真の姿であると錯覚しがちであるが、カメラは遠近法的絵画の自動製作装置に過ぎない。その画像に立体物を知覚するのは、あくまでもそれを見る人間の視覚なのだということが忘れられている。写真を片目で見た風景と比較しても、ぼんやりしているはずの周辺が精密に描き込まれ、奥行とされる斜線や輪郭とされる色の断絶は、実際の奥行や輪郭とは異なっている。さらには、湾曲した半球状でかつ上下倒立している網膜像とも異なっている。遠近法は、実際の風景であるどころか、われわれの知覚する風景の記号、精密な地図のようなものに過ぎない。


　他方、奥行とは、滑走する視線の見えざるもの、輪郭とはその鋭い傾斜のことである〈拙著『〈見ること〉の哲学』）。それが立体を浮かび上がらせる。バークリは、視野を単眼視のものとして捉えて奥行を否定し、視覚を触覚の記号であると結論づけたが（『視覚新論』）、それは個体＝物体の存在を否定するという予見のもとで、視覚像から実際に見える個体＝物体を控除して、視覚されたものを絵や写真のようなものとみなしたことによる。

他方、両眼視において起こることで、デカルト説とは違って、もうひとつ重視すべきことがある。それは、「利き目」という現象である。両手の指を使って円を作り、その向こうの風景を見ながら、片目を瞑ってみてもらいたい。そうするとその風景をどちらの眼が見ていたかが分かる。つまり、両眼視といえども、デカルトの考えたように両目がおなじ役割で対象を見ているのではなく、どちらかの眼が対象の正面を見ており、もう一方の目はおなじ対象の少しずれたところを見ているのである。正面が見える物体のもつ側面を見ようとしているのだが、その視線の差異こそが奥行知覚なのではないだろうか。輪郭とは、単なる黒い線ではなく、対象が風景に対してもつ絶壁なのである。

側面とは他人が見る面である

だが、なぜ片眼が側面という、よく見えない面をあえて見ようとするのか。もしそれが前後方向の運動を知覚するためなのであれば、それは対象の大きさの変化によって知ることができる。むしろ側面とは、手で対象を回転させて、あるいは対象の周囲を歩き回って、その変化する展望を予期させるような面である。利き目でない方の眼は、金槌で釘を打つときに釘を支える手のようにして、対象の正面を区切ることによって対象を個体として析出させようとしているのではないだろうか。

それにしても、なぜ視覚は対象を個体化しようとするのか。手にとって扱いやすくするために対象を回転させるのか。だが、なぜ対象を扱いやすくする必要があるのか。道具として使用するためか。としても、道具として使用するという目的は、すでに対象が個体であることを前提している。視覚が対象を個体化する理由にはならない。

観点を変えるならば、側面とは、風景のなかに他人の身体があれば、その他人からは正面に見える面のことでもある。風景のなかには他人たちがいて自分が見ているものを見ようとしている。とすれば、正面を見る眼にとって、側面を見ようとするもうひとつの眼は他人の眼のようなものなのであり、とすれば、自身の視覚のなかにすでに他人がいるということではないだろうか。*　個体化とは、ひとりの知覚においてなす営為ではなく、複数のひとが集まってひとつの物体を個体として取り上げようとし、そしてそれをまただれもが使用できる道具にする、その原初的挙動なのではないだろうか。

＊『ウパニシャッド』には「見ることそのものを見ることはできない」という議論があるが、ここで述べたように、それは可能なのである。

メルロ＝ポンティは、『見えるものと見えないもの』において、相互主観性が成立する謎を解こうとして、他人の経験の起源を感覚に見出だした。感覚はそれぞれのひとが孤立して風景の光や音や匂いなどを取り入れて、脳が情報処理をするというようなことではなく、そしてまたその情報を他のひとの感覚の報告と照合してその客観性を吟味するというようなことではなく、「間身体性」(『哲学者とその影』)、すなわち自身の感覚のなかにすでにある他人の萌芽が、他の人々の感覚と交流する経験だというのである。

メルロ＝ポンティは、触覚が自己の身体と他者である物体を識別するというコンディヤックの議論を進めて、ひとが他人の身体に触れるとき、触れる感覚において、物体とは異なって、そこに触れられていると感じている他人の身体を見出だすと述べている。

わたしの右手が触れるわたしの左手は、他人に触れられる左手のおなじ経験でありながら、わたしの右手が他人の右手であるという経験が含まれている。手が自分の身体に触れて、触れられたと感じた自分の経験のなかに、すでにそれを触れている他人が潜んでいるというのである。先に「私」は多数であると述べたのは、こうしたわけである。

それと同様にして、視覚においても、見られることに対する見ることが鏡によって経験される。それは単に自分の身体を視覚的に発見するというだけでなく、見られるということこそが他人が「私」を見るという経験なのであり、身体の個体化、すなわち世界には多数の人間身体があって、風景から区別されて「私」を見ると知ることなのである。触覚自体は、連続性と非連続性、自己と他者をしか知らないが、そのようにして触覚の知っていた物体は、視覚と出会ったあとでは、だれもが使う道具として、身体の延長として個体化されていくのである。

メルロ＝ポンティが「肉の裂開」と呼んだように（『見えるものと見えないもの』）、他人たちの身体の知覚と諸物体の個体化は、みなわれわれの身体の裡で、どの感覚においても、それぞれの能動と受動の経験のあいだで起こっていることなのだ。自分の身体という個体の認識が生じたのと同時に、身体の外部へと投射されるにしてもである。

風景のなかにわたしの身体がただひとつの固有の個体として存在し、風景に対峙しているわけではない。風景のなかにはすでに多数の身体がある。否、われわれは「私」の身体を、多なる身体のひとつとして認識する。その身体が風景を捉え、他の身体と交流し、みずからが風景に属していると知る。哲学および間身体性の倫理学は、こうした身体の発見から出発すべきなのである。

3　「私」と身体

自我と欲望

前節までで確認したことは、個体は触覚と視覚の出会いから、その受動性を通じて他人の多数の身体によって知覚されるようになるということであった。そのことを引き受けつつ産まれてきたわたしの身体は、多数の身体のひとつ、生の暗闇のなかで群れなす匿名の身体のひとつである。では、動物に等しい産まれてきたばかりの幼児において、この匿名で多数の身体のなかから、いかにして「物心」、すなわち精神としての「私」が発生してくるのか。それは身体のどのような経験なのであろうか。

西欧近代において、人間精神を思考にではなく、他の生物とおなじ身体の基盤から捉え始めるのは、一九世紀半ば、進化論以降である。フロイトは、精神分析と称して、歴史的に、つまり産まれて以降の時間軸に沿って「私」の発生を論じた。

かれによると、人間とは、絶えず性的エネルギー＝リビドーが欲望として流出しており、対象に充足＝備給されようとするかぎりで動物と同等なのであるが、失敗行動を回避し、性的エネルギーがより流れやすくするため、そのエネルギーの一部が現実に対する調整装置としてその流れを制限するようになるという。それが「自我」である（『自我とエス』）。

赤ん坊は自分の顔が何かも知らないうちから、そしてまた母親の乳房と自分の身体の区別もつかないうちから、親に向かって笑いかける。親はそれを見ていよいよ赤ん坊を大切に育てようという気持になる。それは保護されるための赤ん坊の本能だという説もあるが、しかし笑いは怒り顔に似ている。もし親がそれを無視するなら、幼児はまもなく泣き叫び始める。空腹なのか眠たいのか、それともおしめが濡れているのか。フロイトのいうように、幼児は、欲望が満たされるにはどうしたらよいかとの調節法を学習しているところであるに違いない。親の身体を自分の欲望のために使用する。それを自我というのであるなら、なるほどそれは幼児の身体の主体である。*

*これは意識をもつ動物に共通した適応主体としての自我であるが、ディディエ・アンジューは、人間の場合、親が赤ん坊の身体の運動に対して配慮する「支配の外被」に包まれたものとして赤ん坊の身体に働きかけることと裏腹なものであると論じている（『皮膚-自我』）。その意味では、人間の自我は社会的な「私」を先取りしているともいえよう。

それに対し、フロイトは、思考する「私」とは、その上級審である超自我として、父親とのエディプス的関係から生じたのだと論じた。家族の布置のなかで、性的エネルギーは、父を殺して母と寝ようとするエディプス願望を生むのだが、去勢されるという恐怖によって未然に罰せられることによって、社会的によい行動をするようになるのだという――それが「私」である。

これは、古代ギリシア悲劇を題材にした物語を、デカルト主義的機械論に接合した理論であり、だれもが受け容れられるような仮説とはいい難いが、その仮説を継承したラカンは、ひとは生後六ヶ月頃から、鏡に映った自分の姿を見て、それまでは物体や他者の身体と入り混じってばらばらであった自分の身体を統一的に捉え、その後、さらに他者に語りかけられて言葉を喋りはじめるときに、喋る主語としての「私」が生成するとした。「何が欲しいの？」と聞かれて無理に「私は～を欲望する」と答える際の「私」とは、他者の欲望が仮構された主体である。*そのとき、それ以前の欲望が排除された形で残存することになるというわけである。

*ラカンはフロイトの天才的直観に帰しているが、「子どもが言語に産まれるときがまた欲望が人間化されるときである」（「パロールとランガージュの機能と場」『エクリ』）と述べている。こちらの方がまだ受け容れやす

いとはいえ、これもまた実証性に乏しい議論である。とりわけ「鏡に映った自分の姿」というところが問題である。というのも、身体の全体が映るような板ガラスは、一八世紀、ベルサイユ宮殿が建設された頃から製作されるようになったもので、それまでの人々はせいぜい水を貯めた甕を覗き込むようにしてしか、鏡に自分を映すことはできなかったからである。そこには顔しか見えなかったであろうが、しかしそれで十分であった。顔以外の箇所、胴体や上下肢は自分でじかに見ればすむことだったからである。

鏡像の左右逆転問題

ところが、である。なるほど水銀を塗布した板ガラスの鏡が壁に貼りつけられて、自分の全身像を見ることができるようになった人類には、ひとつの疑問が生じるようになった。それは、なぜ鏡は左右方向のみを逆転させるのかという疑問である。*ラカンは気にしていないが、こちらの方が「私」の形成についての重大な手がかりとなると、わたしは思う。

＊以下の議論は拙著『〈見ること〉の哲学——鏡像と奥行』において論じたものを、本書の文脈に即して書きなおしたものである。詳細を知りたい読者はそちらを読んでほしい。

自分が自分の左手を見ようとすると、鏡の顔はその顔に繋がる右手を見ようとしている。鏡はおなじものを映しているのだから、「私」の身体像のコピーであるはずなのに、その人物は左利きのように見える。他人の身体像であれば、それを指標として、見えているのは双子ではなくて鏡像であると判断することができるのだが。

しかしながら、この疑問は、最初に述べておくと、偽問題なのであった。なぜなら、鏡は物体に応じて、左右、上下、前後、いずれでもよいいずれかの向きを逆転させるのだからである。鏡は光の向きをその面に垂直な方向で逆転させる。鏡を見るひとにとって、光景全体、光景に含まれるすべての物体の配置が鏡の前後で逆転する。他方、個々の物体は、その鏡像と比較されるときには、見るひとの想像のなかで回転させられ、その物体の正面からして、上下や前後や左右のいずれかの逆転として知覚される。* そして、立方体や球など、正面が対称な物体は、模様でもつけておかないかぎり、逆転していないように見える。人間の身体も、正面からすると左右対称であるから左右逆転はしていないように見える。鏡が身体の像を左右に逆転させるというのは事実ではない。

*例を挙げるとすれば、もしヒラメが映っていたら、それはカレイに見えるが、上下逆転である。もし左に大きなはさみをもつ蟹がいたら、それは右にはさみをもつ蟹に見えるから、左右逆転である。時計の文字盤は、中空のアクリル板に文字が書かれた場合のように前後に逆転しているし、左巻貝は、鏡像では右巻貝である。螺旋方向の逆転というべきか。それは、手袋を裏返したように見させる効果である。左手の手袋を裏返すと右手の手袋になる。

とはいえ、ひとは、それでも左右逆転していると感じる。それは、左手を握ると、鏡像では右手を握っているように見えるからというわけではない。手については、他の物体と同様に孤立して捉える場合には、手の鏡像は、左右逆転というより巻貝の向きのような逆転をしている。* したがって、ひとが感じる左右逆転とは、左肩―左腕―左手へと視線を移すその向きが逆転しているということである。じっとしていればおなじに見えるのに、ひとはあえて手を握ってみたりするのだが、問題と感じられる点はそこにある。なぜだ？

*手袋を裏返したような逆転といってもいい。カントがその違いを謎とし（『可感界と可想界との形式と原理』）、ウィトゲンシュタインは四次元で考えれば問題は解消される（『論理哲学論考』）と述べているが、鏡像の左右逆転問題に対しては何の解答にもなっていない。

鏡像と対人関係

たとえば、知り合いの頬にご飯粒がついている場面を想像してもらいたい。あなたが、「左の頬にご飯粒がついているよ」と教えると、相手はしばしばその反対側を払おうとする。また、自動車の運転で、右に曲がれと教えたのに、左に曲がるひとがいる。どうしてそのようなことをするかという理由は、難しいものではない。なぜかというと、「私」から見た左と、相手にとっての左が逆だからである。相手の側に立っていえば、ご飯粒は右の頬についており、「私」から見ると頬の左側についている。ひとの頬の左と右は、鏡のないところでも、しばしば逆転するのである。*

＊だれかと対面した場合、左利きのひとにたじろぐことがある。左右とは、人間が進んで行く方向に対して選択を表示する向きである。左に曲がるか右に曲がるか、そのひとが何をしようとしているかを示す。そしてまた、概して右手には威力があり、殴ろうとしたり握手をしようとしたりする。だから、しばしば左利きのひととは調子が狂うことがある。だから、われわれはひとと出会ったとき、左右の向きが気になるのである。利きは、かなづちを打つ場合のように、左右いずれであれ身体運動に必要であるが、他の動物に比べて人類に左利きのひとが少ない理由は、社会生活のために人々が関わりあう場合、マナーとしてどちらかに定まっていた方がうまくいくということが推測される（ロベール・エルツ『右手の優越』）。道具ももっぱら右利き用に製作されている。左利きは早死にしやすいという説もあるが、人類進化の過程で淘汰されてきたということであろう（スタンレー・コレン『左利きは危険がいっぱい』）。

そもそも、多くのひとは、鏡像の左右逆転を気にしていない。鏡に映っているのが自分だと知って以来、髭剃りや化粧などにおいて、鏡を道具として使いこなすだけのことである。*だが、左右逆転を気にし続けるひとにも一理ある。というのも、胴体と上下肢はともかくとして、顔は一度もじかに見たことがないのだからである。全身像を知らないのに、なぜそのようなものがわたしの鏡像だと思っているのか。

＊車のバックミラーに映る後続車は、左ハンドルになるということもないのだから、何ら左右逆転していない。前後が逆転しているのだが、ドライバーはそれを前提にバックミラーを見る。

猿は眠っている間に顔にマーキングされ、目覚めてから鏡を見せられると、そのマーキング自体に手をやるという。鏡に映っているのが自分の顔であると分かるわけだ。人間も同様である。鏡に映っているものを調べると、おなじ風景が倍加されているだけだと知り得る。そこで、自分の姿がそこに倍加されたと推理することができるであろう。猿にもその推理ができるわけである。では、猿は左右逆転を主題にするだろうか。多分、それはない。動きが逆になることは、他のすべての物体においても同様なので、それが左右なのか上下なのかなどとは推理しないのではないか。鏡の面の垂直方向に光は逆転しているので、われわれが迷うのは、自分で髪を切る場合のような前後方向である。左右は、たとえ鏡像の人物が左利きになろうと、おなじように「私」からは鏡像においても左方向のままである。

鏡に慣れることで、ひとは鏡に映った像を自分の顔として前提してしまっているが、「私」の本当の顔は、鏡像のまた鏡像でしかない。写真や動画に映った自分の顔はいつも少し違うと感じるが、それは逆なのだ。何人ものひとの顔が一度に見渡せる会議のような場所で、その全体像を想像すると、わたしだけが自分の鏡像の顔でもって他の人々の顔と並んでいるのだからである。実際の写真を見ると、他のひとの顔はいつも見る通りだが、自分の顔だけは鏡の顔ではなく他人が見る顔が映っている。だから、写真では少し違うと感じるのである。

確かに鏡のまえでは奇妙なことが起こっている。わたしの鏡像は、比較対象としての自分の姿を知らないから、自分にそっくりなのかどうなのか、どう判断したらいいか分からないほどである。そうやって、鏡像が自分なのか他人なのかと、宙釣りにされてしまうひとが出てくる。左右逆転とは、まさにその謎を問いにしていたのである。それは、光学についての戸惑いではなく、対人関係の戸惑いだったのである。＊

＊幼児に左右の違いを教えるのが難しいのは、それが単なる知覚の学習ではなくて、「私」の乏しい幼児における自他の違いの学習なのだからである。応答するという意味での責任ある「私」のアイデンティティの学習。鏡像の身体はなぜ左右逆転するかという問いは、そう問うひとが、鏡に映っている像が、「私」であるのか「私」でないのかと戸惑っているからであり、その戸惑いが変形されて問われる。鏡像が「私」であるなら、他人の場合とは違って左右逆転しなくてもいいはずなのに、逆転している。それは鏡像が「私」ではないからなのである。

顔の謎はそこにあるとして、では、自分の胴体の鏡像についてはどうなのか。胴体はじかに見えるのだから、それに繋がる手は、左右逆転しても不思議はないと、ひとは思うだろうか。しかしまた、自分の見る胴体は、鏡像の胴体とかなり異なっている。胸から下肢の方向へとひとは、首を下向きにしたうえで視線を「上げて」いき、よく見るために屈伸し、後ろ側を見るために体を捩る。そうして見えるものを、ただ直立している鏡像の胴体と比較する。しかも、鏡像の方で下肢を見るためには、むしろ視線を「下げて」いくのだから、わたしは逆立ちしていることになる。

胴体を比較しながらも、だれもこの逆立ち＝上下逆転に気づいていない。それはちょうど、股覗きをしても、天地がひっくり返っては見えないようなものである。視野における方向が基準になっているわけではない。たいていの場合、われわれはどんな姿勢をしても、前後上下左右の方向は不動であり、わたしの身体が傾いていると知ることができる。わたしが眼を瞑っても世界が暗黒になったわけではないように、わたしが右側を見ても世界全体が左側に移動したと感じるわけではない。つまり、わたしの感覚は、単に世界＝宇宙や自然の情報ばかりでなく、わたしの身体がそのなかにあって、「大地に立っている」という信念を同時に与えてくれているのである。＊

＊ひとがよろめいたり転んだりするとき、それは身体が転ぶというよりは、急激に土地が起き上がって迫って

くるというように感じられる。「転ぶ」とは、「笑う」などと同様に、自動詞ではないわけだ。そのことが逆に、立っている自分の身体の姿勢を身体が調節して与えてくれていることを示している。それを身体の何らかの統合作用によって同一性が維持されるなどとみなすべきではない。たとえば右手を差し出すことが、右腕以外の身体の他の部分との差異によるように、身体が自在に分裂して姿勢が保たれるのだからである。

4　頭と体

月世界人

以上の考察から何が分かるのか。それは、身体がラカンのいうような統一体ではないということである。頭と胴体が、左右と同様に対立している。胴体をミクロコスモスとすれば、それは宇宙の中心にはなく、少しずれたところにある。わたしがマクロコスモスの中心にいるわけではない。頭もまたそこから少しずれたところにあって、そのずれでもって他の身体や他の物体と出会っている。

わたしは胴体を見較べることによって、この宇宙にわたしとおなじ身体をもつ他のひとたちがいることを知ることができるのだが、わたしは頭をもつことによって、シラノ・ド・ベルジュラックが物語った「頭を持ち歩く月世界人」のようにして、出会う他人たちの精神と出会っている。* かれらと出会い、おなじ宇宙に住まうために、右か左かと、政治においてもそうであるが、何と絶えず気遣いをしていることか。

＊『月世界旅行記』。また、手塚治虫の漫画『鉄腕アトム』は当時のＰＴＡによって有害図書とされたという。そのわけは、アトムがしばしば首を落としてしまって、胴体がそれを拾うというシーンがあったからである。手塚はアトムが人間と違ってロボットであることを強調したかったのであろうが、ある意味、人間であるとは

どのようなことかに関する不気味さが象徴されていたといえなくもない。

胴体は、フランシス・ベーコンの絵画のように、じっとしているときにも、眠っているときにすら、さまざまに身を捩り、安定したかと思うとそこに疲労を感じてまた身を捩るということを繰り返している。まして起きているときには、遭遇した状況への対処としてさまざまに身を捩ってそれに対処しようとする。感覚が乏しくなって繭のように閉じてしまうかと思うと、多様な感覚に応じて最大限の振幅をもって運動する。*

*胴体を対象として分解するとさまざまな器官が出現するが、それらの諸器官は調和したり競合したりしてとめどない。子どもは眠っているあいだに排尿しないようにと、世話をするひとによって涙ぐましい努力をさせられるが、逆に子どもの精神はそうやって構築される。まして精神が面接や試験といった精神にとっての重大事に出向くときにかぎって、胴体は眠れなかったり腹をこわしたりするというように、精神の目的を気にかけない。

胴体の論理は、首ないし頭の論理とは異なっている。伝統的な表現に従えば、胴体とは「からだ」と呼ばれ、頭とは「こころ」と呼ばれてきた。ここで、*「首ないし頭と胴体ないし体」の対比を置くのは、デカルト主義的な、実体的に完全に分離した「精神と身体」の対比を退けるためであるが、しかし前近代の、容易に「宿ったり」「遊離したり」して融通無碍に出入りする「霊魂と肉体」の対比に戻るということではない。身体が個体として統合されているという前提を捨てて、他の諸身体および他の生物や物体との連関における分裂や対立のなかに精神の経験が生じるということを見出だそうとするためである。

*ここで「顔」とせずに「頭」と呼んでいるのは、レヴィナスが盛んに主題にしたペルソナ＝人格としての顔との混同を避けるためである。ドゥルーズとガタリは頭と顔を峻別し、ペルソナ＝仮面としての顔は単なる頭

の正面の形態ではなく、主体的な意図や記述的な言語表現が発出する人格として、キリスト教の影響のもと西欧においてのみ出現したと論じている（『千のプラトー』第七章）。そもそも頭部の知覚は、文化によって多様である。カントは、人格こそ人間本質だとみなすのだが、それは各人に強制される同一性である。顔のないひと、匿名の人々がいて人間であり、人格的でないひとも人間であり、その遇し方を仮想的に人格として規定するのは西欧的倫理に過ぎない。実際、人格的なひとは少数者でしかない。大多数は顔のない匿名の人々である。他方、日本人にとっての顔は、マンガで描かれるように、眼が大きくデフォルメされた幼児のような顔であって、そこには「かわいさ」として共感的に情緒を読みあう盤面のような働きが捉えられているように思われる。

自分の身体

頭が言語を使用して命題や公式の形式的統一性を目指す能動的主体であろうとするのに対し、体は統合したり分裂したりを繰り返すばかりの受動的主体である。頭の基準は規範であるのに対し、体の基準は姿勢である。姿勢とは、自然の諸要素に噛み合うような物体相互間の安定性としての受動性である。頭は、この受動性を、みずからの統一性に組み込もうとして失敗する。それは宇宙全体を自分の裡にとりこむような企てなのだからである。

胴体とそれが属する物質の世界は、頭が属する精神の世界と、銀河が衝突するときのように、絶えずすれ違い続けている。プナンの民がいうように、たとえばだれか＝自分が転ぶとき、転ぶのはひと＝「私」ではなくて脚なのであり（奥野克巳『ありがとうもごめんなさいもいらない森の民と暮らして人類学者が考えたこと』）、それは頭にとっては大地が迫ってくる経験にほかならない。頭には転ぶことはできない。転ぶふりしかできない。顔に備わる眼のもつ視覚および聴覚、嗅覚、味覚と、胴体に備わる手のもつ触覚および運動感覚とが、対話したり離反したりとめどなく、自我のアイデンティティ＝同一性を妨げる。

だからこそ、西欧近代における「身体と精神」の対比を捨てなければならない。おなじひとつの身体における頭と体の対比こそが経験を正しく説明する。そして身体とは、物体でもあれば、精神の対象としての観念でもある。先に述べたような仕方で個体が経験されるかぎりにおいて、バークリが述べたとおり(『人知原理論』)、物体とはその物体の観念であり、観念とは物体に名づけられた虚構の名まえであって、それが指す物体のことでしかない。身体とは、そのなかで、なによりも経験に先立ち、経験を構成する物体=観念のアルケーなのである。

すべての自然と身体の理論を忘れ、言語を忘れ、その原型である風景をも忘れるために眼を瞑り、身体にすべてを委ねて感じるものを感じるように努めよう。そうすれば、自然も風景も、すべて身体に内属する感覚からもたらされたものであることが分かるだろう。「私」は産まれて以来、一度として身体から外に出たことはなかった。「私」は頭をもたげ、体に触れ、体を見て、他の諸身体と見較べて、そこからその感覚が与えてくれるものの整合的で恒常的な風景を、ただ探してきただけなのだ。身体とは、「私」の経験が誕生してきた深い漆黒の海なのである。

自分の身体を物体として医療ベッドに横たえて、手術ないし解剖されるとき、それをされる「私」は麻酔や死によってすべてを医師に託すほかはないが*、それ以外のときには、つねに頭に向かったり体に向かったり、むなしい往還を続けながら、頭と胴体を繋げようと努力している。ケンシロウの名せりふ「お前はもう死んでいる」というように(武論尊『北斗の拳』)、「私」は物心ついて以来、鏡を見ることを通じて首を切られてしまったわけで、すでに死んでいるわたしが何とか首を繋ぎとめようとしているのが人生なのだ。そしてまた、いかに多くの文化において、刀で、斧で、ギロチンで、ひとの首を切るということに重大な意義が見出だされてきたことだろうか、それは単にひとを殺すのに効率的だということではない——それどころではない。

＊近代の臨床医学における身体観にも、問題がないわけではない。フーコーによると、それは見ることで一元化されて構築された理論でしかない（『臨床医学の誕生』）。つまり、解剖して見える諸器官の相互関係こそが実在的であるとみなし、身体を、そこで起こる多様な病気とその反応系としてのみ捉えようとするのであるが、われわれが見ないままに感じ取る身体内部の諸活動の理解とは隔たりがある。病気を治療するという観点においては成果のある身体観ではあれ、それがわれわれが生きる体の経験をよりよいものとするわけではない。われわれが経験する触覚によって捉えられる体があり、他方で臨床医学における視覚によって捉えられた身体があり、そのどちらに真の意味があるのか。病気に対しては後者が意味があるということが、それに派生する初発的思考による魔術的身体観が不合理であるにしても、生活に対しても意味があるということになるわけではない。

ここでいう頭、顔でも首でもいいが、頭と体の対比は、生物学や生理学でいわれる身体の部分のように感じられるかもしれないが、あくまでも生きられた身体に対する意識の二つの対比である。しかも身体というひとつの場に現われる「差異」を示している。*この差異はひとつの身体のなかの多様性ではない。身体は多数であり、身体経験にあるパラドックス、特異な差異なのである。

＊ジェームズ・ギブソンは、頭を動かせば全方位を見ることができるのに、いつも自分の鼻や手足がその視野の限界としてつき纏うところに自分の身体としての自我が知られると述べている（『生態学的視覚論』十二章）。自我の水準が問題ではあるが、すべてを光景として捉え得るとする意識が、みずからの身体を闇として視野を支える決定的に異なったものであるとする議論は示唆的である。

感覚相互の差異＝変換不可能性によって、身体には感覚の数だけ自我がある。自分の身体に触れるときに触れられるとも感じる「二重感覚」（ピエール・ジャネ）の経験は、コンディヤックの論じたように自己と他者を識別する基準でありながら（『感覚論』）、他方では、メルロ＝ポンティの論じるように、むしろ他人を経験する萌芽ないし基準となる（『見えるものと見えないもの』）*。同様にして、先に述べておいた（第二章）糞便への嫌悪感も、自分の身体とそれ以外のもの、自分と他人を切り離す作用をもつ。排泄のしつけを通じて子どもたちは糞便の匂いを他人の経験の基盤とするのである。

*触覚には、「モリヌークス問題」として多数の哲学者たちが論じたように、視覚に共通するものは何もない。触覚だけでは個体としての他人は理解されない。嗅覚だけでも同様である。それは「われわれ」であったり、「人々」であったりと、最初から集団性を帯びている。視覚による個体性が、それぞれの他人を析出させる。しかし他人が他の諸感覚それぞれに準備されていることを忘れて、みずからを人格とみなす視覚的精神＝頭が他人と精神の「人格的」交流をしようとしても、たとえば大事な話の最中に相手が眠ってしまうなど、みずからも統合できていない自分の体が、他の身体の頭ないし体との確執を勝手に作り出すのは不思議なことではない。人間どうしの確執よりも自分の頭と体の確執の方が大きいのであって、「人格的絆」など、頭が体を完全にコントロールしたひとどうしの関係は瞬間的なものでしかない。

他人を個体としての身体において理解し、そこに人格を見出だすのは身体と精神を峻別する西欧近代の思考であるが、それでは他人は推論されたものに過ぎない。真に他人が生きた対象となるのは、自分自身の経験における他者性においてである。両眼視による個体の一般性の以前に、二重感覚や糞便嫌悪による他人の一般性を知っているからこそ、ひとは思考する「私」を意識することができるのである。

精神とは身体である

では、そのような「私」が、どのようにして風景のなかに他人たちの身体を見出だすのであろうか。他人の身体の知覚と「私」の身体の知覚はまったく異なる。「私」は「私」の全身像を見たことがないままに、鏡を使って、*かつ鏡像がわたしの身体の写しであると認めさせられて、はじめて他人の身体とわたしの身体の同一性を見出だす。そうやって、いわばメタバースにおける自分のアバターのようにして、世界の風景のなかにある多数の人間身体、そのなかのひとつとして自身の身体を捉えるのだが、ところが、そのわたし自身の身体は風景のなかには見えない。風景のなかに実在しないものだからこそ「精神＝スピリット」とされてきたのである。スピノザは「人間精神を構成する観念の対象は身体である」（『エチカ』第二部定理一三）と述べる。まさに、精神とは身体の観念のことなのである。あるいはまた、だからこそ、道元は身体をも脱落せしめよと述べたのではないだろうか（『正法眼蔵』）。

*鏡という特殊な経験から人間精神を説明するのは恣意的だと思われるであろうか。しかし、体から遊離した精神の経験があったとしても、それは他の幻覚と同種の経験に過ぎず、実在する精神の「直観」なのではない。悪い意味での観念論とは、思考する自分が精神であるところから、精神が実在するか否かを不問にするタイプの議論のことである。鏡の現象は、人類が道具として作りだすまえから、水面や金属性岩石として自然に散在しており、自然の一部として人類が経験してきたものであって、その模造ないし映像を現象させる効果は、精神における反省＝反射に内在化されている。決して特殊な経験の一般化ではなく、産まれてきたひとが人類のひとりになる過程における普遍的経験なのである。これを身体のもつ機能、とりわけ脳が作りだすイメージなどとして、自然ないし進化の産物のように説明するなら、他の生物において精神が生まれない理由を説明することができないであろう。

メルロ＝ポンティは、ストラットン眼鏡による上下逆転が、しばらくそれをかけ続けることによってもとの上下関係として見えるようになることから、空間の方向性、および宇宙のあり方の基準を、脳の機能でもなければ知性の働きでもなく、「自然的精神」であるところの身体が与えていると論証している（『知覚の現象学』）。身体とは、「世界に住みついた精神」だというのである。*

*激しい地震の光景を撮影するためにはカメラを少し揺さぶればいいだけだし、天井に張り付くヤモリのよう

な人間を撮影するためにはカメラの上下を回転するだけでいい。そうした映像に驚かされるのは、われわれの身体がカメラとは異なって大地との絆をもっており、単なる世界の表象ではなく不動の世界のなかにいるというように、日頃から経験されているからである。

風景ないし宇宙＝マクロコスモスの中心にあるとみなされるこの身体は、ミクロコスモスとして一方では独我論の根拠にもなりながら、他方で、しばしばふらついたり転んだりすることがある以上、自分の直接は知覚できない左右逆転した頭と、知覚されない他の諸身体のひとつである上下逆転した体という、ふたつの対象のバランスによって成立していることが分かる。観念であるとはいえ、身体はイデアの世界にあるのではなく、この宇宙のなかにあって対立しあっている頭と体の特異な差異のことであり、それで宇宙に等しいものとしての精神の世界が成立しているのである。

＊独我論とは自我がこの宇宙に自分ひとりであるとする立場であるが、そもそもそうした主張をだれかに向かってすること自体が矛盾した行為である。とはいえ、だれもが感覚を通じてしか自分と異なるものを知覚できない以上は、宇宙は自我の反映でしかないともいえなくはない。その場合でも、宇宙の諸現象と自我とが区別できなくなるわけで、独我論というよりは自我なき宇宙がただ展開していくという意味になってしまう。スピノザの実体一元論は、事実としてそうではない事情を知の欠如に求め、むしろそうした独我論の境地を目指していたともいえる（『エチカ』）。他方、ライプニッツのモナドは、宇宙の表象がすべて自我の裡にあるとする点で独我論的ではあるが、同時に他の無数の個体もモナドであることを主張している（『モナドロジー』）。

この意味では、身体は観念であるとはいえ、それは思考の対象や前提をなしているという意味であって、プラトンのいうイデアではない。身体は、身体が生え、そして立っている風景から切り離されてしまっているわけではない。ギブソンは、土地がすべての空間知覚の基盤であり「支えのアフォーダンス」であると述べるが（『生態学的視覚論』）、さらにインゴルドが「その居住者たちをただ支えているだけではない……それはまさに彼らが住まう母胎」（『生きていること』第8章）であると主張している。

身体は、他の諸身体と同様にして土地からいわば茸のように生え、胞子として風に舞っていくものとしての観念である。細菌が無数にいて土が黒いように、人間身体の細胞も土から生じてきたものである。「思考する私」も、世界を対象としてしまうことなく自分の生が由来する土地に依拠しているとみなすべきなのである。*

*このような意味で、土地への愛着は単なる感情＝パッション以上のもの、諸身体の情動＝アフェクトの場なのであるが、しばしば政治のイデオロギーがそれを国家という『幻想の共同体』（アンダーソン）にすり替えて人々を戦争へと駆りたてる。野生の土地で生きる人々につねにつき纏う不安は、熊や狼のような人間の群れである。この奇妙な怪物、「戦士たち」が、嵐のように、雲霞のように、土地の表面を掠め取り、国家であれ帝国であれ、土地の人々をその幻想の「元首」のもとへと召還しようとする。国家が人格とみなされるとすれば、それは、一個の身体が人格とみなされることの比喩ではなく、土地から生じたものの延長としてである。逆に、土地を支配するために、年号をはじめとして、王の身体の諸要素が国民に向けて送りだされると飯島洋一は述べている（『王の身体都市』）。

さて、以上のようにして「精神」が生じ、それが身体の外部にあるという幻想が抱かれるのだが、さらにその後の展開をどう説明しようか。一方で言葉の発達があり、他方で指差しあいながら物体の扱いに慣れていく。自分の身体を外から見るという神の眼にも似た空想的まなざしのもと、諸身体の容器としての風景、世界、宇宙が見出だされ、そのなかで自身のまなざしも多様性を帯び、獲物を狙うように、あるいはサルトルのいうように物象化しようとしたり（『存在と無』）、支援や協力を求めたり、恋人やポルノのように見ることの快楽を求めたりと、多様な意味をもつようになる。*見られることも、見られないことも、それぞれのひとにとって苦痛となるが、そうした社会的まなざしのしたに、他人を承認し、世界の諸事物を認識するまなざしが控えている。

＊視覚障害者の場合はどうなるのか。ディドロは『盲人書簡』において、生まれつき眼の見えないひとには、言語でどのように説明しても視覚像を理解させることはできないと述べている。ただし、諸身体の触覚と自分の体の触覚から、言語を通じて視覚障害者も精神を想定することはできるのではないか。伊藤亜紗は『目の見えない人は世界をどう見ているのか』において、諸感覚を、視覚を頂点としたヒエラルキーで捉えるのは誤りであると指摘している。見るのは視覚においてのみではなく、触れるのは触覚においてのみではない。個体認識は言語概念によるにせよ、身体運動の空間において他人の身体を知り、みずからの身体を求めている。自分の身体が見えないという点では、健常者も同様なのである。そしてまた、言語の起源も頭が発する声に求められることが多いが、大島義実は、フルートを吹くような手と息との協働があり、それが土地から生じた諸物体を道具として響きあわせるところに音楽の生成があるとする（『演奏家が語る音楽の哲学』）。言語の起源は、頭に帰される記号化によってではなく、ルソーのいうように歌ですらなく（『言語起源論』、こうしたものに見出だされるべきではないだろうか。欲望は文化的な現象であって、動物であることに由来するものではない。

こうしたまなざしを、進化によって脳が発達し、個人それぞれに意識が点灯して抽象化の能力が生じたと説明しようとする科学者たちは、その具体的な過程を知らないものについての言葉を繋げていくという点で、呪文を唱えているに等しい。それは「パラダイム」（クーン）——中世スコラ学における天使を脳に置き換えたような議論でしかない。実際には、頭という身体の一部で起こっていること、たとえば奥行の見える両眼視によって遠くと近くとが同時に見えることから目的と手段の連関の下図となる視覚経験、頭のなかで繰り返される楽曲のような音響から原因と結果の連関の下図となる聴覚経験、何かを確かめたくなって近づいていってすでに以前からしていた匂いに気づくような現在と未来の連関の下図となるような嗅覚経験等々が、のちに言語の獲得によって可能になる抽象的思考を準備しているのである。

精神と身体を別の実体として、精神としての個人から出発して身体の属する物体としての世界を説明し、またそれに基づく倫理を要求した近代西欧の伝統に対して、最初から身体のおかげで他人たちの世界のなかに産まれ、多数の身体のひとつの身体となった「私」という精神の経験を代置すべきであろう。*社会という身体の群れと「私」の身体の関係としての倫理こそが問題である。それは、多数の身体と混じりあった「私」の身体に対し、みずからに個を作るという問題でもある。ひとは諸身体のあいだにみずからの身体を見出だすかぎりにおいて多かれ少なかれ精神なのではあるが、頭と体が分裂して群れから追い出されながらも、――アントナン・アルトーのいう「器官なき身体」（ドゥルーズとガタリ）のことか――、それを統合してあらたな身体を作ろうとするときに個となるのである。「個であるもの」は、個となったあとのものである。群れが絶えず変動する以上、いたるところにだれしも個となる契機はあるが、実際に個となるかどうかは、別のことである。個となるまえには、まさに個ではないのだからこそ、個となろうとする動機も意欲もない。だから、そこにおいて正しい思考をする必要がある。残りの章で、それがどのような思考であるかを論じていこう。

＊精神と身体を分離したものとして捉える西欧近代のエピステーメーによって、異星人にのっとられた身体の話や、死んだのに襲ってくる精神なきゾンビの話や、ひとつの身体を代わるがわる占有する多重人格者の話や、生殖器とは反対の性をもつとする人々の話が生まれてくる。そういったことが事実としてあるのかと問うべきではない。哲学的には、精神と身体は本当に分離しているのかと問うべきなのである。

第六章　欲望

人々の身体のあいだにみずからの身体の観念をもつことが「個である」ということだが、その個である「私」に対して、体は群れの諸身体のダイナミズムの匿名の通路として、諸身体を代表＝表象しつつ経験される。その経験を具体的に検討していこう。

1　欲望は理性の影

体への配慮

「自分自身」といういい方はするが、だれも「私」と身体とがおなじものだとは前提してはいないだろう。身を入れて仕事をすることもあれば、身が入らないこともある。最高のパフォーマンスをするためには、自分の体の各部分が思い通りに作動するようにしておかなければならないが、それはいかに難しいことであるか。

ひとは、睡眠を犠牲にして不眠になったり、健康によくないものを口に入れたりする。重要な場面で、便秘になったり、下痢になったりする。場違いなところで性衝動を感じたり、性交渉しようとして不可能だったりする。体が思い通りに作動するためには、日ごろから適切な食事を摂り、適切な運動によって体調を整えておかなければならない。実際、体はたまたま遭遇する病気や事故によって傷つきやすい。時間とともにおのずから恢復するとはいえ、適切な世話をしなければ死にいたることもあるし、死を避け得たとしても後遺症が残ることもある。

ひとはつねにこうした「体への配慮」をしているわけではないが、体の状態を維持するのは容易なことではない。それを一切行わないとすれば、だれもが望まないような状況に陥る可能性がある。好きなものばかり多量に摂食して太り過ぎ、心臓が耐えられないほどになるとか、アルコールや薬物の依存症になって、体を動かすことも億劫になるとかである。*

＊ひとが好きな食物を多量に摂食するのは、そのようなものを多量に備蓄することができるようになった結果である。ひとがアルコールや薬物を摂取するのは、そのようなものを作れるようになった結果である。それをしてもなおそのまま生きていける環境を作りだした結果である。食欲や性欲と呼ばれる欲望は、実体的なものではなく、情念が生じる原因として構築された理論的なものに過ぎない。欲望は文化的な現象である。

普通そこにまでいたるひとは少なく、だれしも睡眠が十分取れるようにとか、便秘にならないようにとか、大なり小なり体に配慮しながら生きている。さらには、アスリートや職人など、みずからに高度な仕事を課しているひとが、体のコンディションに大きな配慮をするとは、よく聞く話である。

問題は何なのか。草原を我が物顔に疾走する猛獣たち、大空を我が物顔に飛翔する猛禽たちが、体に配慮しながら行動しているようには思えない。ところが、人間の体力は使わないと衰えるし、人間の内臓は用心しないと機能低下するので、つねに配慮しておく必要がある。その理由は、他の生物たちにおいては身体が自然環境のままにあって、その身体が環境に適応してきた状態であるのに対し、人間の身体においては体が頭と分裂しているからなのではないだろうか。つまり、しばしば頭が環境を無視して体を自分から引きちぎろうとするし、体は環境に即して頭とは別の方向へと進もうとするからなのではないだろうか。

意識はもとより体に発しながら、体への配慮をすることもあれば、体に反して体を損傷してしまうこともある。意識に描かれるイメージや並べられる命題がどんなに合理的に見えようとも、それは概して安楽な白日夢に過ぎないことが多いし、逆に、辛かった出来事や憎かった人物を際限なく思い起こさせてとめどないこともあり、体とは無関係なことが多いのである。

欲望とは何か

人間という種が自然環境にただ適応しているといえるのは、思いつくままに食べては行動し、それで病気になったりしない程度に慎重であって、襲いかかってくる猛獣たちや、洪水や山崩れや火事の予兆に対して敏感であること、逃げ足の速いこと等々であったろう。しかし、その水準を保てなくしてしまうような行動が生じる。それを何と呼ぼう、それが「欲望」と呼ばれてきたのではないか。

動物たちが餌を求め、交尾の相手を求めるのは、環境のなかで生物として振舞うことであって、よいこととも悪いことともいえない。あえて欲望と呼ぶ必要もない。飢えているとか、発情しているといえばよい。しかし、人間行動のなかに欲望なるものを見出だすとすれば、それは環境に応じてではなく、何か過剰な、問題を惹き起こすものを孕んでいるからであるように思われる。

人間の体も餌を求め、交尾の相手を求める。それに対して「食欲」や「性欲」といった欲望の対象は、単なる餌や単なる配偶者ではない。欲望の対象は、体に原因があるというようにみなされるのではあるが、体だけでは完結せず、頭にとってのものとしてある。古来、これをどう取り扱うべきかと苦悩されながら、欲望は思考されてきた。

欲望は、中国思想では「人欲」と呼ばれ、体の外部から到来するものによって生じるものを指すとされる。仏教思想では「渇愛」と呼ばれ、何であれ永遠に所有しようと執着することを指すとされる。概念として、おなじではない。西欧近代ならば明確に統一されているかといえば、そうでもない。ロックは、欲望を、欠如しているものを満たそうとする不安として捉え、ベンタムはあらたなものを生みだそうとする快楽への衝動として捉えた。なるほど食欲は、体力を落とさないように、あるいは数時間後に襲う空腹の苦痛を予期して摂食する場合はロック的な欲望であるが、五感にふれる珍味の快楽を目指す場合はベンタム的な欲望である。はたして欲望をどう定義すべきであろうか。*

*人々は、生きる欲望として食欲、死なない欲望として睡眠欲や排泄欲を挙げ、それに加えて子孫を残すために備わる性欲を挙げ、さらに所有欲や権力欲や名声欲のような社会的人間関係における欲望があると考えてきた。これらを欲望の一言ですますのは、何と粗雑なやり方なのか。それらはみな異なっており、それぞれにおいても、いい尽くせないほどの多様性がある。おそらくは古今東西、なにがしか欲望に対応する概念が見出されるに違いないが、それらがまったくおなじ経験を指すとか、何らかの共通性があると想定するのは早急であろう。それらは、こころや精神や霊魂と呼ばれるものとの関連でしか定義できないに違いないし、それぞれの文化に応じてこころや精神や霊魂も意味が違うからである。

たとえば食欲ひとつをとってみても、野生の社会においては、戦った相手の体を食べればその勇気が自分に宿るのではないかとされていた。今日でも軟骨成分を食べたらそれが胃から送り届けられて膝の軟骨になるという素朴な推論がある。がんの自然療法には、食事によってがんが消えたとするものが多いが、がんが消えることがあっても、その理由が食事によると証明されることはない。それを食べると痩せるといわれる食事も、食事はすべてカロリーを摂ることであることが忘れられている。こうした事情の一切を無視して純然たる欲望について論じられるだろうか。

なお、西欧においては、欲望と訳されるデザイアのほか、デマンド＝欲求やニーズ＝需要やインパルス＝衝動といった類語があって、その区別も曖昧である。欲望は、中世キリスト教思想においては無際限に増大して本人を苦しめる外的なものとされてきたが、ルネサンスにおいて人間本性に内的に備わるものとして認められる。さらに近代初頭、マンデヴィルなどによって、ひとを生存させるもの、社会全体をよりよいものにするものとして捉えなおされる。それで、従来は勝手気儘という意味であった「自由」が、肯定すべき価値となるわけである。

欲望という概念は、多義的である。概して（1）外的なものに動かされる受動、（2）永続的に自分のものにしようとする執着、（3）欠如しているものを埋めようとする不安、（4）あらたな快楽を得ようとする衝動を指すが、そのほかに、一定の時刻になれば食べたくなるとか、満腹感のために食べ続けるとかする場合もある。それは、（5）習慣ないし依存と呼ばれるかもしれないが、欲望かといえば欲望である。あるいは、ソクラテスが指摘したように、皮膚病になってそこを思いきり掻くことの快楽もある（『ゴルギアス』）が、この（6）取り憑かれたような反復、（7）次第に増すエネルギーのような圧力も、＊あるいはその反対に、（8）禁欲や苦行というタイプの執念や（9）ドグマ＝教義を守ろうとする狂信すらもある種の欲望ではないだろうか。

＊フロイトのリビドーエネルギーの説がその代表である。フロイトは、食欲に関しても、赤ん坊がおっぱいに吸いつこうとする口唇期の性欲が隠れていることを指摘し、そのようにして性欲をより一般的な欲望とみなしていた。性交渉の直後に死んでしまう生物たちのように、生物は究極的には性本能に従うのだし、食欲もそのためにあるというわけである。とはいえ、性欲を意識することは、人間行動においては常ではない。そこで、フロイトは、無意識における検閲や抑圧という解釈をして、意識しないことは抑圧されているからだという、反論し難いが納得し難い議論を展開し、意識における精神活動の主導権を解除してしまった。とはいえそのことを納得させようとするのは、一体どんな道徳なのか、そこに矛盾がある。意識がフロイトのいうように原理的に無意識に抵抗できないのであれば、説得するだけ無駄であろう。フロイトのいう無意識は、ライプニッツの定義したような明晰さの欠如の諸段階ではなく、意識の裏返しの概念であった。明晰さを取り戻せば真理に到達するようなものとしての意識ではなく、意識をもその都合のよいように発生させる、人間動物の真の主体である。かれは、意識のもとにすべてを統括できるとする近代観念論の系譜に連なることなく、しかし、どこまでいっても精神にとっての生は何かということを主題とするなかで、生を意識の裏返しの怪物じみた主体に

してしまったといえなくもない。

欲望を抑えるもの

これらすべてが欲望と呼ばれ得るであろうが、それらの行動はみな個々の状況によって異なり、経験としてもそれぞれに異なっている。いずれが真の欲望の定義であるかと問うよりも、欲望の経験を一義的に捉えようとすることが間違いなのではないだろうか。むしろ、鳥類の求婚のダンスのように、一旦始めると中断することが困難になるというタイプの行動のプロセスがあって、動物ならば本能と呼ばれるわけだが、人間の場合にはそれを中断する能力が想定されるかぎりにおいて欲望と呼ばれているのではないだろうか。* 欲望は動機や原因ではなく、行動のモードなのである。

＊性交渉の中断はいうまでもなく、たとえば食事を開始した直後に家族が帰宅しても、一度食べ物を口に入れ始めればこれを中断するのは容易なことではない。中断には苦痛が伴うところから、欲望の行動のプロセスを進行すれば快楽、中断を苦痛とみなすこともできなくはない。ベンタムは、それゆえ、欲望という身体に行動を発動する自動的なメカニズムのようなものがあるとはみなさず、『行為の源泉の表』を書いて、その精密な分類を目指した。ベンタムがしたことは、快楽と苦痛という概念を一般化して、快楽の、それに伴う苦痛との差を極大化することとし、すべての行動の動機と目標として定義するということであった。この功利主義が批判されたのは、快楽と苦痛の従来の経験の具体的内容、たとえばおいしいものを食べたときの快楽や指先を切ったときの苦痛といった内容、行動のプロセスの進行と中断が必ずしも合致しなかったからである。たとえば体調不良から恢復したときに、それ以前の状態ほど快適ではなくても快楽が感じられる。あるいは、食事や性交は、無理強いされた場合には、たとえその欲望が起こったとしても苦痛でもある。ベンタムは経験を一般化しすぎて、その具体的内容を否定してしまった。快楽を求め苦痛を避ける行動はもちろん実在するが、欲望にはそれ以外の場合も多い。行動のプロセスの推進と中断に対して、その原因を快楽と苦痛と名づけたのは、行動の複雑性からして誤解を呼びやすかったのではないだろうか。

欲望には、ひとによってその行動を中断することのできる程度の差がある。そこには、欲望に対するそのひとの不合理性や意志の弱さ＝アクラシア（アリストテレス）があるとされてきたが、理性的な判断や強い意志のようなものだけが欲望を中断するのではない。欲望の中断を実行する理由ないし動機もまた多様である。たとえば、食べようとする場合、食べるものがおいしいかどうかだけではなく、腹もちするかどうか、ほかのひとの食べる分があるかどうか、自分が太らないかどうか、腹痛が生じてこないかどうか、毒ではないかどうか等々の恐怖、不安、心配のもとにあって、その行動が中断される。

いずれにせよ、そのとき、どの欲望の行動も欲望をみずからを捨てようとする奇妙な行動として説明されることになる。＊中断されることなく満足するにいたることこそ欲望の目的であると思われるかもしれないが、そう定義するのは理性である。満足をも含め、欲望とは、中止されるべき行動、中止できなかった行動である。そういうことになってしまうのは、理性が、自分の働きの裏返しとしてしか欲望を捉えられないからである。理性という語で、推論能力や計算能力ばかりではなく、状況を統制しようとする頭の働きを意味させるなら、欲望とは、対処すべき対象へと頭の側で変形された体の感覚のことであって、何らかの実体的な行動の原因ではなく、そこに原因があるというように体に投影されて浮かび上がってくる理性の影であるにほかならない。

＊ストア派では「アパテイア」、理性＝ロゴスによって情念を抑え、宇宙全体の論理＝ロゴスと調和することが理想であるとされていた。この、「情念を抑えるもの」としての理性の思想は、いまや世界中で語られている。しかし、理性もある種の欲望ではないかともいえる。走るという欲望が筋肉や骨格や平衡感覚や視覚によって限界づけられて形造られるように、言説の欲望が論理や語彙によって限界づけられて形造られる。フロイトが自我をリビドーエネルギーの流れを調整するためにこの流れ自身がせき止めたり方向をかえたりすると考えたのは筋が通っている。理性に中断されるものとしての欲望の表象のしたに、意識されない＝無意識の真の欲望

があるというようにして、人間行動はすべて欲望一元論的に説明できるかもしれない。もし真正の欲望があるとしたら、それは無際限に、死ぬまで満足を求め続けることであろう。ドゥルーズとガタリは、欲望は不安や快楽や反復や渇愛や執着においては欲望自身が死ぬのだから真の意味では欲望ではなく、真の欲望は欲望を欲望するのであって、それは器官のない身体を作ろうとしている、すなわち、器官があるから問題となるもの、健康であれ性差であれ容姿や能力の差であれ、それらを超えた身体を作ろうとしており、それが生きるということだと主張している（『千のプラトー』）。植物状態となったひとは生命はあるが、それで「生きている」といえるかどうか、生は諸器官が正常に活動していることではなく、表象された欲望のもとになるものを惹き起こす活動をしているということではないだろうか。すなわち、欲望が欲望を欲望している状態である。なお、山上浩嗣は「モンテーニュの「気をそらすこと」とパスカルの「気晴らし」」という論文において、モンテーニュが狩をするのに手際よく獲物を獲ることより獲物を追い続けることの意義を説いていることを紹介している。モンテーニュもまた、欲望の欲望をよく知っていたといえよう。そもそも、古代ギリシアの思想のなかにも、欲望を抑えるのではなく、「節制」して、その最大限の効用を見出だそうとする発想があった。

欲望は、他の生物にあっては本能と呼ばれる身体内部の自動回路であり、器官によって構成されている身体の生存と生殖のために遺伝的に設定されている行動とされるものであるが、人類の場合、行動として見られあう他人たちの身体のあいだで、生存と生殖に反した、理解を絶した行動のことである。欲望は体に発し頭が制御するものとみなされているが、体を使用して容易に取り扱える諸物体とは異なって、自身の体の取り扱いにおいて起こる頭のそれ自身矛盾した行動を指している。むしろ、欲望とは、精神が見失われたときに、頭がみずからの「統合された身体」を探して彷徨っているという現象なのではないだろうか。

欲望に対しては、それにどう対処すべきかという倫理的論議がただちに始まり、個に帰せられればいわゆる自己責任論となる。それで理性や意志が無条件に前提されてしまうわけだが、そのまえに、そこで何が起こっているのかを熟視すべきであろう。これまで分析してきたように、これを身体的秩序からは切り離されないものとして、頭に対する体の運動として捉えてみることにしよう。

2　意志は存在しない

快楽と苦痛

欲望の対象を欲望の原因とみなすのは、多様な事情を考慮すれば、素朴に過ぎる。欲望が体に発するとしても、いかにして欲望が生じるのであろうか。何が体に欲望を発生させ、欲望の対象を想像させ知覚させるのであろうか。

まず、それは苦痛、すなわちさまざまな痛みや痒み、倦怠感や悪寒等の解消であろう。怪我をしたり病気になったりして苦痛が感じられるとき、体はそれが少なくなるような姿勢を「欲望」する。苦痛は自然現象というよりは、体がみずからに作りだす感覚であり、それに対する動機は安楽になりたいとする欲望である。特に何も考えていないときには、ひとは空腹感や眠気などの苦痛に反応して行動する。頭は、過去の経験を回想してその原因を検討し、その苦痛が早く完全に消え去る手段を見つけようとするであろうし、別の危険があるときには、逆にその姿勢をとることをやめさせようとするだろう。

他方、体には快楽を求める行動もある。おいしいものがあれば空腹でなくても口にしようとするし、よい香りのするものには近づいていくし、気持のよい音には耳を澄ますし、走って感じる風を身に受けようとして走ってみたりもすることだろう。体には、たとえそれが体の衰弱を招こうとも、かつて気持のよかった経験を反復しようとする傾向がある。それに加えて、頭は快楽の源泉を推測し、繰り返すたびに減じていく快楽を増大させようとして、強迫的反復に陥るかもしれない。

概して病気になっても休んでいれば体が恢復するところから、体の欲望が身体の健康維持という目的をもっているように錯覚されるが、さまざまな感覚、さまざまな器官はしばしば対立するし、健康に役立つことをのみ快楽とするわけではない。頭では健康を損なうと分かっているにもかかわらず、体に発する「やめられない」とか「嫌なものは嫌」とする行動にも、いわば権利はある。日常会話でもしばしば頭と体が「ちぐはぐになる」とか、「対立する」といういい方をするが、それもあながち見当違いではないわけである。哲学は、この経験を、古来どのように理解してきたのであろうか。

意志

プラトンは魂＝こころを欲望と意志と理性の三つの部分からなると考え、それを二頭立ての馬車に喩えた（『パイドロス』）。指示通りに進む立派な馬である意志と、醜く指示通りに動かない馬である欲望と、それに御者である理性とである。人間は、理性の立場にあって、これら二頭の馬を上手に制御して進むべきであるという。駆動力としてはおなじものである意志と欲望の差異は、前者が目的に向かって迷わず進むのに対して、後者は気紛れに進むところにある。

ここで、意志はいわば目的地に固定された綱をつかんで引き寄せるようなものであるのに対し、欲望はいわば背中を押されるままにふらふらとどこへでもいってしまうようなものであると考えるとよいであろう。とはいえ、よくないとされる目的であれば、意志も欲望と同様の結果をもたらすのではないか。たとえば、万引きをするという目的をしっかり果たす意志は、その商品を何としても手に入れたい欲望とどこまで異なるのか。*

＊クレプトマニア＝窃盗症はまさに意志と欲望の区別がつかない症状である。商品への欲望を抑えるべき意志が、窃盗という目的に向かう。状況のなかでおのずから行動が引き出されるという経験を重視するひとは、それを意志とは異なった行動様式として示すわけだが、むしろみずから決定して行動するといった意志の方を特殊で曖昧な経験であるとするべきではないだろうか。

たとえば意志を示すものとして、勇気の徳が挙げられる。アリストテレスは、勝てそうにない敵に立ち向かうことを暴勇と呼び、それは臆病の対極にあるのだが、真の勇気は勝つための行動を理性をもって決めるところにあると述べている（『ニコマコス倫理学』）。だが、なぜひとは勝たなければならないのか。勝つことがよい場合もあれば悪い場合もある。家族や仲間を守るという理由なしに、戦うのが好きだから戦うというのは勇気なのだろうか。戦って傷ついたり死んだりする危険を冒すことへの嗜虐ないし自虐もあるのではないか。それらは欲望と区別できない。＊

＊『知覚の現象学』でメルロ＝ポンティが述べていることだが、拷問されて耐え抜くというのが意志の強さを示しているように見えても、もし守るべき秘密がなければどうであろう。そこにも家族や仲間を守るとか、愛国心といった理由が必要である。あるいは、耐え抜く自分を誇りとする自己陶酔であれば欲望である。それゆえ、意志と呼ばれるのものは徳という個人的な性格のひとつなのではない。

そもそもわが国では、意志という概念が理解されてこなかった。それを「意思」という表記に置き換え、「頭で思ったこと」程度の意味で使用してきた。意思とは、何らかの「意図」ないし「つもり」があるということであり、意志のようにみずから進んで善を行おうとする意図は、「意欲」とか「やる気」と呼んで、「目的を忘れないこと」、ないし「自分の気持に従うこと」を指してきたように思われる。＊

＊「やる気」について考察する認知心理学もあるが、それは事例を列挙するだけで、せいぜい「課題解決動機」のような熟語に置き換えてその定義をする。最終的には脳のメカニズムに原因を求めればよいとしているからであろうが、自然現象ではなく、どうやってやる気を出すかといった実践論的問題でもあるのだから、それが

その意識にとって何のことかを論じる必要があるはずである。

他方、被介護者や被後見人に対する「意思決定支援」という理念が西欧からもたらされ、与えられた環境における最も合理的な判断をかれらに求めて忍耐強く対話することが要請されている。しかしそれは、もとより合理的判断のできない人々を苛つかせるだけだといえなくもない。わが国でもそれに取り組まれているが、その内実は、関係者が集まって曖昧な本人の態度からいくつかのストーリーを作成して選択し、本人も喜んでいるという結果をもたらそうとするものになる。意思という名目で情を慮っているわけである。その結果として特定のわがままなひとのいいなりになり、誠実なひとが放置されがちになるということもある。むしろ、家族が「子どもや孫にお金を使うのを厭わないひとだった」などといいながら認知症のひとの「意思」を捏造し、財産を食いつぶして経済的虐待をするようなこともあるからこそ、後見人という制度が必要なわけである。

なるほど、行動のなかには目的をしっかり見据えたものもあれば、気分や雰囲気で推進されるだけのものもある。それにしても、だれもが目指すべき絶対的な目的が存在しないかぎり、それらは他の欲望と相対的である。目的は忘れられ、気分は変わる。概して自分が決定した目的を一切変えないということもなく、結果が気持よければそれでいいと考えるひとは多い。西欧のように目的の向こうに神が存在するということでないのであれば、あるいは善と悪とのあいだにきっぱりとした違いがないということなのであれば、それで問題があるというわけでもないであろう。

もし意志と欲望に本質的差異を認めないとすれば、西欧思想における意志とは、禁欲や苦行の欲望、狂信の欲望とみなすこともできる。欲望のうち、理性が悪いとするものを中断し、善いとするものを推進しようとすることを、意志と呼んでいるだけだとはいえないだろうか。*

＊明治期に西欧学問を導入して以来、西欧で語られている諸概念はすべて真であるとみなし、心当たりがない場合にも、『裸の王様』（アンデルセン）の廷臣たちのように、知っているふりをする伝統ができているように思われる。意志の概念は、西欧中世では神の命令に従う精神の働きであったのに対し、ルネサンスにおいて、

自由意志とされた。エラスムスは自由意志を「人間が永遠の救いへと導くような事柄へ自分自身を適応させたり、あるいはそのようなものから身をひるがえしたりしうる」力と定義している（『評論・自由意志』）。しかし、もし意志を一種の欲望とみなすなら、自由意志はいわば頭に由来する自己決定する欲望である。もとより神に従う「奴隷意志」（ルター『奴隷意志について』）が狂信の欲望であったにしても。

体の思考

禁欲や苦行をしようとするひとは、苦痛をみずから欲望するということで生が何であるかを納得しようとしているように見える。しかし、多くのひとは、生のなかに気持ちのよいことを見つけ、嫌いなものを避けて好きなものを集め、気持のよいことが生じやすい生活を構築しようと努めるように見える。

そこには勉強や訓練や作業といった、頭が必要だとして指示するのだが、さしあたっては気持のよくないことも含まれる。それをするのにもまた、意志によるというよりも、体の欲望を何らかのやり方で惹起することによってする。たとえば、予定を考えて「いまのうちに寝ておこう」とするとき、それがうまくいくのは、部屋を暗くして横になるなど、その引鉄《ひきがね》になるような動作を通じて、体の方がいわば協力して睡眠の欲望を生じさせることができた場合である。引鉄とは、褒章としての快楽や不安、惰性や反復の動作である。

メルロ＝ポンティは、意識は決してみずから眠ることはできず、ただ眠っているふりをすることによって身体が眠りにつくのを待つほかはないと述べている（『知覚の現象学』）。眠るのは体であって、意識ではない。意識は意識を失うというそのことを、どうやって意識に命じることができようか。そもそも意識は「私」が作りだしたものではなく、体が発しているものである。発している体がそれをやめれば、ひとは眠ることができるのである。
とはいえ体は、メルロ＝ポンティが論じたような、もうひとつの主体であるとはいい難い。不合理で気まぐれであるように、あるいは頑なで生真面目であるように見える。あたかも別の意志をもつ主体がいて、それと対話したり、騙したりするかのように捉えられるにしても、その場合でも、体は巨大な幼児のようである。「責任を取れ」とか「不合理だろう」とか呼びかけても、知らぬ顔して反応しない。体とのこの漠然とした経験のなかでは、一人ひとり、少しずつ異なった対処法をしか見つけることはできず、毎回異なる反応が生じてきて、それに耐えることしかできないであろう。*

＊わたし自身、病気になったときに出た症状に対して、どんな仕組、どんな論理によって器官の異常がそうした症状を出しているのかについて理論を考えてみたことがあるが、病院で治療したあとで分かった仕組からすると、荒唐無稽としかいいようのない理論だった。病院は身体を外部から対象として捉えて治療法を決めるが、みずからの身体の経験を可能にする理論はそこにあたかも他人がいるかのようであり、他人の発想を推定するときと同様に妄想的にならざるを得ない。これを書いているいまも、執筆はやめてドラマでも見ているようにと、倦怠感や各所の痛みなど体が諸症状をもたらすが、ただ体力のないのにパソコンに向かうことで首に血行障害が生じているだけなのかもしれない。体の仕組と論理は謎の大陸である。
身体が主体ではないということは、身体が原理的に分裂しているということ、身体が統合を目的に活動しているわけではないということである。そのことをふまえるなら、われわれの生はもっと別様に見えてくる。生を教えてくれるのは、むしろ死である。われわれは、生存や生殖や安心や快楽を欲望しているだけではなく、波乱と失敗と破滅と死をも欲望しているともいえる。その意味では、デカルトが述べたように、体とは頭にとってパッション＝情念ないし受難なのである（『情念論』）。とはいえ、かれのしたように、それをそれに対して精神が感じ取ったものの分類や、脳科学のするように脳の機械仕掛けの理論ですますわけにはいかない。

意識は観念の世界で体と無関係に思考し、体が欲望するのではないような種類の行動を試みることもあるが、しかし多くは眠くなったりして失敗に陥る。体がそれに対して抵抗する。さまざまな不調、歯痛や腹痛、不眠や便秘……、そのときの体に可能な諸症状によって、頭がその行動をしないでよいと思考するようになるまで抵抗するかのようである。思考の方とても、そのようにして体調が悪くなればそれを続けることが難しくなり、ましてやもっと悪くなるときには譫妄状態に陥る――そうしたときにこそ、「意志」なるものが精神にありさえすれば、とひとは想像するのではないだろうか。

フィリップ・ソレルスは、それを次のように表現している。

「見かけは静かな諸身体の排出に反抗するのは、いつもおなじひとつの体である。最小の個、分割できない要素が、（自身は）唯一の真のリアリティ、実在物の究極の尖端であると断言する。かれは、諸身体から生まれる生物学的な流出を正当化するどころか、外部からそれを型どり、印づけ、判断し、無化し、忘れる。例外とは、そこに周期的に道徳的スキャンダル、法律的揉めごと、社会的激動（が起こる）芸術と文学の尺度のようなものである。」（『例外の理論』序、括弧は筆者）

思考がどれだけ体の関わる主題からはずれようと、頭もまた身体の一部ではあるのだから、体こそがわれわれの思考の源泉であり続ける。精神にとって真に超越的なものは、神でもなければイデアでもなければ存在でもなく、体である。思考するもしないも、体が思考しようとする状態になってくれなければ、頭だけで決められるものではない。体は意識を与えるが、それは苦痛とともになのであり、本来の思考はこの苦痛をどうやって解消し、あるいは回避するかという「課題解決」のためにある。痛みの意識は体調の報告なのか、体調について思考した結果としての予感なのか、知覚と幻覚の差異と同様に、その区別はつかない。思考とは、体のために何をすべきかと探すことであり、その主題は、体が感じ取っているものをどのような光のもとに見出だすかということである。「例外」とは特異な差異による

「異例なもの」であるが、それを見出だすかぎりにおいて、われわれは、たまさか例外的に観念世界で思考したものに体が協力してくれるような欲望をもつこともできるといった程度のことなのではないだろうか。

3　間身体性の欲望

精神と体

概して思考は孤立してするがゆえに、哲学者は、人々一般において主題になることを、孤立した一人ひとりにおいて起こるように論じてしまう傾向がある。意志という概念もそのひとつであった。

だが、行動はひとりでしてそれ自体で完結するものではない。欲望を中断することも、その体をもつひとが自分の理性や意志でそうすると想定されるのだが、そしてその能力をもって徳があるとされるのだが、「徳」の問題ではない。* 欲望も理性も意志も、孤立した身体における頭と体の関係においてだけで成立するわけではない。多くの行動が他の諸身体との連関のもとにあり、欲望を抑えようとする、その中断の決断も人々のあいだで起こる。そのことについて考えていこう。

＊「徳」という古代的概念を復活させようとする倫理学的立場がある。徳とはひとの有用性、立派さを指す。それは、すべてのひとがそれでないところのものにあるひとがなるべきだという主張であり、それでないところの人々のあいだでそれであることには価値があるという主張である。すべてのひとがすでにそれであるところでは無意味であり、どのひともそれであり得ないところでは無価値である。この主張が孕んでいるのは、凡庸な群集を導くリーダーがどのような人物でなければならないかという教えであり、群集にとってどんな人物が有用かという教えである。この教えを、もしすべてのひとにとってのものとするのであれば、民主主義体制

のもとにおいては無理がある。なるほどエリートは群集から多くの供託を得て名まえのある個人という表象を身につけるのだから、群集に対して適正な分配を施すべきだということにはなるだろう。それは倫理ではなく、政治であるけれども。

ラカンが述べていたように、幼児が「何が欲しいの？」と問われるときに「私は〜を欲望する」と答えることで「私」が形成され、すでに体にあったそれ以外の欲望が抑圧されるようになるというのは、いかにもありそうなことである。そこで、まさに「私」という語を発声する頭が、空腹と排泄と睡眠に関して、泣いて不快を知らせるだけの嬰児の身体の一部であることをやめ、他の数多《あまた》の身体のあいだで生き始める――そのことによって頭は「精神」と呼ばれるものになるわけである。デカルトのように精神をいきなり実体として前提したり、フロイトのように、「私」*に苦しむ人物の意識の、抑圧された欲望の引き起こす複雑な過程として分析したりするよりは、単に他の諸身体がさまざまにわたしの体の欲望を生む現象に対する意識において理解すべきなのではないだろうか。

＊主語としての「私」は神経症の症状である。ともに遊び戯れている幼児たちには存在しない。ひとは、死において消滅するものとしての「私」を意識するとき、「私」を構成してきた生い立ちや環境、これまでの「私」の傾向性を作ってきた意識の固有の流れについて、思考することを忘れて堂々巡りの回想をしてしまい、それを補強するアリアドネの迷宮のような理論を読み解いて思考の代わりにしようとする。思考するとは「私」を超えていくことである。「私」という神経症は、いわばジャンプするときに踏み台の具合にこだわってジャンプできない状態に似ている。

これまで論じてきたところによると、頭とは、数多の身体の頭部の鏡像として、仮想された自分の身体において分離した部分であるということだった。体について思考するとしても、体自体は数多の身体のひとつとして仮想された自分の身体の部分でしかない。酒の強さなど、自分の体の固有性によって欲望も異なるとはいえ、それは大なり小なり身体一般に共通する欲望である。他方、頭が発する言葉の拓く観念の世界は、他人に通じてはじめて成りたつという言語のあり方からして、最初から数多の身体一般にとっての世界である——頭のなかで渦巻いている無数の思考のどれがわたしの真にオリジナルな思考なのか。こうした二つの一般性が、それぞれ部分であるものとしての頭と体の差異において、仮想された自分の身体の経験のなかで出会っているというわけなのである。

社会と身体

観念の世界において展開される思考は、一方では自分の体の欲望を満たす手段を他の諸身体のあいだに探し求め、他方では他の諸身体のあいだで表象される自分の身体を作りあげようとする。ダイエットするときの「太るか痩せるか」ひとつを取ってみても、* その欲望は、まさに他の身体と自分の身体を比較することから生じるのだが、他の身体のあいだで形成されている自分への食料配分システムや、ルッキズムなどの倫理的な圧力があることを忘れてはならない。欲望を中断するか推進するかを自分で決めるという方が例外的であって、それぞれの行動が相互の欲望を支えあったり、規制しあったりしているのである。

＊「ルッキズム＝見かけによる差別」という語があるが、それは二〇世紀後半、太った人々がそのことによって社会的な差別をされているとの告発から始まったという説がある。当時は、太るということが体を管理する能力の欠如を反映しており、仕事や人間関係においてもだらしないに違いないと判断される傾向があった。太るか痩せるかということは体質や環境の違いもあって、必ずしもそうした能力と比例するものではないが、その他の見かけも含めて今日ルッキズムはいよいよ激しくなっている。もとよりハンセン病など、事故や病気で異例の見かけになったひとへの差別はあって、これが不当であることは多くのひとが認める。しかし、相対的

な範囲での美醜が、人事や業績や対人関係において有利不利を生むということを禁止しようとするのは、いわばひとのこころのなかを覗き込んで罰するようなところがある。だれしも、どんなものにも好き嫌いはあり、美醜とはそれが統計的に重なる傾向があるということである。「見かけの美しさよりも内面の美しさ」という標語も神話に過ぎない。内面は見えず、言動や仕草など見える立居振舞、語られる言葉から想定されるのが内面なるものなのであるから、言動や仕草の差別に過ぎない。むしろ、太るひとの、スナック菓子やファストフードやスイーツを食べ続ける「内面」こそが問題にされているのかもしれない。見かけの好き嫌いよりも生活スタイルの好き嫌いによって忌避されているわけである。他方、社会的に活躍しているひとの見かけが新しい美の基準になっていくこともある。言語と同様に、美醜にも通時的な構造の変化がある。ルッキズムに問題があるとすれば、外見はそもそもダイナミックな多様な側面から成りたっているのに、静止画のような形態ばかりが重視されるということであろうか。とはいえ、こうした形態中心主義によってこそ成りたつ産業も多い。

なるほど欲望に集中して、何も思考する必要のない状況もあるが、それを無意識というまでもない。それでも人々の頭には、不安や希望の情動とともに社会から到来する観念と、自分の体から湧出する不快やときめきの情念とが交錯し続ける。だれにとってであるか曖昧な「爽やかな天気」としてでもあれば、「雨に降られる」といった、だれのせいでもないものとしてでもある。* 少し鼻がむずむずするから、「欠勤しなくていいように薬を飲んで早く寝よう」といった、すぐに忘れてしまうようなもの。風邪をひきたくない欲望は職場で他の人々との仕事をそつがなく分担する諸身体のひとつである欲望と裏腹なのである。

*日本語においては、そのような状況そのものが主体であるような表現の方が、主語と目的語がある表現よりも先立っており、連歌や俳句のような文学作品が評価されてきたように思われる。さらに「子どもに死なれる」といったような表現は、死が子どもに属するわけでもなく、悲しみが親に属するわけでもなく、生の根源的な不条理を表現しているように思われる。

そもそも思考が生じてくるのは、諸身体の活動が必ずしもつねに調和的ではないからである。ひとそれぞれの状況があって、互いの欲望を調整できなかったり、敵対的になったりする。そのようなとき、概して共感が大事であるなどといわれるのだが、そのようにいうひとは、共感をすることができる理由については考えていない。「共感力」なるものが、ひいてはそれを惹き起こす意志が精神にあるとすることによって、なぜそうした感情が湧いてくることができるのかを謎にしてしまっている。そのような能力が想定されるのは、それぞれの体が孤立して自分の言動を決定し、他の身体については頭でしか理解していないと前提されるからであって、その推論によって理解したり、和解できなかったものがあると考えられるからである。だが、自分の身体とおなじであると推定しただけで、一度も経験したことのない他人の身体の経験に、どうやって共感することができるのであろうか。* 「共感せよ」と訴えるひとは、自分に関わりのない出来事にあえて巻き込まれることをするという大変な要求をしていることになるのである。

＊共感という精神の作業はある。特定の他人の置かれた状況を推定して想像し、そこで感じたものをどう判断するかについて推論することである。それを、パッション＝受難のような危機的な状況に対して同様な反応をすることや、アフェクト＝情動のような身体がおのずから被る動作の伝染とは区別しなければならない。共感という概念が前提しているのは表象を通じて他の身体との同一性を把握する作業であるが、受難や情動は何らかの同一の力が群れの分子に同様に働く効果によるものである。

そもそも脳科学のいうように共感がミラーニューロンの働きによるものならば間違いがあるはずはないが、実際は見当違いの共感がしばしば起こる。ミラーニューロンが現実の人間関係においてどう働くかを実証しないかぎり、そのような説は脳についての空想に過ぎない。実際、感性も発想も違うひとへの共感は、全人生を共にしないかぎり、どこまでいってもそのひとの思い入れでしかないことが多い。その相手は、まさにそうした思い入れを持ち込もうとする態度に対しては、「共感」するであろうけれども……。

共感が倫理学的な主題となってきたのは、事実上、他のひとの置かれた状況に無関心なひとがいるからである。しかし、そうしたひとに言葉で説明し、頭で理解させることはできても、共感ができるようにすることができるわけがない。そのようなひとはいずれにせよ一定数は存在するし、そこには無理もない事情がある場合もあって、そうしたひとたちが起こすトラブルに対しては別のことを考えるべきであろう。逆に、おのずから他のひとの置かれた状況を感じ取るひとにとっては、そうした倫理学は余計なお世話に過ぎない。道徳を唱えるひとは、それを聞いて立派に生きようと思うひとが、それを聞かなくてもそうしてきたということを忘れている。立派に生きようという気がないひとにいくら道徳を訴えても聞く耳をもたないとしたら、道徳を優先する社会はいよいよ不公平なものになるであろう。おなじ状況を生きていないひとは相互に共感ができない。宗教によっておなじ状況に引き込むか、政治によって義務を課するか、あるいは今日のようにＡＳＤのような病名をつけて「特別扱い」するか、なのであろう。

共感ではなく人間《じんかん》

もとより、共感という特別な精神の働きは不要であり、放っておいても他の諸身体と自分の体は、状況次第でおなじことを感じ取ることができる。高いところに立っているひとを見るだけで体がくらくらしてくるようにして、同じ状況に置かれた人々のあいだでは、あくびが移ったり、揃って脚を組み替えたりする現象が見られる。くすぐられて笑ってしまったりするように、あるいはまた祭りの太鼓の音が遠くからしてきただけで浮き足立ってしまったりするように、どの身体もおなじ状況のもとで同時に変調するものなのである。

そしてまた、妻の出産で夫が苦痛を感じるという擬娩《ぎべん》のようにして、身体相互の空間的距離を越えて、恐怖や症状が同時発生することもある。いわば「共苦＝パトス」である。テレパシーのように感じられるものだが、それは個々の身体のもつ第六感のようなものではなく、すでに人間《じんかん》、個々の身体は間身体性の空間のもとにあって*身体なのである。これを、共感という個体としての身体の精神作用と混同すべきではないであろう。

＊和辻哲郎が『人間の学としての倫理学』という書物を著したが、その「人間」とはジンカンのことである。近代西欧の人間範型としての「ヒューマン」のことではない。存在者ではなく間＝魔であるようなもの、現代の日本語ではニンゲンと呼び、それで「人」を指すが、「私」の意識の経験として、その内容をも含んでジンカンとはどのようなものかを述べなければならない。荘子が主題にしたような、「ひととひとのあいだ」であり（『荘子』）、信長が踊った舞の「人間《じんかん》五十年」もそれである。われわれが産まれてくるのは、空間や時間においてではなく、人間のなかに、諸身体のあいだにである。それゆえ、デカルトがしたように、物質＝延長が実体でありかつ精神が実体であるとはできない。もし物質こそが実体なら、脳科学のいうように精神はその効果に過ぎないし、もし精神こそが実体なら、物質とは精神の対象の条件を空間に表象したものに過ぎない。そもそも、実体という概念自体、それが究極の前提を構成すると考えられていることに問題がある。脳という概念は操作的概念、すなわち手術したり薬を処方したりする際の見取り図のようなものに過ぎないのに、脳科学では、単なる細胞の生理学的集合体を超えた実在とみなされる。

プラトンによる「洞窟の比喩」では、全員が世界という影絵に向かって座っており、哲学者以外は振り返ってその影絵を作る光を見ないということであったが（『国家』）、現実の世界では、いたるところに他の諸身体が見える。人々は全員が相互に見渡せる会場にいて、それぞれが眼から光を発してそれが映しだす影を反対側の壁に映しだし、自分もまたそれらに光をあてて諸身体とそれが作るもろもろの影を捉えている。無数の光と影は錯綜して、かえって光景が捉えられ難くなってしまうほどであるが、それだけに自分の光が作る影も孤立したものとしては捉え難い。もしコギト＝「私」は考える、あえてそれをしようとすると、他の身体の光と影が一様な靄で覆われてしまい、ドッペルゲンガーのようにして、この世のものとは思えない神のごとき巨大な立像を幻視することになるだろう。そして「ドン・キホーテ」（セルバンティス）のように、その自分自身の作る影に立ち向かっていくことになってしまうだろう。

4　性衝動と性欲

性とは何か

間身体性とは、諸身体のあいだにそのひとつとしての、諸身体との交錯においてしか自分の体がないということである。[*] なかでも、性衝動ほど、欲望が単体としての体にあるのではなく、諸身体のあいだで生じるということを示す現象はない。欲望の源泉が自分の体にあるように理性に表象されるとしても、しかし他の身体のまえでのみ成りたつものであることを忘れるわけにはいかない。自慰行為は可能であるにせよ、それはむしろ頭と体の差異、つまり身体の本性的な分裂によるものであって、理性はただ、その体が他の諸身体の写しでしかないという理由から身体一般の欲望を引き受けるのである。諸身体と仮想の自己の身体の差異は、普段は隠されているものの、性においては否応なく現象する。

＊音楽がその典型であり、たとえひとりでイヤホンで聴いているにしても、音楽が身体一般を揺さぶる経験を身体を代表して聴いているのであり、それはライブにおけるように多くの身体とともに体を揺さぶりながら聴くことと相対的である。音楽は人々が同時に遭遇する出来事の緊張と弛緩のリズムを、高低強弱の多様な音質の音の交替で表現する。人々は不安や歓喜のような情動がなぜ伝染するかと訝るが、逆である。むしろ情動は身体一般をまず支配しており、どの身体にまず発生しようと、音叉のようにして触発しあうのであって、イヤホンのような自分の固有の身体を切りだす経験を作為しなければ、個人的感情のようなものは出現しない。

離島において裸体で過ごし、水や食料を自給して暮らすひともいるが、ロビンソン・クルーソーのように、衣服を自作して着用し、当時の産業ブルジョワジーの倫理に基づいた生活を送ろうとするひともいる。ひとが衣服を纏うのは、体を保護したり容姿を飾るためばかりではなく、自分の体をあえて隠してプライバシーを創出するためでもある。*体を隠して頭だけを曝し、顔に注目を集めるのは何と色っぽいことであろうか。その結果、その倒錯として露出症になったり、他人の裸体を見たいという欲望が生じ、繁殖とは異なった「性欲」の経験が人類に与えられる。性欲は、分裂して向き直った頭に抵抗し、それを同化するないし切り離す、そうした体の欲望なのではないだろうか。

＊犯罪の証拠や自分の所有物を隠すのは、逮捕されないため、窃盗されないための合理的理由であるが、しばしばひとがそれに失敗するのは、単に隠すだけでなく、見つからないように気を使うからである。というのも、アルフレッド・ヒチコック監督の映画『ロープ』で見事に描かれたように、他のひとが秘密があることを知るのは、見つからないようにするための仕草や振舞を知覚するからである。そこから逆に、秘密にする必要のないものを隠すなら、人々は隠されたものを暴こうとする動機をもつようになり、それがあたかも真理を与えるかのようなものに化す（ドゥルーズとガタリ『千のプラトー』第十章）。人間の裸体もそのひとつであり、似たような身体であるにもかかわらず、それを隠し、暴こうとする関わりが生じる。

性についてのわれわれの知識は、生物に関する知識でしかない。有性生殖をする生物たちは性衝動をもつに違いなく、人間の性衝動もその延長であるに違いない。*そして他の生物たちの性衝動は、人間社会における性衝動よりもずっと簡便で容易であるように見える。しかし、人類の性衝動は、他の生物たちとは異なって、第二次性徴が出現する思春期以降、発情期というものなしに起こり、また逆に、状況や環境に応じて起こらなくなることもあって、頭にとっての重大なテーマとなる。それはなぜか。

＊進化と遺伝の関係をはじめて論じたモーペルチュイは、分裂するアメーバも、分裂その瞬間には快感を得るだろうと論じている（『肉体のヴィーナス』）。

性衝動は、体の欲望としては、なるほど情念＝パッション、受動的な経験である。性欲をエネルギーのように捉える人々は、人間が動物に戻って本能に従うなどとみなして、ダムに溜まる水量のような比喩で性衝動を説明しようとする。一定間隔ごとに放出しなければダムが決壊するように、男性は不合理な行動、暴力的な行動に走っても仕方ないとするわけである。＊ かつて多くの文化において、そうした種類の擬似論理が女性を抑圧してきた。お歯黒やベールによって女性の性的特徴を無効化しようとした文化もある。

＊それは反社会的に、ないし相手の意思を無視して、性衝動を開放したいひとにとっての擬似生物学的説明に過ぎない。男性は発情期でないときのようにも行動することができるし、射精のない女性にとっては理解し難い比喩であろう。

他方、性衝動抜きには子孫は産まれてこないところから、人々はそれをただ禁止するのではなく、社会秩序の形成に活用してきた。＊ 性衝動という、体から発し、ときには病気のように身体を変調させる得体の知れない行動の動機は、他の生物の交尾とは別のもの、「性欲」へと捉えなおされ、その結果として、われわれは、性については学ばなければならなくなり、しかも正しい性交渉と不正な性交渉を区別しなければならなくなった。

＊今日では、女性を家内奴隷の地位に縛りつけたり、男性をATMのような機械にしてしまったりしかねない核家族的な家族制度がある。さらには、ポルノグラフィーの世界へと生きた女性を巻き込もうとする男性や、組織のなかで女性をペットやメイドのように扱おうとする男性がいたり、性的魅力を活用して男性を破滅させる女性がいたり、面倒な仕事や危険な仕事をすべて男性に回そうとする女性がいたりもする。

ジェンダーと人間

今日では、性のあり方＝セクシャリティはすべて文化によって構築されているという主張もある。ジユディス・バトラーは、社会的行動様式であるジェンダーばかりでなく、性の生物学、生理学も、西欧近代文明の所産であるという（『ジェンダー・トラブル』）。男性と女性は人類という同一種の、遺伝子の異なる二つのタイプであって、進化の過程によって、他の生物と同様に、その交尾によって子孫が生まれてくるようになっているという理論は、「異性愛主義」*によって捏造された根拠だというのである。

＊異性愛が主義として思想的に選択可能なものであるという表現であるが、それは同性愛を否定すべきではないという程度の意味であろうか。家族のなかでの男女の関わりについて経験し、他方でポルノグラフィーやロマンスに準じた情報や商品が溢れるなかで、ひとは体の第二次性徴以降の変調を異性愛に結びつけていくわけである。

こうした主張をする「構築主義」とは、文化的なものには普遍性はなく、社会によって形成されたとする立場である。性や人種といった自然的なものによって文化的なものが根拠づけられてきたことへの批判であるが、さらには、文化の自然に対する独立性ばかりでなく、バトラーは、自然の捉え方自体も文化によるとする。しかしながら、それらの主張には、その思想自体は普遍的であるという主張が含まれる。自然という名目で正当化される現代のイデオロギーを超えようとする視点は重要であるが、それは別の普遍性、各文化を超えた普遍的文化としての「文明」に回帰することによってであるべきではないであろう。

なるほど子ども時代には、あえて性器の形態をチェックしないかぎり、男性と女性の体にたいした区別はない。しかしその後、一般的には、思春期になると第二次性徴が発現する。これは、男性にとっても女性にとっても一大事件である。かれらには、その事件を通じて文化的に構築されているジェンダーを受け容れるかどうかの試練が与えられる。

それにしても、第二次性徴それ自体は、文化的に構築されているわけではない。女性にとっては胸が膨らみ、初潮がある。出血は危険なものと教えられてきたひとにとって、いやおうなく不安なことであろう。同様に、男性にとっては精通、すなわちはじめての勃起や射精が起こる。それが何かを学んでいない子どもにとっては、自分の身体に起こった異常事態である。これに対し、前近代においてはイニシエーション＝通過儀礼が準備されていて、それによってこうした体の異常事態の受容が推進され、子どもたちはただちにおとなの世界へと導入された。そこで若者たちにとっての謎は消えるであろうが、それは自然や社会についてのより大きな謎へと導入されることによってであった。

他方、近代以降は、性は個人の問題に解消されてしまう。自然や社会の知識については開かれているが、性についての謎は自分で解明しなければならない。しかも、みずからを人格をもった主体として捉え、身体を精神が制御するべきだとか、男女は平等に遇せられるべきだとか理解されるようになるにつれ、各人にとって性に関する問題の解決は余計に困難になる。

とりわけ核家族という神話によって、女性が性的魅力ないし出産能力という資本だけで評価され、それ以外の能力を行使することが禁じられる社会体制を多くの男性が支持してきた。男性はいつでもどこでも男性であり、女性はいつでもどこでも女性であるとされてきたが、しかしいまは、それは性衝動を媒介するような場合に限定され、無性の人間として周囲の人々を遇する社会的態度が期待されるようになっている。今日、ひとが人間であることは、そのまま男性か女性かであるのではなく、その分裂、男性対人間、女性対人間の分裂を生きるということになりつつある。*

＊現代の女性は、人格および性的対象としてのダブルバインド（ベイトソン）に陥っている。性依存症のようにして次々と男性と関わる女性は、「体目当て」の男性の性的対象であることと自分が人格であることの区別がついていないといわれたりするが、それは精神と身体を区別する西欧近代的なエピステーメーに由来する。「私」とは自分の身体のことであるならば、女性にとってそれで自我が確認できるのももっともなわけである。

しかしながら、性衝動は体に発する欲望でもなければ、解放されるべきジェンダーの欲望でもない。

身体から論じるべきか精神から論じるべきかは、不毛な論争である。それは他の身体の知覚、異性の身体との遭遇において触発される情動、それを通じて起動される体の活動なのである。重要なことは、身体であれ精神であれ、男性と女性を人間における多様性とみなして、男性と人間、女性と人間とを統合してしまうことではない。人間であることが決してひとの最も崇高なあり方なのではない。真に重要なことは、性衝動をきっかけにして見出だされる男性と女性のあいだの特異な差異を認め、個々のパートナーから数多の関係のひとつをそれぞれに創出するということではないだろうか。

5 歳をとる

年齢

性欲は、自分の体に発しているように見えながら他の身体に由来する欲望であることを典型的に示すものであるが、年齢に応じた行動もまた、そうしたタイプの欲望に属している。否応ない体の要求として、性が限りなく瞬間に近いのに対し、齢は限りなく永遠に近い点が異なっているが。

人々の身体が出会うのは、それぞれの年齢をもった身体である。おなじひとつの人格として出会っているように想定されながらも、それぞれが経てきた時間が異なっている。他の諸身体を知らなければ、ひとは自分が歳をとるということを知ることはできないだろう。野生の社会など、成年期における年齢の差を気にしない文化はあるが、それでも相互の年齢の差に応じて行動し、それら諸身体のあいだの体の時間として、ひとはみずからの生＝人生について思考しないではない。

とはいえ、人生はものさしの目盛で測るようにしてときが経っていく過程ではない。「人生とは何か」

という抽象的な問いは、その都度の年齢の自分の置かれた状況に応じて、その状況を表現するものとしてしか答えることができない。他の諸身体の年齢と対照しつつ真に人生の全体が見えるのは、他の年齢の時期を経てきた老年期においてであろうが、それでもなお、そのとき自分が老人であるという意識をもつのは難しい。*

＊病気や事故によって身体の機能が衰えていることが実感されるとき、それが老人である自覚に繋がる場合があるが、多くのひとがただそれを相対的な劣化としかみなしていないように思われる。そこから「若さの維持」のための機能強化の虚しい努力が始まる。村瀬孝生は、そうした身体の衰えがむしろ社会で与えられてきた概念的なものからの自由を与えると述べている（『シンクロと自由』）。老人は、必ずしも死の近づいたひとというわけではない。百歳まで生きるとすれば、おとなとして生きてきた四十年とおなじくらいの長さ、老年期の四十年がある。老人になるまえに、事故や病気や自殺で死ぬ可能性があるのだから、老人の方が必ず死に近いというわけではない。そこには、おとなと同様の貧困や障害や孤立があるが、ただその割合が大きいのである。

今日の老人は、おとなとして社会において獲得してきた居場所から排除され、なおかつあらたな居場所が見つかりにくいという状況にあるが、それを受け容れないということを老人と呼ぶこともあるし、逆にそれを受け容れているということを老人とも呼ぶ。老人の意味は、両義的である。*老人であるとは、どのようなことであろうか。

＊野生の社会においても、身体の大きさの違いから子どもとおとなは区別されていたであろうが、年齢が意識されず、多くが早死にするその社会では、老人であることは珍しいことだったに違いない。老人はそれだけ多くの経験を積んで、知恵をもつひととして認められていたかもしれないし、あるいは『楢山節考』（深沢七郎）にあるように、子どもたちの負担になることを怖れて自死を選んだりしたかもしれない。しかし、近代医療の進歩により、多くのひとの身体が八〇歳まで、また百歳まで生き延びるようになったとき、老人であることの意味は変化した。生物界では、歳をとり能力の落ちた個体が死んで、つぎの世代が生き延びやすくなるという仕組があるが、人間社会では老人を死なせるわけにもいかず、近代において子どもとおとなの間に青春期が発

生したようにして、社会の都合で、成年期のあとに老年期が出現したともいえるだろう。「歳をとった」とはどのようなことか。社会で受け容れられる能力を身につけ、与えられた課題をこなして、富や名声を得るというおとなのプロセスはもはやない。前近代の長老たちのように、若者を支配する制度もない。ただ生き延びていくことを、おとなのときの諸価値を忘れて、どのようにして受け容れようか。

子どもとおとなと老人

ひとの一生は、産まれて以来、刻一刻と歳をとることであり、幼児はやがておとなになり、おとなはいつしか老人になる。* 幼年期は第二次性徴の発現によって終わり、成年期となってしばらくたってから老年期が訪れる。これは体が呈示する否応ない生の遷移であるが、頭はその全体としての人生をそれぞれの時期において、その時期に拘束されてしか捉えることができない。

*幼児にとっておとなの身体は巨大であり、周辺に出没するおとなの身体に自分との同一性を見出だすのは難しい。幼児は周囲のおとなの支えをいかに獲得するかという生き方を身につけようと努め、成人期になってはじめて、社会のなかでの自分の身体の居場所を求めるようになる。そのとき、「もはや子どもではない」ということの意味は、支えの必要な生き方を克服し、自分で自分を支えようとする意識のもとにあることだが、全面的にそのようなことができるわけがなく、幼年期の延長のような態度がいつでも噴き出そうとして身構えている。とはいえ、自分がそれでないところの幼児期の経験を記憶はしているが、それはもはやおとなの身体になったうえで解釈しているだけで、それは単なる「身勝手なおとな」でしかない。

それゆえ、子どもにとってのおとなの関係と、おとなにとっての子どもの関係は非対称的である。子どもはおとなを知らないのだから、勝手にそれに理想や嫌悪を見出だして、早くおとなになろうとしておとなのふりをしたり、逆におとなになるのを拒否したりする。他方、おとなは子どもに自分の子ども時代の記憶を勝手に重ねあわせて、幸福や惨めさを見出だし、子どものように振舞ったり、自分に出現する子どものような振舞を克服しようとしたりする。いろんなおとなたちがいて、当時の自分を幸福にしたり惨めにしたりしてきたが、そんなおとなのひとりとして、理想的なおとなを演じたり、残酷なおとなを演じたりもする。

おとなが、子どもであることがどういうことかを知っていると思い込んでいるがゆえに、おとなと子どものコミュニケーションはいつもちぐはぐである。子どもとおとなの差異は、その関係の非対称性のために乗り越えられることがない。子どもはおとなになってようやくおとなのかつての態度を理解するかもしれないが、ときはすでに遅い。

それについては、おとな＝青壮年者と老人の関係も同様である。おとなにとって老人は、使い古された襤褸《ぼろ》のようなものか、悠々自適の人生の上がりであるのか、いずれにも見える。少なくとも、もはやあくせくと自分の地位や身分や収入の高みを目指すことはなくなっている。とはいえ、老人から見ると、おとなはつまらないことに誇りを抱く誤った満足のうちにいるか、何をしてもうまくいかず愚痴ばかりをこぼしているかのいずれかである。自分の若い日のなかに、不必要なあせりや見栄、あるいはなすべき努力や観点が欠けていたのを見るからであるが、それがおとなには見えていない。* それで、おとなと老人のコミュニケーションはいつもちぐはぐなのである。

＊六〇歳の老人は、子どもの二十年とおとなの四十年を知っている。子どもからおとなになることを、おとなが自分の子ども時代を振り返るのとは違って、突き放して見ることができる。とはいえ、老人の、すでに過去になった幼年期と成年期の記憶は改竄されている。なにより、そのそれぞれの時期の活き活きとした感覚の諸経験は、過ぎ去ってからは、もはや体験できない。

もし身近なひとが老人になったことに反発を感じる若者がいるとすれば、そのわけは相手が老人になると自分がおとなであることを受け容れざるを得ないということ、叱られたり教えられたりしながらサポートされるという立場がもはやないということに気づくからであろう。それでもなお、老人は若いひとたちを説得することはできない。それに説得されるのはすでに老人になったひとでしかないのだからである。若者は、それを老人になってから理解することができるかもしれないが、ときはすでに遅いのである。*

*死者はもはや歳をとることなく、死んだ年齢に永遠にとどまる。生けるものはその死者とこころのなかで対話し続け、もし相手が年少であれば少しずつ遠ざかりながら、相手が年長であれば、少しずつ相手の歳に近づき、やがてそれを追い越す。変わらないはずの相手は、しかし自分の年齢によって違った答えを指し示すようになるだろう。

「とき」とは何か

ところで、歳をとるにつれ、ひとは「とき」について考えるようになる。残された時間、経ってきた時間——老いとはそうした人生の時間について熟考する時期であるともいえる。*

*よい生活がどのようなものかを最初からひとは知っているわけではないが、幼児は寝返りを打ち、はいはいし、立ち上がり、歩き始める。そのようにして空間が拡張され、時間が精密になり、多様な快楽とその手段を知る。刺激に満ちた快楽と、その休止のあいだの静穏な快楽のために、能力は最大限強化されるべきだということになる。それを得るためには死ぬほどの危険を冒さなければならないにしても、ひとは盲目的に生活をよくしようと思考する。その目的のために思考するのは、それ自身奴隷的なことではないかと、思考自身は気づかない。なぜなら、思考もまた生活をよりよくする能力のひとつであり、強化されるべきものなのだから。
とはいえ、よりよい生活のために邁進する生活のなかで、ひとはしばしば挫折する。その目論見がはずれ、打ちしおれ、崩れ落ちる。それを他人に対しては敗北と捉え、社会に対しては不公正と捉え、世界に対しては

不条理と捉える。お金を得てお金の使い道が分からなくなるとか、権力を得てだれからも追従されるなかで孤独になるとか、名声を得てだれからも陰口を聞かれるようになるとか。そう、人生の始めには常勝だったのに、いつのまにか敗戦に次ぐ敗戦。みじめな自分を見出だして、最低限の生活に甘んじもする。撤退戦、最小限の勝利の陣地に閉じ籠もる。不運というばかりではない。優れた体力や、勝負する際に有用な才能と思考、それがひとりでに成長するものではないがゆえに、おのずから限界が来てしまったというわけなのだ。思考はいつもうまく働くものではない。

そこからである。哲学的思考は向きを変える。予想や対策の多様な説を取り上げて、その最も真らしいものを発見するのではなく、予想や対策の前提になっているものへと向かうのだ。なぜ思考はそんなことをしようとするのか、しなければならないのか。思考は、人生を理解したいという欲望に目を向けるかもしれない。どうしてこういうことになってしまったのか知りたいと思うかもしれない。思考自身を対象とし、思考のプロセスを捉えて、予想や対策の前提する盲目の推進力を理解したいと思うのだ。

哲学的思考はよりよい生活を目指すわけではない。プロティノスのいうように（『エネアデス』）、哲学的思考は、最終的には超越者である一者に出会ってエクスタシーにいたるわけでもない。だが、思考はようやくもろもろの雑念に振り回されない、おのれ本来の活動に安んじることができる。カネッティは「何の目的もなく学ぶということほど素晴らしい無益さはない」（『蝿の苦しみ』）と述べている。そのとき人生はもはや、敗北でも不公正でも不条理でもないのである。

死よりも重く、絶えず生活に圧力をかけてくるのは老いである。生まれた直後から、ひとは老い始める。それは密かに進行し、いつのまにか重すぎて身動きのとれない生活のなかにひとを閉じ籠めるにいたる。成長や発展や飛躍といった人生の過程も、いずれは老いのなかに埋もれていく。それが時間が経つということだ。時間が経って経験が増えることは、ひとが賢くなるにはよいことだが、その分、どうしようもないことに対する諦めのような気分がもたらされる。死は忘れられないにしても、暢気な生活とは、この老いることを忘れた生活である。*

＊なるほど人生はそれだけではすまず、否応なく死において終焉する。人々は暢気な生活を送る一方で、死を避けるために絶えず気遣いし、あるいは逆に、死を賭して何かを目指してきた。死が人生を規定する。死に抗うかのようにして、真や善や美といった価値のために人生を賭けた人々もいるが、しかし、それらの諸価値は、ただ暢気な人々の生活を豊かにするためだけのものでしかないように見える。

時間性

では、時間とは何か。中世修道院で発明された近代の定時法的時間観によって、ひとは数直線上を移動する点を想起するようになったが、これはひとつの倫理である。すなわち、過去から現在までの道のりを振り返り、未来の点をふまえて現在の行動を決めるべきとする場合の時間の捉え方である。

しかし、ときは、実際にはそのようには経たない。過去と現在は根本的に異なっていて比較を絶している。ましてや、現在と、いまはまだ存在しない未来とは、比較のしようがない。ひとが比較しているのは、ベルクソンのいうように（『時間と自由』）、より遠い過去とより近い過去でしかないが、それすらも決定的にぼんやりとしている。過去から現在への推移は、なお一層、現在から未来への推移と根本的に異なっていて比較を絶している。＊

＊還暦という語があるが、円を描いて最初の場所に戻って再び出発するとしても、そうした回転運動をしている物体の現象とわれわれの精神の変化とはまったく異なる。それが二度目であるということは、重大な差異であり、それが二度目と気づかないひとは、おなじ円を描くことができないひとでもあるだろう。どうやってそれを比較できると想定したのだろうか。

ときが経つとは、「まえ」と「あと」があるということである。まえには経験していないことをあとで経験するが、そのとき回想する「まえ」は、もはやどこにもない。「まえ」として回想するものは、経験したあとで見えてくるものでしかない。知ってしまったものは忘却しないかぎりは取り消すことができないし、忘却したとしても、それはなかったことにはならない。ときが経つとは、何かが起こったということであり、放たれた矢のように、それはもはや取り消すことができない。

ひとが生きるとは、次々に何かが起こったということであり、取り返しがつかないようにして次の現在が到来したということである。時間の数直線があるとしても、それは絶えず書きなおされる数直線なのであり、ＳＦの時間旅行者のように、そのうえを移動することなどできない。ひとは無数の時間線のうえにあって、それらを横切って滑っていく。そのそれぞれの現在の時間線において想定される未来があり、未来が、子どものとき、おとなのとき、老人のときと、それぞれ変質していって、時間線それ自体もまた別のものになったのである。

子どもは、何もかもうまくこなし、あるいは賢く立ち回る未来のおとなになろうとする。おとなは、裕福だったり立派だったりする未来の自分になろうとする。老人は未来を見失う。要するに、「とき」とは、何かが起こり、取り消せないままに次のことが起こるという経験の本質を示す概念であり、生きているというそのことなのである。そのなかに沈殿していく惰性、ないし強制される規則が出現してくるにしても、それを受け取る意識がそれらの意味を更新してしまう。それらの方が派生的なのであって、永遠の習慣や規則はあり得ない。

ときは、世界の秩序ではなく、世界を認識する精神の形式でもなく、生の実質である。われわれが主題にするものは、すべてまえだったものがあとになり、二度とおなじまえはないという差異である。この差異は根源的である。ひとは、その記憶をまさぐって、おなじもの、繰り返すもの、永遠なるものを探し出そうとするのだが、それをするのも時間のうちにおいてでしかない。古い永遠が新しい永遠に取って代わられるだけなのだ。

どんなひとも歳とともに自分の考えを変える。そのことを忘れてはならない。普遍的な思考が徐々に獲得されてくるというのではない。古い思考が、「いまの考えが普遍的である」との新しい、だが普遍的ではない思考に取って代わられるだけである。いまの思考が永遠に続くと考えているひとは、思考したことのないひとである。

だから、間違えてはならないが、「私」が時間であるのではない。そのように主張したベルクソンもメルロ＝ポンティも、その点では急ぎすぎたように見える。かれらは「私」と生が合体することを理想として、すでに、あるいはしばしば「私」が生である瞬間を基準として、生とはちぐはぐな他の時間を理解しようとしていた。しかし、「私」は時間ではなく、ドゥルーズがアイオーンという名の時間について述べるように（『意味の論理学』）、生である時間に対して、遅すぎたり早すぎたりする経験である。「私」ではなく、生こそが時間なのである。

生と精神

ひとは、退屈したり、待ち構えたり、じりじりしたり、夢中になったり、焦ったり、ぼんやりしたりして、時間が遅く経ったり早く経ったりすると感じる。直線的客観的時間*と比較して心理的時間感覚というように説明されてきたが、だれも客観的時間を知覚することができないのに、どうしてそれと比較できようか。時計を見て、何らかの進捗状態を調べるのは特殊なことである。それをしなくても、ひとはじりじりしたり、ぼんやりしたりする。何に対してかというと、体の感覚に対してである。みずからの行動と体の感覚とのずれとを感じているのだ。早く摑もうとして手がスムーズに動かなかったり、習慣的に行動してその細部が見出だせないとき、ひとはそのことを、じりじりしていたとか、ぼんやりしていたとか表現するのである。

＊直線的時間は、循環的時間と同様、神話である。だれも時間の外に出て時間を対象として捉えることができないのに、時間は客観的にはそのようなものだと理解される。そして、時間がなぜ一方にのみ進むのかとか、時間を飛躍すれば未来や過去に行けるのかと、偽問題を解くのに夢中になるひともいる。時間はただ経つだけである。時間の方向としての未来は、歩いていく先の目的地といった空間的表象とは似ても似つかない。未来は存在するようなものではないからである。未来と理解するものは、より遠い過去から見たより近い過去のことに過ぎず、さらにそれよりあとの現在においてその過程を抽象化して時間という概念にしたものである。過去をどう操作しようと、過去は過去であって、未来に変じたりはしない。過去を操作しているいま、それが推移する先が未来なのであるが、未来そのものは表象できない。表象できるのは過去と現在だけである。他方、循環的時間とは、おなじことが繰り返すという意味であるが、これは不可能である。おなじ円周を二度目に回ろうとしても、それはすでに二度目という意味が付加されている。おなじことが繰り返されるためには、完全な忘却が必要であるが、それは忘却ですらない。物体のように過去を知らないということであり、習慣的なものすら身につかないということであれば、われわれの生には不可能なことである。

生と精神は合致しない。もし天使のように精神しか存在しないのであるなら、時間は経たないことであろう。もし動物と同様に身体しか存在しないなら、精神は時間を知らないだろう。精神が生を時間として捉えるのは、精神の描きだすものと身体が感覚させるものとの先後関係のちぐはぐさとしてなのである。

西欧で時間が直線的なものとされたのは、諸身体が属する世界の共通の変化のなかに個々の身体を捉えるためであった。＊身体運動は時間のなかで捉え得る。だから、身体感覚に頼ることなく、振り子のように物体に共通の時間の経ち方によって、自分の行動の展開を測定し、それによって身体を支配しようとしたのである。支配しようとする以上、しかし通常は支配できてはいないわけだ。ちょうどよく終えるというのは精神の理想であるが、永久にそれに失敗し続けるといってもいい。

＊一七世紀以降、学問はユークリッド的幾何学的空間と直線的時間における対象の変化運動を主題とし、それを自然法則として関数で表現することが目指されるようになった。そして、人間はこれらの空間と時間のなかで知覚し、行動するものとされ、どんな出来事もその関数の値の組み合わせによって説明できるかのように考えられてきた。それに対し、時間は直線的ではないということがベルクソンによって指摘され、さらには空間も、リーマンによって非ユークリッド的であって、独立した時間と空間があるのではなく、アインシュタインによって時空連続体が先立つとされた。だが、出来事を自然法則のうえで捉えようとする習慣が、それで霧散してしまったわけではない。空間や時間は客観的に対象を規定しようとするものであるが、客観性をもって表象されるものは、地図がその場で経験できるものの写しではないように、われわれが知覚し行動する対象とは別のものである。そして、われわれの関心の対象としての「出来事」は、空間と時間で測定される現象としてではなく、われわれの知覚と行動の結果として出現するのである。

精神とは身体の観念であり、精神のすべての対象は身体である。感覚されたものも運動したものも、言表も想像も身体の裡にある。諸物体のあいだに体をうまく挿入し、諸物体の変化と嚙みあわせ、諸物体の配置を思い描いたようなものにすること、すなわち体が感覚として与えるものが、頭が当初思い描いた行動の結果と合致すること、それが精神と呼ばれるものなのである。しかし、基本的にいつも失敗し、早すぎて破壊してしまったり、遅すぎて未完成となったりする。そのプロセスが時間として経験される。さもないと意識は時間を知らず、自分が永遠のもとにあると錯覚することだろう。

なるほど、ときを意識しないままに生きることはできる。もろもろの想像をやめ、行動しないでおけば、ときは経たないように感じられる。しかし、他の生物と同様の身体の一般性において、生の活動において、体は分裂増殖し、アポトーシスやネクローシスで死滅していくという交替を続ける。つまり、ひとは、やがては歳をとり、容赦なく死んでいく。そのまえに「私」の身体を食料とする他の生物や細菌やがん細胞から喰われるままになるか――生に真理があるとすれば、それが何かいけないことなのだろうか。ひとが個とならないことを非難する理由もまたない。

第七章　思考

この最終章で、体の論理が頭にどのように現われてくるのかを検討し、諸身体の相互作用によって到来する出来事と、それに対する実践的な思考のあり方について考察することにしよう。

1　出来事

出来事の知覚と動機

精神にとって暗闇の始原である体は、どの文化においても「欲望」という概念に近いものとして意識されてきた。これをどう扱うかによって文化の多様性が出現するといってもいいくらいである。そして、西欧近代においては、資本主義の論理によってこれを肯定するとともに、他方では民主主義の論理によってこれを理性によってコントロールし、意志を優先すべきとする矛盾した扱いがなされてきた。

しかしながら、欲望はあくまでも精神に対して現われたものに名づけられたものであるから、精神がどのようなものとされるかによって異なる。そして、精神は社会的によいとされるあり方によって規定される。つまり欲望は、マジョリティにとっての、精神に反するものについて表現されたものに過ぎないのである。

他方、われわれの具体的経験においては、群れのなかにある体が、真に何を望み、どのようにしようとしているかは、いつも謎めいている。われわれの生活は、体に問いかけ、体が望んでいるものと調和するようにしてしか思い通りにはならない。群れの中心に飛び込んでいこうと思っても、体がそれに反する場合には、群れから飛び出してしまいかねない。とすれば、理性によって欲望を抑え込み、社会的によいとされる行動をするという西欧近代的な倫理観を捨て、たとえ群れからはずれようとも、体に従った生き方というものを模索するのはどうであろうか。単なる理性の裏返しの「欲望のままに生きる」ということではなく、「私」が身体であるということを承認し、自分が主人公になるような出来事の、その主体になるということ、それが「個となる」ということなのである。

もう少し具体的に述べよう。身体は他の身体とおなじ時間の流れにあるが、精神、思考する「私」は、それにつねに遅すぎたり早すぎたりするというようにして「いま」を経験している。しかし、何に対して遅すぎたり早すぎたりしているのか。それは、「出来事」に対してである。

なるほど、稀にではあるが、「私」が出来事に合体することもある。わたしの一挙手一投足が出来事を導いていくそのとき。単独で登山する場合であれ、あるいは群集を煽動する場合であれ、敵に立ち向かうヒーローになった場合であれ、「私」が群れから析出してきた「私」を感じるときの、その高揚感——それをのみ目指して生きるひともいる。だが、それも不発で終わるのが人生である。秀吉のようにそれを実現したひとも、もっと大きな野心を抱いて、それが不発となる人生を送ったのではなかったか。

通常は、「私」は二重の意味で「まえ」にいる。出来事の周囲をシープドッグのように走り回り、出来事のまえ=近い未来に出たり、出来事のまえ=近い過去から来たりしている。*「私」はそのように出来事のまえで意識されるのに対し、生起してくる出来事は羊の群れのようである。出来事は理論的な主題ではなく実践的な主題であり、否応なく「私」の言動がそれに関わるかぎり、靄のようなものとしてしか捉えられない。否、身体自体がいつもそのようなものであって、多数の身体が引き起こす出来事はただ巨大な自分の体と同様であるともいえる。

＊歴史の「〜たら」は、「あのときこうしていたらいまはこうなっただろう」といった回顧的錯覚のことである。だれしも行うこうした思索をベルクソンは批判したが、しかし、それこそが、自分自身においても、世界情勢においても、歴史認識にまとわりつく歴史の経験なのである。それなしにはだれも歴史＝出来事の物語に関心をもつこともないであろうが、しかしそうした思索法では、歴史は客観的にはならない。歴史を生成するこの「根源的な遅れ」については、メルロ＝ポンティもデリダも超え難いものとして言及していた。

出来事は事実の集積ではなく、出来事の結末は、原因に対する結果ではない。現象するものすべてが人々に任意に知覚されるわけではなく、出来事には、それに参与する人々の知覚と動機とが含まれている。ひとは動機をもって行動し、その行動が引き起こす出来事に繋がるような対象を知覚する。＊動機を導くのは出来事であり、さらに言葉で出来事を表現しようとする物語である。ひとは出来事の「意味」を通じて行動する。出来事に先行して、あるいは「祭りのあと」で言葉が表現する意味を通じて行動する。

＊ベンタムが「情念的知覚」と呼んだもの（『論理学断片』）。あるいは、スティーヴンソンが「情緒」と呼んだもの（『倫理と言語』）。それらは概念的に示される対象が同時に情動や情緒を含んでいるのであって、純然たる学問的知覚のようなものが稀であることを告げている。しかし、逆である。情動と知覚は別のものではなく、学問的対象として分離されたのち、そこに情念や情緒が残余として見出だされるというわけである。

出来事は、自然法則の結果ではない。自然法則もまた数という言葉による言説であって、出来事の展開における不可能なものや、出来事が展開する条件を示すにしてもである。客観的な時間と空間は、出来事抜きでは意味をもたないのだから、出来事が生起する真の場ではない。出来事が生起する場は、時間でも空間でもなく、人間（じんかん）である。ひととひととの関係を構成している場である。だれが何をどう知覚し、何を動機として行動したかを与える場である。出来事とは、人間《じんかん》において知覚されるものと、知覚されたものを通じてそこで行動された過程であり、結末なのである。

自然法則における「結果」は引続く現象に先立つ原因に過ぎないが、出来事には原因はない。出来事の「結末」は、そこに巻き込まれただれからも異なったものに見える曖昧な出来事の経過のなかで、それとは決定的に異なったものとして出来《しゅったい》する。すなわち、事がなる。突然出現する意味、そのあとで一目瞭然となって語られるようになる出来事の意味である。ひとはそれを予期して、あるいは求めて行動し、ほとんどの場合、結末はいろんな意味でそれを裏切るから結末と呼ばれるのである。

出来事の知覚は、客観的な空間と時間のなかでは、しばしば幻想や錯覚であるとされる。幻想ないし錯覚と現実のあいだには絶対的な差異がある。それにしても、その差異を生みだすのは、客観的な時間と空間において定義される自然法則ではなくて、われわれの行動である。幻想や錯覚に基づこうとも、その行動が結末をもたらし、人々に知覚＝目撃され、「事実」となることもあるのだからである。

その結末に対してこそ、真正の知覚によるのか幻想や錯覚によるのかが「物語られる」ようになる。たとえ幻想や錯覚によるにしても、それは主観的なものだというわけではなく、人間《じんかん》的なもの、現象学的にいえば相互主観的なものである。真正な知覚としての客観性が審議されるとしたら、それは自然法則との照合によってではなく、歴史という名の法廷でなされる「物語」においてである。

要するに、出来事は物体の変化運動の現象とは別物である。津波であれ噴火であれ、それが出来事となるのは、人々がそれを目撃し、逃走し、被災するかぎりにおいてである。*傍観者としてであれ、物語を聞く者としてであれ、出来事を現象と混同しないようにすべきである。さまざまな災厄や人々相互の諍いがあって、ひとはたまたまそれに遭遇するということではない。人間の身体どうしであればもちろんであるが、物体と人間身体とがおなじ土地に生じ、おなじ場に共存し、相互に影響し、作用し、触発しあうときに出来事が出来する。

＊自然現象のもとでそれが起こるからといって、人間身体の振舞をも自然現象のように扱ってはならないし、他方で、すべてを出来事の要因とみなして自然現象を無視してもならない。ここでいう自然現象とは、人間がどのように振舞おうとも一律に生じる現象のことであるが、西欧近代においてこの現象を法則的なもの、普遍的なものとみなし、そこから出来事が生起するとみなされた。しかし逆に、自然現象とはむしろ出来事を一般化してそのそれぞれの固有性を控除したときに見出だされる理論に過ぎない。

では、出来事とは何か。それについて最もうまく説明しているのは、ドゥルーズとガタリであるように思われる。『千のプラトー』の第八章において、かれらは短編小説をコントとノベルに区別する。コントは冒険小説のようにこれから起こる出来事の展開を体験させようとする小説であるが、真の出来事はノベルによって物語られる。＊それは客観的事件に見えるような出来事の「何が起こったか」を解明しようとする道行きを描く小説である。マクロな客観的事件の背後には、個々の人々相互の会話や仕草に現われるミクロなこころの動きがある。出来事はこのふたつの線＝出来事の展開の道筋を横切って、登場人物のだれも知らない動機＝無意識によって結末にいたる。自然現象のような原因はない。しかし偶然にということでは決してはなく、出来事には、無によって、すなわち登場人物が「しなかったこと」、「いわなかったこと」によって唐突にその結末がもたらされるのである。ドゥルーズとガタリは、無意識とはたかだか過去になされなかったことに過ぎず、かれらは「逃走せよ」というのだが、むしろその発見過程を現在において遂行するのが真の「私」であるとする。

＊藤井貞和は、物語の意味を、古代には霊とされた「物」が語るという説に、ただ日常的な事物を語るという

説を対比している（『物語理論講義』）。古代人にとっては超越的なものが出来事に介入しているという印象があったとは思われるが、なるほど出来事は凡庸な人々と凡庸な事物のあいだで、しかし一人ひとりにとっては非凡なこととして起こる。

事実と虚構

もとより存在する物体を探求し、諸物体の相互関係を出来事とは無関係に成立するとみなす西欧近代の哲学は、それによって構成された出来事だけが現実であるとし、それ以外のものを幻想や錯覚であるとして、峻別しようとしてきた。しかし、もし存在を前提せず、諸物体と身体のすべての相互関係を出来事のうちで捉えるときには、事実と虚構に境界はなく、西鶴のいう「虚実の皮膜」のように、ひとは出来事のなかで事実と虚構を取り混ぜてしまうだろう。西欧近代の倫理のように、それを間違いとして退けるべきなのであろうか。*

*世阿弥の能楽『清経』の亡霊とシェイクスピアの悲劇『ハムレット』の亡霊とは、極めて対照的な役割をもつ。前者ではすでに起こった出来事に対する妻の遺恨を夫の亡霊がそのときの心情を説明しに現われてその恨みを解き、物語が終結するのだが、後者では亡霊の遺恨を聞いた主人公が「存在するかしないか、それが問題だ」と述べて、復讐劇という物語を開始する。前者では客観的現実を主題にしないが、後者では存在を媒介して客観的現実を生じさせようとするのである。

もしわれわれが存在を前提しないなら、存在しないものとしての「虚構」の概念は不要であり、事実と夢幻とは相対的であるということになる。未来に起こることを夢想して、その実現に向かい、成功したり失敗したりするのは、普通の人間行動である。夢と呼ばれるものは、存在を前提する一定条件のもとでのみ実現可能なことには限定されない。妄想とみなされもすれ、ひとは狂い、あり得ないことへと向かって夢中になる。そのことが、なぜ間違いとされなければならないのか。

なるほど妄想は、その行動において多くのひとを不幸に巻き込む傾向がある。しかし逆に、それが多くのひとを幸福にするときには夢と呼ばれる。人々は事実とされる諸要素をふまえ、実現する確率の高いことをひとに勧めるものだが、その場合は幻ばかりではなく、夢すらも否定される。とすれば、人生には三通りある。第一は事実にばかり目を配り、無難にすごす人生であり、第二には、それに対して事実とは呼び難いものを幻視して、妄想のなかに閉じ籠められる人生であり、第三には人々にそれまでなかったような夢のものを実現してみせる人生である。とはいえ、その手間で、妄想と夢幻は本質的に区別ができない。そしてまた、事実と夢幻も明確には区別はできない。

事実なるもの

われわれは世界を夢幻ともつかぬものに変えてしまおうとしているのか？——しかし、そもそも事実＝ファクトという概念は、もとより「だれかがしたこと」という意味であって、せいぜい目撃証言程度のことでしかなかった。一瞬の出来事に対し、知覚された多様な指標によって事実が一義的に捉えられるとされるにしても、裁判でしばしば問題になるように、目撃証言にはさまざまな先入見や錯覚や幻想が含まれるし、その証言が聞きとられる文化的、政治的文脈から事実を切り離すのは難しい。さらには、虚偽とまではいえないが、『藪の中』（芥川龍之介）に描かれたような、目撃者相互の心情の絡みあいがあることをふまえるなら、その真偽を合理的に論証することは困難である。*

＊確率論的空間は、因果論的必然性によって規定されるとする捉え方からすると未決のグレーゾーンであるばかりではなく、聖人の事跡や自然の印のような蓋然性とみなす捉え方からすると魑魅魍魎の跋扈するトワイラ

イトゾーン、たそがれ時の間＝魔である。合理的な思考ではないとはいえ、それこそが実践的な出来事の空間であり、そこでの論理が人類の歴史を通じて論理と呼ばれるものであったといえるかもしれない。

それゆえ、われわれが「事実」と呼んでいるものは、一回かぎりの出来事についての中立公正な第三者の知覚、「神の眼」のようなものによって知覚されると想定されながらも、実際には、それに似た無数の出来事の生起が示す一般性、確率論的思考に依拠した知覚によるものでしかない。

例えば野球のようなゲームにおいて審判がアウトと宣告するのは、「大体においてこうしたタイミングであればアウトとみなす」という習慣化された経験に支えられてである。録画であれ、パースペクティヴによって異なるので、決定的なものではない。事実であることの確かさは、科学的実験すらも再現が必須とされる以上は同様なのであるが、統計的に示され得る確率の高さのことなのである。* 人々は「嘘かまことか」を気にするが、虚偽とは事実に反することがらではなく、語る本人が、語る内容を事実＝極めて高い確率で起こっていた出来事であるとみなしているかどうかという心理的問題に過ぎない。

＊いわゆる「フェイクニュース」も、起こってはいないことを事実として提示したものというよりは、そうしようとする意図の有無にかかわらず、実際に起こったといえる確率が低い出来事であるということになる。エビデンスの有無は、確率の高低について述べているに過ぎない。逆に、どんなに自身の経験した唯一固有の出来事がこれ以上なく確かな事実であると思えようとも、その確率が極めて低いとみなされるなら、その経験への固執は認知症や精神病の徴候とみなされるであろうし、実際にそれである可能性は否定できない。

「歴史」とされる出来事といえども、それは現実的な、すなわち確率が高いとみなされることの連鎖から作りだされた物語でしかない。* 現実に起こったことかどうかという問いは、いわゆる「現実感＝リアリティ」の強度とは別に、すでにある歴史という名の物語に組み込まれ得るかどうかという問いに解消される。

＊ツヴェタン・トドロフは、これを事実の記述の「適合」に対する「露呈」と呼んで相対的なものとは認め、ただしそれを「真実」と呼ぶためには道徳的立場が必要だと論じている（『歴史のモラル』）。実際、マルクス主義的歴史観が道徳的立場から記述されていたのは間違いない。

逆に、現実には起こっていない出来事であるかぎりの物語、すなわちフィクション＝虚構は、統計的事実でしかないものから空想されたものであるが、その確率の高さに応じて、われわれはその現実感＝リアリティについて論評することができる。さらにフィクションを積み重ね、そこにいくつかのフェイクを導入して異世界のごとき舞台を設定するならば、文学やゲームは非現実的な、といって現実を理解するのに無価値ではないファンタジーの世界をも生みだせるわけである。それが現実を欺くものとして働く場合があるにしてもである。

われわれは世界を夢幻のごときものとみなそうとしているわけではない。＊ただ現実が決定的なものではなく、夢幻と相対的なものに過ぎないと述べているのである。それは、世界がどちらともつかないということではなく、歴史的とされる客観的な現実に向かうものと、特定の人物の妄想とみなされるものに絶えず分岐する運動のさなかにあるということであって、それぞれのひとの判断と言動の実践もそこに組み込まれるということである。高い確率のもとに判断するひとは現実的であり、確率の低さを無視するひとは妄想的であり、とはいえいずれの側も、それに対応した言動がまた出来事の要素となって出来事の展開を変える。こうした事情こそ、まさに「現実」なのである。

＊「共同幻想論」とは、すべてがすべてのひとに共有された幻想であるという主張であるが、それは幻想という概念が「現実」抜きには理解できないものであることを忘れている。しかも、幻想と現実をおなじとするなら、すべては現実だということとどこが異なるのであろうか。すべては現実だという方が、それがすべてのひとには共有されておらず、客観性がつねに問題とされる点で、いかにも「現実的」である。

2　思考する

日常における思考

現実という語で、デカルト主義的に「存在するものによって確実なこと」として理解するひとは少ない。「これが現実だ」という表現は、出来事が生起しつつあるとか、ある種の結末に帰着しつつあるということを意味している。ひとは、妄想と期待を区別してはいないし、事実と夢幻は紙一重だと思っている。現実を「存在者」とその超越的な「存在」に結びつけて考えようとするのは、西欧思想を学んだ知識人だけである。

とはいえ存在を前提する自然現象の法則性を無視するのが妄想の特徴であり、事実かどうかを確かめようとしないのが夢幻の特徴である。現実性があるといえるのは、起こりそうなこととそうでないことを区別しながら行動を決定する場合である。

それを思考と呼ぶのだが、そうした実践的な思考は、学問の理論を構成する営為とは別のものである。最も広い意味での「思考」は、思い出すこと、思いつくことなど、意識があらたな展開を示すことを指す。他方、最も狭い意味での「思考」は、真理の認識、科学的発見など、経験の有限性を超えて普遍的な命題や公式に到達することを指す。その中間に、推理すること、計算すること、予測することなど、単なる意識の展開ではない、言葉を使った技術的な操作が含まれる。

こうした思考の多様な意味のうちで、「思考すべきである」とひとがいうときには、さらに別の意味が含まれてくる。子どもの場合には、教師の意識のうちにすでにある言説を発することが要求され、部下の場合には、上司の期待に沿うような工夫をすることが要求されている。配偶者の場合は、パートナーのして欲しいことを想像することが要求されている。

ひとはこれらの要求に応えるときには「思考した」といわれ、そうでないときには「思考していない」といわれるわけだが、実際にそのひとの精神において思考という営為があったかどうかは分からない。子どもは芸をする動物のように教師の求めている言説を探し、部下は結果さえ出せばよいと割り切り、配偶者は相手のいいなりになる習慣を身につける。あるいは、子どもはどうしたら思考したことになるのかと開き直り、部下はおべっかや見かけ上の業績を作るやり方を探し、配偶者はパートナーの不満をやり過ごすタイミングを計る。言葉のマナーを獲得しようとしているわけである。

相手のそうした反応に対して、ひとは、いずれにせよ満足したり怒ったりする。そして、「本当に思考したのか」と問うかもしれないが、*それは不満をいうだけのレトリックでしかない——そうではないとすればそのひとは哲学者である。だが、一体「本当に思考する」とは、どのような営為を指しているのか。

＊人々は思考するとはどうすることかを思考したことがないので、相手が思考していないことの意味が理解できない。思考するのは技能であって、はじめて自転車に乗ったひとが転んでしまうように、訓練せずにできるようなものではない。実際にも思考できないひとは多いし、思考できるひとは繰り返し転びながら思考の技能を身につけてきたひとたちである。「本当に思考したのか」と問うひとは、それを口に出す以前に、思考できなかったひとと、思考はできるが怠慢によって思考しなかったひと、さらには思考はしたがその結論を実行する能力がなかったひととを区別しておいた方がよいであろう。

本当の思考

存在を前提しなければ、妄想と現実とは相対的である。それが妄想と現実に分かれるのは、妄想が実現しないのに対し、現実は実現＝現実化するからである。妄想が不合理であるのに対し、少なくとも現実は不合理でないものとして実現する。とすれば、「本当の思考」とは、思考が合理的であるかぎりにおいて、現実が実現するまえに、それが実現する条件を見出だしているという点にある。実現する条件がその時点でまったくないものについては、その時点ですでに妄想である。* そこに自然法則の意味もある。

*とはいえ、妄想を現実と信じ込ませるために、偽りの条件を提示するというレトリックは可能であり、その意味では、信じ込まされた妄想を思考によって捨て去らせることは不可能であるように思われる。カルト宗教や詐欺の言説が典型であるが、とりわけイデオロギー、すなわち社会で共有されるべき全体像を示す思考は、現実を捉えようとする思考と対立する。アルチュセールを参照せよ（『科学者のための哲学講義』）。

理論的思考は、出来事一般を探究し、それを究極的原理から解明する理論を見出だそうとする思考である。そこには理性が前提される。理性は、学問においては不可避的に求められるものであると同時に、日常において賢いとされるひとが用いようとするものでもある。

理性とは、論理的言説を構成する技術、算術における計算の技術、幾何学的問題を証明する技術をもっているということ、ないしそれを習得する潜在的能力があるということである。感情を抑えて冷静さを保つという意味でも使用されるが、それは古代ギリシアのストア派のアパテイアに由来する。もちろん、論理的であるひとは感情によってその技術が失念されることを知っているし、計算するひとは感情的になると損失が増大する傾向があることを知っているし、幾何学的証明をするひとは感情が教えることがその証明を否定することを知っているから、無関係なことではない。

実践的思考

学問においてはそれだけでは十分ではないということを、言語と思考の関係をふまえつつ、前著『いかにして思考するべきか?』で論じたのだったが、他方、政治や経済の分野においても、逆方向であるが、それだけでは十分ではない。そこでは、理性的思考だけで政策を決めたり、契約をしたりすることはできない。専門知が不要だということではないが、とりわけ「実践的思考」が必要となる。*

*誤解のないように述べておくが、ここから実践的思考は確率論的思考であるべきだとする議論を進めていくわけだが、この議論自体は確率論的ではなく、理性的な議論であって、必然性を求めている。

実践的思考とはどのようなものか。とはいえ、第一章で論じたように、実践は社会という群れにおけるポジションによって異なる。マジョリティは、思考を要求するひとたちをやり過ごすこと、思考されたことの記憶を思い出して適用することに専念し、群れのなかでの自分の優位性ないし劣等性の確認、つまり自己への愛としての自尊と卑下を追求する。第二章で論じたように、かれらにとって重要なことはマナーを記憶し、それを守り、他人にも守らせるという「よい」ことであり、ときにルールに反して政治的経済的に他人を出し抜く「要領のよい」ことである。

マジョリティのほかに、一方では、もとより社会＝ソサエティの原義であってアダム・スミスにすでに指摘があるのだが（『道徳感情論』）、セレブとか富裕層とか高学歴者とか上級国民と呼ばれて、マジョリティから羨望のまなざしを受ける少数の人々がいる。かれらの「思考」とは、上から目線で社会国家を論じたり、大衆をどうリードするか、大衆といかにして距離を取るかの方法を検討することである。倫理学者の多くもそこに入るし、マジョリティであっても、自己愛のためにそのふりをするひとも多い。

他方では、障害者や精神病者や貧困者等の社会的弱者の人々がいる。連帯してマイノリティとなって、何らかの権利を要求することもできるが、マイノリティの「思考」とは、社会がいかに自分たちを抑圧しているかを論証すること、そうした構図を身につけることである。

しかしまた、それ以外の「はぐれ者」＝マイナーなひとたちがいる。そのひとたちは孤立し、施設に監禁されたり、生きていることすらも忘れられたりするが、社会から離れてひとり思考し、従来とは異なったマナーを生みだしたりもする。マジョリティやマイノリティのなかにいるひとであっても、本来の実践的思考とは、このように群れからはずれそうな何らかの出来事に遭遇した際にする営為である。

それは出来事のただなかでその出来事の生起を観察し、その推移についての予想を見出だそうとする思考である。出来事は、それ自体にいまだ存在しない未来を含むゆえに、諸条件が限定された実験室的状況でないかぎり、必然的な結果を予測できるものではない。出来事において、未来は蓋然的である。それゆえ、いずれのポジションにいようが、そのポジションで要求されている思考なるものに反して、「本当に思考する」とは、確率論的に思考するということなのである。*

＊必然性を信じて自然法則に従うひとは何の判断もする必要はなく、偶然性に賭けてギャンブルをするひとは、判断を避けることによってそれをする。そのようなひとが一定数いるにしても、多くのひとは確率の高い行動をとろうとする。ただし、その確率の判断がしっかりしているとはかぎらない。確率論的思考とは、決定論を排除し、正しく確率をふまえて、生活を望ましいものにする方向で行動を決めようとするひとにとっての思考である。

3　確率論的思考

確率論的思考は、一九世紀末から因果論的思考に取って代わるようになり、学問ばかりではなく政治の領域にも浸透していった。それが今日の社会的実践を特徴づけている。

確率論が学問の世界に受け容れられるには、一九世紀まで待たなければならなかったが、ようやくその頃になって、科学者たちに、確率論が前提する統計的な事実には、個々人が目撃した事実よりも意味があるとみなす思考が生まれてきた。実験を通じて因果論的必然性を追求してきた思考に対して、統計的事実、すなわち確率計算をしたり統計を取ったりして得た数値によって理論が証明できるとする思考である。そのような思考は、天文学における測定誤差や工学における精度といった主題においてすでに知られていたが、ダーウィンの進化論、さまざまな社会科学、やがては量子力学や宇宙進化論といった諸科学の基礎となるにいたった。

確率論的思考とは何かといえば、それは確率をふまえて思考するということである。確率をふまえるということは、統計や測定や出来事の場合分けにおいて百分率で与えられた数値をふまえるということである。確率の数学的法則を学んで適用するまでのことではない。論理的思考が論理をふまえて思考するといった程度の意味であるのと同様、その数値を、それ以上でもそれ以下でもないものとして捉えるといった程度のことである。

しかるにひとはその数値を知ってもなお、しばしば確率を（1）真偽の「グレーゾーン」、すなわち一〇〇パーセントを必然性とした場合の近似値に準じるものと捉えたり、（2）ギャンブルにおける「ツキ」、すなわち確率を無視して運のよさを連続させる圧力のようなものと捉えたり、*（3）必然的な運命の「しるし」、すなわち自然の予兆や占いの結果や聖人の事跡として与えられる魔術的ないし呪術的な指標と捉えたりする。

＊運がいいとか悪いという表現は、運を「ツキ」とみなさないかぎりにおいては、確率論的判断である。確率の評価に誤りがないかぎりにおいて、確率としては低かったことがうまくいったときには「運がよい」といい、確率が高いことに失敗したら「運が悪い」という。自分の乗る飛行機が墜落するという確率を過大評価して恐怖するひとは、それよりは確率の高い宝くじを買うべきであろう。

なお、成功が運によるか努力によるかという虚しい議論がしばしばなされる。努力する意欲が出るのは、環境や実現可能性などに恵まれているときであって、それ自体運によるともいえる。運が主題になるのは、逆に、努力が目標としていた結果に関してでしかない。努力を遂行させる意志という概念が運と努力を別々のものとして引き裂いているが、両者は出来事のふたつの観点に過ぎない。

そのようなものはみな、確率論に対立する思考である。確率論的思考とは、あることが起こるのはそれに対立する他のことが起こることに対する一定の比率においてであるとみなすことに尽きる。こうした思考が、一九世紀末になって一般化した。その意味で、確率論的思考は比較的新しい思考といえる。

確率と因果性

今日、確率論的思考は自然科学においては因果論的思考とあわせて使用されるが、しかしそれに反する面もある。すなわち、従来から自然科学に前提されてきた因果論的必然性を求める思考と対立する。

確率は、もとより蓋然性 probability とおなじ語である。デカルトは蓋然性を否定して必然性を求めたが（『精神指導の規則』第二規則）、当時の蓋然性の概念には確率の意味がなく、自然の予兆や占いの結果や聖人の事跡を根拠とすることを意味していた。デカルトが確実性を因果論的必然性によって担保したのに対し、しかしデカルトを批判したパスカルは、確率決定の規則＊があって、この意味での蓋然性も正しい判断をもたらすと主張した（『パンセ』二三四）。ひとは、宗教であれ航海であれ、デカルトのいう確実性において行動するわけではないが、それでもその判断は正しいというのである。

＊当時の意味では、賭け事を途中で終える場合に掛け金を分配する規則、おなじように勝ち続けるとどのくらいの期待値があるかという計算の規則のことであるという。パスカルは、それを一般的な行為に適用したわけである。

確率論的思考は、一八世紀、因果論的必然性を明確に否定したヒュームにも見出だされる（『人間本性論』第一篇第三部十二節）。ヒュームは、もし二〇艘の船が出港して一九艘しか帰ってこないとしたら、それは安全なのでも危険なのでもなく、ただその比率があり、その比率は繰り返されるにつれて精度が増していくと述べる。また、もしサイコロの四つの面がおなじマークであるとすれば、ひとは他の二つの面のマークよりもこのマークが出やすいと判断するが、それは正しいと述べる。これらは、因果論的必然性についての判断ではない。統計や場合分けによる確率論的判断である。

統計における比率からの予期は外挿法、すなわち過去から現在へと生じてきたことがそのまま現在から未来へと継続されるとの根拠のない前提にたつ予測に過ぎないのであろうか。場合分けされた比率は、そのうちのひとつしか起こらない一回かぎりの出来事に対しては無意味なのであろうか。出来事が因果論的必然性によって規定されていると想定される場合に、その結果が蓋然的、つまり必ずしも予想通りにならないのは、無数の因果性の出会いが複雑すぎるからなのだろうか。＊

＊宇宙で生起するすべての現象が確率論的にしか見出だせないとすれば、人間に自由があるかないかという問題は消え去る。各人の自由と意識された判断もそれ自体確率論的に出現することになるのだから、人間は、絶対的な意味で自由であるとはいえない。そして、実際に自由と呼ばれる判断は、従来の統計には表れず、したがって確率として表現されていなかった判断、統計を取りなおす必要のあるような判断であるにほかならない。判断以前に脳内で意思決定がなされているという説があるが、判断のそうした因果的連関が自由の有無を決定

するわけではないので、自由が否定されるわけではない。

そうではない。蓋然性を、必然性の単なる反対に過ぎない偶然性と混同してはならない。蓋然性の意味を、おなじ語の別の訳である「確率」という語で、もっと積極的に捉えなければならない。

ヒュームは、因果論的必然性を人間精神の傾向性によって説明していた。つまり、出来事は本来は確率論的でしかないのに、精神がそれを極度に一般化して、ある出来事に対して別の出来事が必然的に継起して起こるとみなすに過ぎないというのである。実際の精神において起こっていることは、経験を積み重ね、場合分けが精緻になって、そこからある出来事に別の出来事が継起して起こると判断できるようになるということ、そうした習慣にほかならない。*

*たとえば稲光の後に雷が鳴るからといって、稲光は雷の原因ではないが、因果性の素朴な推論はそのように捉えるだろう。それが精緻となって静電気が地表から電流となって流れることが稲光と雷の共通の原因であるとされるにしても、因果性を追究するかぎり、静電気が溜まる原因や電流が流れる原因へと遡らざるを得ない。科学的理論を証明するとされる「実験」はそれも歴史的事象であって、「反復」のないかぎり証拠とはされないのだし、実験の前提となる諸理論にも仮説が含まれているとするデュエム＝クワインテーゼもあるように、因果性を真に証明することのできる実験は極めて困難である。なお、これに対し、ジューディア・パールとダナ・マッケンジーは、ヒュームのこの主張を因果性を相関関係に還元しただけだと捉え、のちの『人間知性研究』において「先立つ事象がなかった場合にはあとの事象もない」と付け加え、それこそが反事実を想定することによる因果推論であると論じている（『因果推論の科学』）。なるほど先立つ事象がなければ起こらないことはあるが、裏は真ならず、だからといって先立つ事象があれば一〇〇％当該の事象が起こるとはかぎらない。しかし、ヒュームはすでに『人間本性論』において因果推論における想像の重要性を指摘しており、あくまでも信念における正しさを論じている。因果という概念は、もとより因果応報といった倫理的判断の要素であり、同様に奇跡や必然や事実といった概念も、自然を表現する概念ではなく、物語を構成する概念なのである。

ヒュームのこの、いわゆる因果性批判についての解釈は多様であるが、ここでは次のように解釈したい。すなわち、因果論的必然性を前提するひとは、経験に依拠する判断は、無限に繰り返された結果として知られるのではないから蓋然的に過ぎず、そのかぎりで真ではないと考えるが、偽であることと予想がはずれることは異なる。無限に繰り返すまでもなく、一定数の経験をしたあとは、それ以上経験しても判断に違いが生じなくなるような限界があって、そのかぎりで、予想がはずれたとしても判断が誤っていたわけではないのである。＊しかも「判断にそのような限界がある」という判断自体も経験の一つなのだから、自己遡及的に、この命題自体の正しさもいえる。とりわけ、経験や測定の精度が一〇〇％ではない場合、その誤差以上のことが確実にならないのはあきらかであろう。

＊典型的な例として、狂牛病＝ＢＳＤ検査がある。一定数の検査をしたら母集団全体の確率が分かり、それ以上検査しても検査の精度における誤差以上のことは分からないとアメリカ政府が主張したのに対し、日本政府は全頭検査を主張した。確率を出す際に、検査の精度との連関でそれ以上の調査が無意味になるという限界があるが、それをふまえることも確率論的思考である。それは、全数を調査しなければならないとする思考を不合理とみなす思考でもある。

　それは科学的仮説を証明するものとされる実験についても同様であって、近代初頭にホッブズがフックの実験を博物誌に過ぎないと反論している（スティーヴン・シェイピンとサイモン・シャッファー『リヴァイアサンと空気ポンプ』）。すなわち、実験は、目的が違うだけで、奇術と同様のパフォーマンスであるという。科学者集団のような特定の相手に対して、論証したいひとがリードして一連のプロセスを経験させ、さらに他のひとが追試験して同一の結果が生じることが確認されることによって、ほぼすべてであるというかぎりでの承認によって、そのプロセスが事実とされるのである。そのわけは、理論によって必然であれば必ずおなじ結果が生じるとみなされているからであるにせよ、実質的に実験は容易ではなく、失敗も含まれるわけで、非常に高い確率で期待された結果が生じるという統計的事実をもって「証明された」とみなされるのだからである。

4　感性的総合

想像の働き

確率論的思考とは、出来事の成り行きに対し、予想される結末に反することが生じ得ることをふまえるという思考である。間違えてはならないが、それは統計に従うことではない。統計を調べることも必要であるが、それは情報に過ぎないのだからその確かさの程度についても判断しなければならない。しかも統計は、どんな意図、どんなやり方でとられたか、どう提示されるかでまったく違うものを見させる。そこにはすでにイデオロギーとファンタジーが組み込まれている。

とすれば、確率論的思考をするためには、まずはマジョリティが押しつけようとする全体像、イデオロギーとファンタジーに満ちた全体性に素描された結末とは反対のことを想像しなければならない。そして、何が起こるか分からないが、しかしいま生起する出来事がどのように展開していくかということについて、ありとあらゆる想像をしなければならない。

そのとき、過去の経験に応じて、対立しあう無数の想像が生じるが、ヒュームはそこから「ひとつの観念が抽出」され、正しい判断が出現すると述べている（『人間本性論』前掲箇所）。想像がもたらすそのような判断は、概して直感＝サンチマンに過ぎないといわれる。だが、直感で差し支えない。「想像」と呼ばれてきた感覚の恣意的な結合によるキマイラの生産とは異なって、まして他人たちの立場を思い描くようなことではなく、「全体」という同一性なき諸差異の差異（拙著『差異とは何か――〈分かること〉の哲学』）を把捉する「感性的総合」のことであるならば。

ここでいう感性的総合とは、例えば五本の指のように、手を握ったり開いたりして物を「包握*」するときに、それぞれの指の位置が手の形において相互の差異を示すなかで、それぞれの指がそれぞれの位置にあるといったような差異として、出来事の諸要素の確率がふまえられるような総合である。それは、何かを摑もうと腕を伸ばすときの、腕と身体の他の諸部分とのあいだの差異として、精神でもあるような身体の「姿勢」のことでもある。感性的総合とは、手のひらをどのような形にするかといったようにして、自分の置かれてる状況のそれぞれを差異のままに摑みとるようなことなのである。

＊「包握 prehension」はホワイトヘッドの語（『過程と実在』）。主観も客観もなく、フィーリングのなかからコントラストが生じるという始原的経験。第二章で「おいしさ」について述べたが、それは料理に含まれた刺激の特定の要素に反応して好きかどうかを判定することではなく、ましてマジョリティが好きなものを推定することでもなく、料理のさまざまな要素をその差異のままに「味わう」ことである。経験するというよりも経験を味わうことが重要である。

この差異は、理性においてはただちに「多様性＝ダイバーシティ」として、同一性をもった全体のなかの差異へと回収されてしまうのだが、それに対し、相互に異なるもののあいだで捉えられる不釣合いなもの、ちぐはぐなもの相互の関係として諸差異の差異がある。その「フィーリング」を反復し、反復するごとにそれ以前との差異を確かめ、ひとつの観念にもたらすことこそが感性的総合なのである。

パスカルは、「想像がすべてのお膳立てをする、想像は、世界のすべてである美と正義と幸福とを作りだす」（『パンセ』八二）と述べている。ロゴスにおける推論がいかに正しくても、命題の前提に真理を与え、その命題が真であることの意味を与えるのは感性である。＊とはいえ、感性を理性の上位に置くべきだと主張したいわけではない。繰り返されない感覚的直観はただの直感、思いなしであり、真理と呼ぶには耐えられない。すべての感覚的諸印象は与えられるがままに真なのではなく、習熟と精錬とを通じてより包括的な総合を行うことができるようになることで真となる。感性と理性は対立しているわけではなく、そもそも互いに独立した精神の性質や機能なのではなく、かくして総合されるようになった感性こそが、言語行為のなかで、広い意味で「理性」と呼ばれてきたのではないだろうか。

＊デカルトのいう良識＝ボンサンスはのちに「理性」のことと解されるわけだが（『方法序説』）、「よいセンス」の意味でもあり、一七世紀のサンスの概念には思考の要素も含まれているように見える。感性的総合による判断は、その根拠がひとつに絞られることなく、複数の根拠のバランスと調和によってなされる。理性的判断では、推論によって根拠の一つひとつがばらばらに検討され、ひとつでも不適切であれば判断が撤回されなければならない。しかし、どの根拠も確率論的であるから、その確率が低いものであっても、他の根拠とのバランスが変わるだけであって、判断を撤回する必要がないことが多い。主題となっているのは、各根拠の論理的ないし因果論的な正しさではなく、根拠相互のバランスと調和なのである。この点に関しては、マックス・ウェーバーのいう「価値合理性」も参考になる（『社会学の基礎概念』）。

しかも、それは通常の理性的判断のように、命題で規定できるものではない。言葉を使用してロゴスによって到達する総合よりも、それはもっと真なのである。ひとは産まれたのち、成長に応じて寝返りし、はいはいし、立ち上がり、歩く。こうしたことは生の拡張であるが、努力でもなければ思考でもない。ひとりでに体が大きくなり、多様なことができるようになる。だが、ひとより早く走るようになるためには、あるいはまた早く自転車に乗れるようになるためには、努力、体の動かし方についての習熟と精錬が必要になる。言葉もそのひとつなのであり、言葉を介した方が効率のよいことも多いが、しかし言葉にも習熟と精錬が必要である。そのなかに言葉を介した方がよいかそうでないかを区別するマナーの習熟と精錬も必要である。言葉を介しない方が習熟と精錬ができることも多い。

そこでの確率論的思考は、イデオロギー的な言説、ファンタジー的な空想を批判する一方で、実践における感性的総合に支えられる思考である。絶えず反対の結末とその比率を想像することに過ぎず、他方で感性的総合それ自体は姿勢のようなものでしかないが、それによってひとは出来事の諸要素をそれぞれの確率のもとに置いたまま、「澄んだ眼」（パスカル『パンセ』五一二）をもって判断し、進行中の出来事の過程に、惑うことなく身を委ねることができるようになるのである。*

*ここで主題になっていることは、パスカルのいう幾何学的精神と繊細の精神の対比であるともいえる（『パンセ』五一二）。かれは単純な少数の原理から判断をくだす幾何学的精神に対して、多数の複雑な原理を一挙に見出だす繊細の精神を措き、どちらがよいともいえないと述べている。だが、かれの挙げているもうひとつの対比、まっすぐの精神と歪んだ精神の対比の方が重要である。歪んだ精神とは、モンテーニュが「びっこ＝跛行の精神」と呼んだものでもあるが、真に思考することなく、出来事にまともに取り組むことのない精神のことである。超越的なものに向かって真摯に思考し続けるひとと、凝り固まった浅薄な発想を借り物の知識で粉飾するひとの違いである。

観想的生活と実践的生活

以上述べてきたことを整理すれば、要するに、日常的実践においては確率論的思考を優先すべきであるということである。確率論的思考とは、感性的思考＝直感を言説において技術化したものである。感性的思考は感じたことを表白するだけであり、しばしばそれを極端に一般化したり、一般性を個体に無条件に適用したりすることであるのに対し、確率論的思考は、一般化の諸段階を想像してそのうちからより現実的な＝確率が高くて期待値の大きい表現を選ぶことである。そしてそれは、結果的に思い通りにならなかったとしても、判断それ自体は正しかったのであるからその結末を引き受けるということを含む思考なのである。*

*あとになって分かったことからまえの判断が正しかったかどうかを問題にするひとも多いが、それはベルクソンのいう「回顧的錯覚」（『思想と動くもの』）である。判断の正しさを事実との対応に求め、判断の時点では知り得なかった「事実」からそのときの判断を評価する。しかし、判断の評価は、判断するときの状況において知り得たことに対してのみなされるべきである。だから、結末を引き受けることができるとしたら、それは、

自分が判断したからということによってではなく、判断が正しかったからということによってでなければならない。それが「仕方ない」という語の意味である。

一般には「理性的＝論理的思考をすべきだ」といわれることが多いわけだが、*それは訓練の必要な極めて技巧的な言説の展開技法であって、子どもや認知症のひとや精神病のひとなど、できないひとにはできない。多くの人々にとって、思考は、理性的に思考されたことを「知識」として記憶して何にでも適用しようとすることか、その知識の断片から想像して合成したに過ぎない「情報」を発信することかのいずれかでしかないように思われる。

*理性的思考が要求されるのは、自由な言説に論理的誤謬があっても気づかない、もしくは気にしない人々に対してである。論理的能力を身につけつつある子どもに対しては意味があるが、知的障害でもないのにおとなになっても論理的思考のできないひとは、それに習熟する意欲を失ったひとであるのだから、いっても無駄なことである。論理は、利害の格闘と妥協ではない真面目な議論にはもちろん必要なのではあるが、理性的思考の必要性が強調されるあまりに、思考においてもっと重要なこと、感性的総合が忘れられることが多いのが問題なのである。

理性的思考は、学問およびそれを必要とする仕事に関わる一部のひとに要請される思考である。だから、すべてのひとが理性的思考を訓練すべきであって、それができないひとの発言については抑止すべきであるとするべきではない。しかも、理性的思考は、必ず真の解決を与えるとはかぎらない。緻密な論理によって「超一般性」を目指すあまり、むしろその形式的な一貫性や図式的な一覧性の「美しさ」によって感性が欺かれる場合がある。学問に関わるひとがしばしば間違いを犯すのはそれによってである。学問は、超一般性ではなく普遍性を、現実のなかにあって現実を超えて現実を規定しているものを目指すのでなければならない。

理性的思考が学問をするひとに要請されるのに対し、確率論的思考は、健全な民衆の一人として思考する場合において推奨される。一般性から個別性へと進み、例外的なものと出会うこと。それを再び一般性のなかに確率論的に投げ入れること。健全な民衆における健全性は、社会全体の善を実現しようとするところにあるのではなく、みずからの感性的意図を実現し、あるいはその意図が実現しやすい環境を構築することを目指してそれぞれに生きようとするところにある。

　環境とは、経済的にゆとりのあることや、病気や障害がないことや、人間関係における支えあいが多いなどといった条件のことである。ひとはしばしばそれらによって幸福を定義しようとするが、よくいわれるように、たとえそうした環境が整っていても、感性的意図を実現できなければひとは幸福ではないであろう。*

*富や健康や愛は幸福ではない。裏は真ならずである。それらがないと不幸だからといって、それらを多く獲得すればそれだけ幸福になるというわけではない。それらは、不幸の条件を裏返しにしたものに過ぎず、どこまで満たしても不足ないし欠如しているのだからである。幸福はむしろ、そうした現状の裏返しの条件を求める必要がないところにある。とはいえ、幸福は「幸福感」ではない。意識において幸福だと感じてはいなくても、感性的意図が実現できているとき、ひとは問われれば幸福であると答えるであろう。ただし、その意図は各人各様であるから、何が幸福かとはいえないわけである。J・S・ミルは「幸福とはひとが望むもの、ひとが望むものは幸福である」（『功利主義論』第四章）と述べるが、すべてのひとが望むもの一般が幸福と呼ばれるが、各人が幸福として望むものはみな異なっているという意味であろう。

　それであるにしてもなお、倫理学における問題は、感性に正しいものとそうでないものとを識別する基準がないというところにある。あるいは、自分の感性はつねに正しく、それに反する感性的表現は間違っていると前提されるところにある。これがただちに社会全体の善と結びつけられるところに、トラブルや抗争、ハラスメントや差別が出現する。論じてきたように、善とはマナーが守られていることに過ぎないが、しかし一人ひとりにとっては、他人や社会がどうであれ、自身の感じ方とやり方を極限にまで導いていくことでなければならない。自我、精神、思考の発生を辿ってきたいま、倫理に関する思考において、ひとが何に用心すべきかは、すでにあきらかなのではないだろうか。

エピローグ

イデオロギーとファンタジー

群れ社会の論理からすると、哲学者が哲学をするのは、哲学者がマイナーだからであるということになる。哲学は、マジョリティのものである時代と文化と土地の思考の枠組から逃れるかぎりで哲学である。哲学は、イデオロギーやファンタジーに逆らって進む。

イデオロギーは、マジョリティのであれマイノリティのであれ、いつもおなじ「解答」、自分たちの社会的存在をより安定なものにしようとする「解答」へと向かって進む呪文のようなものである。ファンタジーは、小市民的悲劇を糧にしながら、「世界は善と公正さによって支えられているということを示すハッピーエンド」（スタンリー・キューブリック監督のインタビュー）に向かって進む夢想である。しかしながら、哲学するひとは、イデオロギーやファンタジーよりも、真理が好きである。「フィロソフィー」の原義であるが、真理を知ることが好きなのである。かれは、おなじ志をもつ仮想の読者に問いかけながら進む。だが、そのような読者が数多く存在するわけではない。

真理などどうでもいいとか、役に立たない真理は必要ないという人々がマジョリティであろう。しかし、真理は多数決ではないし、真理を求めるひとは真理を持っていないのだから、哲学者は真理でもって多数者を説得することができない。そもそも真理は、ひとを説得するようなものではない。説得されるものが真理なのではない。真理を求めて知りたくもなかった残酷な真理を発見してしまう可能性もあるのだし、真理を結局は発見できずに生涯を終えてしまう可能性もあるのだが、真理を求めるひとは、それでも真理を求めるのである。

哲学者は孤独であり、世界を驚きの眼で見ていた頃の子どもである。人生という謎を解くために人生のすべてを使うことになってしまった子ども。おとなたちの物語るファンタジーを受け容れず、教師たちの教えるイデオロギーを拒否する「反逆児」である。*

*ただし「子どもは哲学者である」などというひとは、勘違いをしている。常識を覆すようなことを子どもがいうとおとなは哲学的だと思うのだが、それはおとなが哲学の文脈に落とし込むからであって子どもは錯覚をしているだけだ。哲学が常識を覆すのは本当だが、逆に常識を覆せば哲学だとはならない。ちょっとした「気づき」によって常識とは違う観点を与えるだけで哲学と称するひともいるが、現象をちょっと違って見させる「哲学書」、理論をそのような現象として解説する「哲学書」……、多くのひとがそのようなものにしか哲学を見出だせないのは残念なことである。哲学は常識ともっと距離があり、自分の足元を掘り崩すほどのもの、最初はよく分からないが、分かるにつれて世界を根本的に捉えさせなおすような思考のことである。

ファンタジーは、そこにおいては幸福と感じるものではあるし、イデオロギーは、そこにおいては安心になるものではある。幸福や安心は人生の価値ではあるけれども、人生の真理ではない。幸福と安心を与える真理は、真理の原義でもあるが、宗教的真理である。哲学的真理とは対立する。*

*たとえば死は、日常の安心と幸福を奪い取る観念であるが、それを「昇天」とか「往生」といった別の言葉にいいかえてその観念を追い払うことは、哲学的思考ではない。宗教的真理が有していると称される普遍性や絶対性を哲学も目指していなかったわけではないのだが、それを個人がする思考によってのみ達成しようとするのには無理がある。思考はだれにでも訪れるが、だれも真には徹底することができない。思考がいつでもど

こでも人間の自由な意志から発してくるわけではないからである。

ファンタジーのなかで幸福に生きること、イデオロギーによって安定して生きること……、しかし一度でもそれを疑えば、もはやそのなかで生きることはもはや難しい。その懐疑は、いずこからか到来する。そして哲学を知ることで、自分の思考の道を見出だす。* 宗教家でもなく、政治家でもなく、作家でもない。あるいはそのいずれでもある。哲学の道は狭隘である。むしろ、道がないというべきだろう。

* 「道」は道徳という語にも含まれるように倫理的価値を表現している。先に頭と体の対立均衡によって精神が生じると述べたが、道は、まさに首＝頭が歩いていくべき経路を指している。中国では天道に適う人道という意味ですべてのひとがなすべきことを指すが、わが国では、修験道をはじめとして、武道や茶道など、特別な志をもつひとにとってなすべきことを指している。群れからはずれたひとの生き方を主題とする本書における倫理的主張もそれに連なる。

日常的思考と哲学的思考

たとえば、牢獄に閉じ籠められたひとは、そこからどうやって出ようかとばかりを考える。牢獄とは何か、なぜそのような状況になっているかとは思考しない。置かれている境遇が過酷であればあるほど、そのように思考することは難しい。だから、追い出されようとするひと、閉じ籠められるひとがみな哲学者になるわけではない。そこから単に脱出すること、救われることよりも、そこで起こっていることを違ったように知覚すること、それを語ること、思考の新しい道具を発明することが必要である。

日常では、思考する動機は思考する対象の方から発してくるので、思考はおのずから閉じられてしまう。思考は、思考的実践の円環のなかに入っていく。その円環においては、多くのひとは、一応の答えが得られれば満足して生活に戻る。だから、俗にいう「頭のよいひと」が、必ず哲学的思考に進むわけではない。むしろ、その思考の円環を素早く終えることをもって頭がよいとされる。ファンタジーとイデオロギーの言説に到達すれば、それで思考は終わる。* しかし、哲学は、これらのファンタジーとイデオロギーに問いを投げかけるところから始まる。

＊哲学するためにではなく、この円環が終えられないひとたちもいる。イデオロギーによって排除され、ファンタジーには疎外されているマイナーなひとたち。円環が終えられないのは、頭がよくないからではなく、自分の社会的立場がよくないからである。もしマジョリティのイデオロギーに対決するイデオロギーを作りだし、おなじ立場のひとたちと連帯することができるなら、かれらはマイノリティとしての社会的立場を形成し、政治闘争に向かうことができるだろう。マジョリティのファンタジーに対決するもうひとつのファンタジーを作りだし、一定数の聴衆や読者を得ることができるなら、かれらはマジョリティに対してマイノリティという別格のポジションを得ることができるだろう。哲学をするひとは、こうしたひとたちのなかにも現われるが、しかし基本的なスタンスが異なっている。

すなわち、哲学するひとは、思考の円環を螺旋にするのである。その答えが一般性や客観性を得るまで、どこまでも旋回しながら思考を進行させる。マジョリティに属することを拒否してファンタジーを否定し、イデオロギーを批判し、そしてまたマイノリティに属することを拒否する。なぜ哲学をするひとは、こうした凧なのか。いつまでも吹き上げる上昇気流なのか。

哲学イデオロギー？

哲学それ自身もひとつのイデオロギーではないのかと問われるかもしれない。確かに哲学することにはヒロイズムのようなものがあって、真理をまだ得ていないのにもかかわらず、正しいことをしているとの確信がある。その営みが自分の生によって支えられているとの確信がある。後悔や罪責感が起こるはずがないとの確信がある。それはなぜなのか。
イデオロギーが自分の社会的存在を安定させる理論のことであるとすれば、哲学するひとも社会的存在者であるかぎり、自分が哲学をしているというイデオロギーに囚われているといえるかもしれない。そうしたひともいるだろう。たとえば、哲学書を読むことが、生活者としてまともに働かず、周囲の人に支えてもらっていることへの弁明になってしまっているひと。社会的に成功したひとたちへの嫉妬の感情をごまかすための自己欺瞞になっているひと。そのようなひとが真に哲学をしているのかどうか。哲学を知らないひとたちには区別がつかないが、哲学者たちの言葉をなぞっているだけというのは、よくあることなのだ。*

*日本には哲学がないといいながら、自分では哲学をしない知識人は多い。出版された書物のなかに哲学がないかと探しもしない。さらには哲学をすることが重要だと述べながら、ひたすら哲学をしないひとたちをばかにし、批判するひともいる。そのようなひとにとっては、哲学とは、いわばソクラテス教のようなもので、自分では哲学をしていないことに気がつかないのだ。

とすれば、哲学イデオロギーと哲学することをしっかりと区別しなければならない。哲学のヒロイズムとは、成功者たちへのルサンチマンとは正反対に、自分が全人類を代表して問うという自負でもある。それもまた、生きることで陥る後戻りできない道のひとつではあるが、すべてこの世に生まれてきたひとたちにとっての共通の問いを問い、それに答えようとすることの困難に立ち向かい、時代と文化と土地のイデオロギーとファンタジーに抵抗しながら、それらを信奉するひとたちから無視されても、微かな光を見るために、自分のすべての努力と時間を使う勇気である。*

*二〇世紀後半には近代主義批判が盛んになり、そのなかには土地に密着した近代以前の生活に戻ることを推奨する思想も多かった。たとえばジェームズ・C・スコットの『実践日々のアナキズム』におけるような「土

着」とか「土俗」という概念ばかりでなく、「エコロジー」等の生物学的な概念もが肯定的に使用される。しかし、近代がよくなかったからといって前近代がよかったということにはならない。

意識の暗闇

それにしても、哲学には、いくつかの系譜がある。これらのいいとこ取りをしたり、折衷したりするわけにはいかない。原理に基づいて首尾一貫していなければ、哲学とはいえないのだからである。

近代において、ロックとライプニッツによって「意識」が哲学の中心的主題とされるようになったが、そこには二つの立場があった。意識は思考を自由に展開する能力をもち、正しい方法に従えば真理に到達することができるとする立場と、意識にはそれが発生した由来と理由とがあって、真理を見出だすには独特の態度が必要であるとする立場である。本書は後者の立場を採る。

そもそも哲学は思考の一種である。思考するのは、意識のもとにおいてである。意識は、思考において明晰であろうとする。しかし、意識は完全に自由なのではない。明晰な意識は、自分から出発してすべてを統一的に説明する理論の構築へと向かい、そのなかで自分自身の出自としての生を失念してしまう。また、他の諸意識からもたらされる膨大な情報によって、おのずと匿名のぼんやりとした意識となって、意識を拘束する多様な諸理論のなかに溶解してしまうこともある。

意識は暗闇で手探りをするようなものである。それは出口となる光を探す。しかし、意識は「私」が発するのではなく、生から発するのだから、人々がそこから抜け出そうとして見出だす光は、生を救うための書物の記憶、あるいは他のひとの言葉や命令でしかないことが多い。そのうえ困ったことには、自分の意識の明晰さの程度を測るのも自分の意識なのであるから、自分がどれほどの迷妄のなかにいるかに気づくことができないのである。

それればかりではない。「思考する」ということもひとつの経験なのであるが、ひとは概念を使って理論を構築するその経験を他の経験よりも価値あるものとみなし、特権化してしまう傾向がある。概念の組み立ての単純さや美しさを、何の根拠もなしに、経験と照合される証拠であるとみなすのだが、しかし、経験は複雑であり、美しいものは論証や数理のほかにある。ソフィスト的誘惑、すなわち利害や名声のために概念を活用すること、概念で組み立てられたものの美しさに囚われてしまうこと、古来哲学者たちは、それらに逆らいつつ思考してきたのであった。*

*このことの理由は、言語とは何か、思考とは何をすることかを考察すれば理解される。「言語」という語も「思考」という語も、日常語としては多義的であるが、学問的言説においてそれらがどのようなものであるかを、わたしは日常的言説における意味およびその歴史的変遷に対比して考察しておいた（『いかにして思考するべきか？——言葉と確率の思想史』）。

これに関してよく思い出されるのは、ルイス・キャロルのワニの話である（『シルヴィーとブルーノ』）。自分の尻尾に乗ることができるほど長い体をもつことを自慢に思っているワニが、ある日そこからさらに歩いていってついには自分の頭のうえに立ったという。言葉のうえでは成りたっていても、想像することができない。想像できないことならすぐ気がつくが、現実はさらに、想像することができないことすら想像できないことが多い。

したがって、哲学する意識は、自分が意識であることを絶えず念頭に置きながら、*意識の暗闇についての意識から出発するべきなのである。生は、意識にとっては自分の背中のようなものである。思考が意識に対抗する意識を産みださないかぎり、意識はそれが欲するものをしか見させない。生が何であるかを知るには、意識を裏返す、いわば「第二の意識」をもつという方針が必要である。

＊哲学的思考は、深く徹底的に思考することだと理解される傾向がある。しかし、何が深く、何が徹底的かを同時に思考していなければ、どんなに執念深い思考であれ、その思考は妄想に陥る。プラトンの対話篇を読めば分かるように、ソクラテスはいつも論点を忘れず、自分の目指す真理の方へと相手の議論を促している。哲学的思考は、思考一般とは本質的に異なる。哲学的思考を特徴づけるものは、思考しつつ、どのように思考しているかを同時に思考するという二重性にある。

プロティノスによると、哲学とは、思考において、逆らって進むことである（『エネアデス』）。なぜなら、思考は一般に予想と対策に邁進する。思考は、生活をよくしたいという情念の奴隷なのだ。健康を保ち、能力を拡張し、より多くのものを得ようとする。そのために、身体を注意深く世話し、運動し、お金を得て、地位と名声とを目指す。それによって、できる行動が拡がり、よりよい生活が可能になる。哲学は、そこから姿勢を逆転し、最も根源的なものへと、思考の手前に進んでいく。

論理的な手前とは、三段論法では大前提のことである。空腹とは何か、食べなければならないのはなぜかという問いへと進む。歴史的な手前とは、いきさつである。どうしてそのような主題を思考し始めたかと問い、それが真に自分が置かれた状況に対する判断を問うているのかを問う。それに完全な答えを与えるには無限の時間を要するから、根源的に時間が足りない。このことが普遍的である。論理的な手前のひとつを問い、それに答えが出ないときにはその一つ手前を問うというようにして、主題となっている問いに答えられる範囲と権能とを確定すれば、さしあたりは当初の主題に戻ることができる。同様に、歴史的な手前のひとつを問い、主題となっている問いの正当性を確定することができれば、当初の主題に戻ることができる。範囲と権能と正当性は、暫時的なものであるが、その主題への判断を正当化することができるための条件である。それゆえ、アカデメイア派が要求していたように、あらゆる現象の第一原理、あらゆる出来事の原初状態に到達しなくても、要するに絶対的客観性が確立されなくても、そのそれぞれの思考の価値はある。

ところで、生の哲学の系譜としては、ギュイヨー、ディルタイ、ベルクソン、ニーチェなどが挙げられる。人間科学においては、フロイト、ジンメル、レヴィ＝ストロースも挙げてよい。かれらに共通しているのは、第一に意識には限界があって経験の一部しか認識できないとしている点、第二に進化論をふまえて他の生物と人間の共通性から出発しようとする点である。そして、第三に精神を、認識するものとしてではなく生のなかから生じるものとする点であるが、そこに関する捉え方の違いがそれぞれの思考の違いとなっている。*

*マックス・シェーラーが「宇宙における人間の地位」という講演において、精神を取るか生を取るかという哲学的問題を提示して以来百年以上経つが、哲学はこの間、それを掘り下げるという以上のことはしてこなかった。現象学者たち、フッサールとシェーラーとハイデガーとメルロ＝ポンティも「生世界」を主題にしていたが、現象学者たちの思考はこれと超越的な存在に到達することとのあいだで引き裂かれていたように見える。まずは生世界の探求がはたして超越的な真理を知るべき学問たり得るかという問題があったし、さらにハイデガーは生世界に生きることを「ダス・マン」と呼び、思考しない大衆として蔑視していた。

生の哲学によると、精神は生におけるある種の活動に過ぎない。身体のもとで発芽し、言説のもとで開花する活動である。ただし、ここでいう身体は、生物学や生理学の理論によって定義された対象ではなく、性であれ、齢であれ、死であれ、日常の経験において「身体」という語に帰される一連の主題のことである。この身体という形而上学的土壌から言説が生長し、言説のうえで精神が働く。その精神によって諸理論が構築される。諸理論は生の手がかりではあるが、真に生をあきらかにするものではない。そうやって構築された諸理論に紛れることのないように、生の哲学は、言説の通常ではないやり方で、身体から精神が生じてくる経験をあきらかにしようとするのである。*

*混同してはならない議論がある。たとえば遺伝子の変異によって脳が発達し、それによって人類が道具や言

語を使うことができるようになったという議論は、生理学や遺伝学という、精神が構築した理論によって見出だされた対象によって自分自身を説明する。脳という器官の変化が精神の出現の条件になるという論証は、精神とは何でどのようにして出現したかを説明するものではない。「それなしでは起こらなかった」という説明は「それがどのようにして起こったか」の説明にはならないのだからである。同様に、動物行動学や社会言語学は、猿が道具を使っているとか、鳥が言語をもっているとか議論して、人類の精神活動をその延長で理解しようとする。こうした議論は近代初頭から繰り返しなされてきたが、概念を明晰にすることによって退けられてきたものである。木の枝や石で何らかの目的を達成する動物は多いが、たまたま見出だした対象を道具にするということは環境とみずからの身体を区別しない諸生物にとっては驚くべきことではなく、人間がするように道具という概念をもって特定の対象を変形して使用するということとは本質的に異なる。鳥がいくつかの音調の並べ方で群れに情報を伝えるということもよく知られた現象であるが、それは信号であって、音素を組み合わせて対象を分類識別するという人間の分節言語とは異なる。

言説は、いかに注意深く命題として、論理的に語られるように整えられた文の形に整除されたとしても、主題を純粋に記述できるものではない。* したがって、哲学するには、言説をその主題の記述とみなす思考の枠組を排除するという、通常ではないやり方で語らなければならない。

*言説はフランス語 discours の訳であり、おしゃべりといった程度の言語活動 language である――デカルトの『方法序説 Discours de la méthode』の「序説」もこの語である。言語活動は言葉に関わる一切のものを指すが、他方、言葉は parole の訳になり、書き言葉 écriture と対比的に区別される話し言葉に限定されるものだから、ここでは「言説」という語を使用する。なお langue は「国語」に対応する語であるが、国民国家の成立とともに書き言葉によって文法的に体系化され、使用が強制されたものを指す。一七世紀までは、これらの諸概念を分析しないままに道具としての言語活動の諸問題が語られていたが、一八世紀、コンディヤックは『人間認識起源論』において、言語が叫びでしかなかった文明以前の社会から究極的な言語としての数学に到達するまでの歴史を構想した。ここでは精神があって言語を道具とするのではなく、言語の発展と差異化を通じて精神が生ま

れ、言語を操るようになるとされている。

一般に、言説とそれが表象する対象の合致は、知性が捉えるとされる。だが、その合致は言説によって生じる効果に過ぎない。知性は、言説の原因ないし言説の解読の能力とみなされるが、それもまた言説の効果に過ぎない。知性という概念は、言説の効果の真の原因を棚上げにし、言説の効果からひとの目を逸らす。そもそも言説の働きは、行動に効果をもたらすところにある。* 対象との合致も事実ではなく、そのような錯覚を生じさせる言説の効果である。言説は、それが表象する対象と合致してではなく、合致したと錯覚する経験とともに何らかの行動、ないしは続く言説という行動に変容をもたらすものなのである。

＊オースティンの言語行為論を参照せよ（『言語と行為』）。たとえば「テーブルのうえにみかんがあるよ」という言説があれば、「記述」として、あたかも写真のように光景を描写していると錯覚されるが、日常的な言説としては「食べてもいいよ」といった含意があって、この言説を聞いたひとは、みかんを見る経験とともに、「いまはいらない」と回答するか、そのまま手に取って食べ始める。だからといってその言説は「食べろ」という「命令」であるわけでもない。記述であれ、命令であれ、言語のこうした理解は、言説に対して言説を与えて、言説が意味するものを限定しているわけだが、だからといって言説一般がそのような機能をもつものとして説明できるわけではない。記号が言語によって可能になるにもかかわらず、アウグスティヌスやロックは、本末転倒して言語を対象ないし観念を指し示す記号として説明した。それは国語を外国人に教える際のやり方に過ぎず、国語相互や書き言葉と話し言葉の対応のようなものを、言語の原理に持ち込んでいる（拙著『いかにして思考するべきか？』参照）。なお、本書の言語使用も、宇宙と精神を記述したり、善を命じたりしているのではなく、それを通じて読者の世界の観方を変えて、それにのっとった言説を読者に呼び起こそうとしているといえる。

したがって、身体の経験を探求するときにも、それを身体の形態ないし機能として記述しようとするのではなく、身体における行動の変容をこそ捉えなければならない。[*] 身体は、形態ないし機能において同一性を担うものとしてではなく、そうした身体の生物学的、生理学的理論に対立するものとして、あるいはその理論の限界において出現するものとして語られるべきである。

＊進化論と遺伝学は、生物分類における形態学を無効にした。プラトンのイデア論に遡る形態重視の伝統に従って、生物は形態およびそれに対応する機能によって区別されてきたが、現代ではＤＮＡの差異の大小によって区別されるようになっている。進化は生殖によって起こるのだから、その生物が産まれ成長し生殖するまでのあいだ、自分の置かれた環境において、どのような行動の変更、生き延び方をしたかによって種が分かれてきたとされる。中間の細胞がアポトーシス＝自死を起こすという、手の指が形成される仕方と同様に、絶滅した中間種によって明確な差異のある種相互が分類に並ぶようになるわけである。

理論と実践

もとより、どんな理論にも限界がある。人間精神が構築したものに過ぎないからである。これまでは、その限界にイデアや神のような超越的な「実体」の名まえが置かれてきた。それによって理論を構築する精神を説明し、理論をもって真理の発見とみなさせた。しかし、人々が「分かった」と感じ、理論と何かが合致したという信念を抱くのは、理論を述べる言説の効果によってでしかない。事実と合致したからではない。謎に名まえを与えると、「謎が消えた」という錯覚が生じるだけである。

そもそも理論とは、現実の現象に合致するものではなくて、合致するようにと追究されてきたものではあるが、現実の現象についての経験を変容させる一連の言説に過ぎない。[*] プラトンは、現象に合致するイデアという実体を想起すると論じ、その同一性を真理の基準としたが、しかし理論にあるのは、むしろ現実との差異である。理論を通じて何らかのあらたな経験が産出されるから理論は構築されるのだし、何らかの経験が産出され損なうとしたら、その理論は再構築される、それだけのことなのである。

＊クーンのパラダイム論（『科学革命の構造』）やフーコーのエピステーメー論（『知の考古学』）を参照せよ。

電波が発見されて、人々は無線通信をするようになる。目には見えないが、周囲の空間に重ねて無数の糸電話のようなものが張り巡らされているというイメージを抱くことができる。ちょうど蜘蛛が拡げられた巣＝ネットに引っかかった昆虫の振動を脚で受け取るように、われわれはラジオやテレビや、そしてスマホを手にして、そこに感じられる現象をあたりまえとするようになるのである。

科学は実証主義＝現象の背後に存在する実体を主題とはしない立場として成立したが、ある科学者たちは現代でもなお実体を捜し求める。「存在する」ということは、どんな意味で、なぜ究極的ないし普遍的だとされるのだろうか。むしろ、バークリーの至言、「存在するとは知覚すること」で十分であるように思われる。たとえば、量子は観察されるまでは確定されないので、量子が「存在する」としたら並行宇宙＝マルチバースが無限に増殖しているはずだと唱える科学者もいる。古代ギリシアにおいて、パルメニデス等、「存在」を究極の概念とする立場があった。存在とは「〜である」ということであるが、何かが何かであると判断するときに、それを正しくしているもののことである。中世スコラ哲学では、トマス・アクィナス等、これを神のこととし、神の存在を他のもろもろの存在者に存在を与えるものとした。いわゆる「宇宙創造」を古代ギリシア風に神学化したわけである。このように、「存在」は、古代ギリシア語の構成やキリスト教神学の構成を前提している概念である。一八世紀、言語起源論を書いたモーペルチュイは、国語が異なれば「存在」ではなく、たとえば「緑色」が究極の概念とされるだろうと述べており、実際、現代ではグリーンがキーワードになってきている。

わが国には、「〜である」という表現はなく、何かが何かであるときには、むしろ「〜なり」という表現を使用していた。「〜なり」は「〜にあり」とする説もあるが、個物が特定の場所と結びつくさまであろうから、古代ギリシアとはまったく異なる。要するに、世界の捉え方が異なっているのである。存在は、「あるものはあり、あらぬものはない」（パルメニデス）というように、論理的には同一律、「AはAである」のもとにある。同一律は、矛盾のないように論証する究極の前提である。しかし、同一律が正しいという証明はないし、日常の言説では、論点がずれていくのは普通のことである。それに対し、差異は「AはもはやAではない」というようにして生成消滅するものにある。その最大のものが「矛盾＝両立し得ないこと」であるが、言説はしばしば矛盾しており、経験は生成消滅を繰り返す。そのこと自体が普遍＝どんな個物にも備わるのであって、永遠に変わらないものとしての存在の方が架空の概念なのではないだろうか。仏教における「諸法無我」は、世界のどこにも実体はないという意味である。それを得ようとすることによって煩悩が生じる。世界の諸現象は、「縁起」として、相互に規定しあっているとされるのだが、やはり何ものかが存在するか、それとも無かということが主題とはなっていたわけである。

理論を、現実に対応して現実を超えた絶対的なものを示すものとするのではなく、現実に嚙みあって、有用なものを産出するものと捉えてはどうであろうか。現実との差異があるからこそ現実を改変して有用なものを産出し得るのだし、それだからこそ理論は再生産される。理論の再生産は、より真理に近づくというよりは、現実を改変して、ひとをより生きやすくするところに意義がある。

言説はその本来の使用によって機能する。それが構築する理論は、経験を変容させるのであって、経験を理解させるのではない。イデアや神のような理論の限界に与えられた名まえは、理論の全体を存在へとふり向ける呪文と化し、人々が思考するのを妨げる。* それに対し、生の哲学は、理論に対する差異の経験を研ぎ澄まして、言説によって欺かれることを批判するところにある。

＊それが言説によって与えられた経験であり、その言説によって行動が変更されるのだが、それがイデオロギー＝「イデアのロゴス」となる。イデオロギーは、もとはコンディヤックの影響を受けたド・トラシが唱導したイデオロジー idéologie に由来する。思考対象としての観念は、本来ロゴスを超えて直観される超越的なものだったのであるが、コンディヤックは、『論理学』や『人間認識起源論』において、歴史的に形成されるものとした。時代や文化によって、観念は変化していくというわけである。

群れについてのわれわれの倫理学も、以上のような生の哲学の一種である。* 生の哲学は、わたしの身体とは別の、精神としての「私」が存在するという心身二元論的な思考の枠組を排除し、わたしの身体を他の生物の身体と同次元で捉えながら、精神についてあきらかにしようとする哲学である。

＊生の哲学は「生命の哲学」とおなじものではない。西欧では、英語ではライフであり、生も生命も生活も人生もおなじ語であるが、生の哲学は生物学的な意味での生命を論じているわけではない。逆にフーコーのいうビオポリティークは、ビオス、生命を政治が主題にしているということであるから、「生命政治」と訳すのが正しい。他方、日本語で「生命の哲学」といえば、大いなる生命が自然を構成しているとか、生命は尊重しなければならないとかいったタイプの思想を想起させる。生の哲学は、こうした思想とは区別されなければならない。

生の意味

そうした哲学の課題のひとつとして、本書では、もし、ある個体が集団のマナーを放棄して、単なる欲望、他の諸身体に由来する情動の反映としてではなく、自分の体に発する感性を追求することができるとしたら、それは群れのなかにあってはじめて感じ取られる情動を振り切ってそうすることになるが、そのような営為が、本来は群れから切り離され得ないわれわれの生において、いかにして可能であるかということを論じてきた。

ここでその探究の道筋を振り返ってみることにしよう。われわれはまずは自分が欲望に突き動かされていると理解するが、それは正確には、他の諸身体との平和を求める理性によって制御すべきものとして現われてくる自分の体の経験のことであった。そこで経験されるものは、頭が知覚する他の諸身体のあいだにおいて、自分の体が他の諸身体から受け取っている群れの情動であり、それを制御すべき理性をもつ「私」とは、群れのなかの、自分自身では直接知覚できない自分の身体についての観念であった。対象として知覚される諸身体に対する、この固有の身体の観念を言語によって思考し、それらと同等に存在する一個の身体であるかのように、頭と体を統合し、複数の身体のあいだ、したがって風景、世界、宇宙という諸観念のなかにみずからがあるとする経験こそ、精神と呼ばれるものであった。胴体として頭によって知覚される「体」は、体自身にとっては暗闇である環境と器官の諸境界を表象しており、諸身体を見出だす「頭」が、宇宙を立体的な視覚表象として知覚する。これらの両者が統合されると想定されて、群れのなかの「ひとつの身体」と思考されているものが「私」なのである。

他方、ぼんやりと好きなものを目指し、嫌いなものを避けようとしていた自我の関心は、群れのなかで、それを享受する好きな自我、あるいは排除したい嫌いな自我へと移行する。この好かれたり嫌われたりする自我は対象であるのだから、その好き嫌いをしている自我とおなじものではない。それは、自分では全身が見えない自分の動作の中心であり、他の諸身体と同一のものであろうとみなされた「自分の身体」の観念なのである。自己愛――わたしは見たこともないわたしの身体を捜し求めて彷徨い、想像のなかであたかもペットか何かのように自分の身体を気にかける。欲望は体から生じ、これを制御しようとする理性の影として表象されるのだが、ここではまさに、そうした理性の主体としての自我についての感覚が、集団のなかで享受される。

この精神は、諸身体のあいだで生じたアフェクト＝情動による衝動を自分の体に発する欲望に還元し、それを理性的に制御するものとしてみずからを規定する。具体的には、第一には、欲望をうまく避けたり充足したりしようとするが、それと同時にそれをする自我へのプライド＝自尊と卑下を享受することによって、群れへの所属を確証する。欲望する対象の主観的な好き嫌いではなく、客観的なおいしさや美しさに関わる自我を欲望することによってである。さらに精神は、第二に、こうした自我である自分の身体が他の諸身体のあいだで問題を起こすことなく振舞うことを欲望し、マナーを守るという意味での「よさ」をもって、群れのなかにおいて自我の欲望を充足しようとする。そして精神は、第三に、群れのなかの身体として群れ全体について言表し、自分の振舞が群れの諸身体のマナーになることを欲望する。ルールを策定する王になるか、そうでなければ、そのしもべとなって過剰にルールに従いつつ、ルール違反する人々を摘発しては罵倒し、奮うべき「暴力」を手にするまでになるのである。

以上のようにして、精神は、その源泉を知らない単なる欲望の契機としてではなく、意識の湧出してくる源泉として、知覚された諸身体のあいだに自己の身体の観念＝自我を幻視しつつ、またそれを支える環境と器官の諸境界および他の諸身体からもたらされる群れの情動を引き受けつつ、絶えず自身の持ち場や居場所を探し続けている。しかし、精神は可塑的であり、群れとの関係で変容しやすく、*その彷徨に終わりはない。

＊精神はそもそも実体なのか、それは問うことができない。なぜなら「実体」とは精神が認識するものにおいて識別されるものであって、精神は意識があるかぎりでの経験に過ぎず、意識は対象化されないがゆえに認識され得ないからである。実在性、現実性、幻想性は、精神にとっての経験の様相であり、精神自体には適用できない。ある意味では、スピノザやライプニッツのいうとおり、精神がすべてであって、すべては精神の裡でのみ起こっている。これを精神が認識した世界のなかに位置づけようとするところに錯覚が生じる。「共同幻想論」や「樽のなかの脳論」、あるいは「人生は夢幻論」は、実在論を知っていなければいえない懐疑主義であることに気づかれていない。それは「確かなことは何ひとつないということだけは確かである」という、デカルトが克服した懐疑主義の檻のなかにとどまっているのである。精神は精神が何であるかをいうことはできないことだけは確かである。

ひとが愚かしいことをする理由

では、精神を支える意識とはどのようなものかであるが、それは縛られたプロメーテウスのように、毎日、眠りによって死んでは翌朝に蘇るという経験のなかにある。体を意のままに制御することを夢見ながら目覚めるのであるが、モンテーニュも述べていたように、はたしてそのどこが覚醒なのであろうか（『エセー』）。意識は、眠りのなかですら体が感じ取っている暗闇の生の世界にどっぷりと浸りつつ、そこで起こる夢よりも多少ゆとりをもって対象と関わる程度の明るさしかない。その対象とても、たとえば不安なひとがさまざまな条件を列挙して破局に導かれるという想像を、どんなに苦痛であっても繰り返してしまうように、意識の自由にはならない。それゆえ、知覚においても行動においても、人々がしばしば愚かしい振舞をするということは、驚くほどのことでもないのである。

そう、子どもは、転落すると危険な高いところに上りたがる。年寄りは、台風が来たら川の様子を見に行く。ギャンブルをして全財産をすってしまうひとたちがいる。ジェットコースターやお化け屋敷はまだしも、未知の場所に向かう探検や、最大限の速度を試すような危険が好きなひとたち。それらは面白いことなのか。生に反しているかのような、それはどんな快楽なのか。*

＊死の衝動は、よくも悪しくも、われわれの生活のいたるところに顔を出す。さもなければ、人間は、個体的身体の意識が生の論理を無視して、自分の身体を永遠に生きさせようとする奇妙な生物だということになる。このことに気づいたのはフロイトだった。生き続けようとするエネルギーだけではどうしても説明できない現象があることを知って、かれは「死の衝動＝タナトス」というもうひとつの原理が生に内在することを指摘した。殺人や破壊は、さしあたっては自分の生存を追求するなかで起こることかもしれない。だが、なぜかひとはそれを自分にも向ける。ひとは、それを病的なもの、不合理なものとして、健全な生からの欠如として解釈するのだが、性欲と同時に、あるいは性欲も含めてひとは死へと向かおうとする傾向を積極的な原理としてももつのではないか。

危険を好むそうしたひとたちは、社会的には困ったひとたちとされる。ひとは産まれたら、やがて学校に行き、就職し、家庭をもち、子を育て、そして老人となって寿命で死ぬと理解されており、それまでは死なないようにと絶えず体の配慮をすることが要請されている。それでもひとは危険なことをする。そして、場合によっては、それで死んでも構わないようにしてそうするのである。

死へ向かう生

とはいえ、古代ギリシアのキュレネ学派ヘゲシアスは自殺を勧めていたし、真言密教も即身成仏を理想とした。自殺は何としても止められるのが現代のマナーではあれ、死を遠ざけることは、必ずしも普遍的な善ではない。多くのおいしい食事は死を近づけるし、性的オルガズムは小さな死と呼ばれるし、排泄はアポトーシスを含んでいるし、睡眠にいたっては、常々死になぞらえられてきた。体は死を怖れてはいない。

満腹になること、性交すること、排泄すること、睡眠をとること、それらは生を脅かすものを遠ざける行動であるが、死の危険に向かう行動でもある。とりわけ先史時代の、猛獣が近くに出没するような状況ではそうであったに違いない。

なるほど体は、基本的には生存を延長しようとし、死にそうになったときには咄嗟に反応して生きる方へと向かうようにも思われるが、それは体が死を恐れているからではない。おそらく体は、死ぬときは意識が死を受容するように差し向けるに違いない。

意識においては死にたくなくても、体が死ぬつもりになっているときには、われわれはそれに抵抗することができないだろう。物心ついて以来、われわれは死を怖れ、自分が死ぬという事実を考えないように努めてきたが、その恐怖は、しかし、ただ意識にとってのものである。死とは二度と目覚めることのない眠りに就くようなものだ——体に派生したものとしての意識にそれ以上の何がいえるだろうか。

それが「土に還る」ということなのではないか。

生物の全体を見渡しても、死は、おおよそ生に含まれている。それで種の維持も進化も起こる。体が生き続けようとするのは、意識のためではなく生殖のためであろうし、それが終われば、他の生物の食材になることは、生には受け容れられているように思われる。生を支えるわれわれの体は他の無数の生物たちと同様に生まれては死に、その生存が子孫の生存の障害になることや、その体が他の生物が生きる糧になることを知っている。

体は、絶えず死にながら生を支えている。みずからの体を再形成しつつ、次世代のためには食料を無駄に費やすことなく、次世代が生き延びることの方を優先してみずからの体も死なせる。体は死を恐れてはおらず、子孫ができれば死んでも構わない体に変わり、[*]それが種の存続に役立っている。

*老化が遺伝子でプログラムされているのかどうかは分からないが、少なくとも生殖した以降も長く生き続けられるような進化が起こる理由に乏しいのは確かである。先史時代の老人たちは、生殖可能な若者たちよりも体力に劣るせいで、容易に猛獣に食べられて、若者たちが生き延びるのに寄与していたのではないだろうか。

死を怖れる精神

ところが、精神は、死を生の反対物とみなし、経験できないものでありながら、宿命のように生に纏わりつくと考えてきた。他の生物の死んだ諸身体を調理して口に入れて噛み砕き、あまつさえそれに快楽を覚えながらも、われわれは、みずからの死を恐怖する。逍遥として食べられていく生物たちの世界に反して、みずからの身体が食べられることに恐怖する。食べてよい生物と食べてはならない生物を分類したりもするが、それはみずからの体を汚したくないという勝手な論理によってである。

生存競争の勝者にとっては、勝ったのは精神なのだから、生には意味はないであろう。精神にとっては死は敗北であろうが、逆に、敗けることのないかぎり、われわれは生の意味を理解することができないだろう。進化論的にも、生は生存競争ではない。生をそれぞれの種の群れにおいて捉えるならば、体にとっては、死は生に内在されている契機に過ぎず、生と対立しているわけではないのである。

とすれば、われわれが自分の死を考えてそれを怖れるのは、生によってではなく、別の理由によってである。すなわち、人間が家族や仲間のために命を賭けることもあるのだとすれば、それは群れから孤立することを避けるためではないだろうか。みずからに個を作ろうとしない民衆は、死を怖れることはない（モンテーニュ『エセー』）。「個となる」ことは「異なること」である。それはエロス、「個として生きる」というよりはタナトス、群れなすことに逆らって生きる。死の恐怖とは、群れから離れるときにひとを襲う恐怖なのではないだろうか。

しかし、「異なる」ことは、「事なる」ことでもある（『いかにして思考するべきか？』）。それは出来事のなかで結末が到来し、それ以前の曖昧な状況から切り離されることであり、それが物語られることである。「独りになれ、そして、だれにも通用しない言葉、世界の息吹が与える別の新しい言葉をみずからに向かって語れ」と、カネッティはいう（『蠅の苦しみ』）。そのようにして出来事のなかの要素となることが、群れからひとり異なって、個となることなのである。高齢社会において警鐘を鳴らされる孤独死があり、老いてからは孤立を避けるべきであるという論調があるが、それは群れの呼び声である。しかし、どんな年齢であれ、孤高を目指すことと孤立することとは区別されなければならない

群れのなかにあれば、死にも意味が与えられ、他の人々と同様にして死んでいく自分を受け容れることもできる。人々のために死ぬという栄光もあり得る。そこでは、死は恐怖の対象ではない。宗教の教

えとその世俗団体への帰属、政治における名声と支持者の団体、こうしたものがそのひとの生を物語にしてくれるし、その物語のなかで自分の死の意味を与えてくれる。そのようにして死んでいくひとは幸いである。

しかし、群れのなかにとどまろうとすべきではない場合もある。ひとは、思考することにおいて、死の観念を選ぶことができる。安心な死と恐怖の死。死は、ソクラテスもいっていたように、恐ろしいものかどうかは分からない(『ソクラテスの弁明』)。思考は何についてもできるということはなく、死はまさに思考することのできないものである。死の恐怖とひきかえに、ひとは群れから孤立する。その経験を得て、自分の感性を最大限に追求し、何らかの作品を作ったり、何らかの行動に移したりすることもできる。哲学もまた、そうした営みである。

とはいえ、理性の構想するさまざまな法則、さまざまな規範のどのひとつをも超えて、意識は毎晩、身体の生の暗闇のなかに帰っていく。* 生と死、男と女、老いと若さという、産まれて以来だれをも惑わせてきた根源的差異を解消してくれるのは死のみである。とすれば、精神にとって重要なことは、壮大な理論とそれを思考する孤立した「私」なのではなく、みずからの体と和解して、その欲望の彼岸にまで潜り込んで、それが他の身体たちとともに作りだす彩のようなものに立ち会うことなのではないだろうか。いまは、そう思う。

*意識がその本性において理性的であるならいいのだが、幼児や認知症の老人を見ればわかるように、理性は危うい均衡のうえにしかない。意識は欲望に吸収され、他方では自己愛に夢中になる。理性的とは、欲望や自己愛から離れて対話することであり、人々のあいだで成りたつ現実的なものと、論理的にはすぐ破綻する夢想的なものとを区別することである。理性的とは、もとより意識が言語を使用して、その意味に矛盾が起こらないように語ろうとすることであるが、そのとき、対話をしながら現実的なものをあきらかにするという、それ

自身の存在理由から諸身体のあいだの平和という目的を見出だすことなのである。

あとがき

本書執筆のいきさつについて述べると、日本倫理学会第七一回大会（二〇二〇年）のシンポジウム「想像力と倫理」において、「確率論的思考の歴史的社会的意義」というタイトルで、『いかにして思考するべきか？――言葉と確率の思想史』（勁草書房）をふまえつつ報告する機会が与えられた。その報告を中核とし、それに関連してこれまで論じてきたさまざまな主題を整理して、体系的に論じたのが本書である。

今回、それらの主題を整理してあらたに見えてくるものがあったが、とりわけわたし自身の倫理観がどのようなものであるかを、はっきりさせることができたように思った。

たとえば、わたしは「汚いこと」や「ずるいこと」をしたくないと思う。ひとからそう見えることをしてしまったこともあるかもしれないが、それをしたとみなされるのは嫌である。その感じ方はどこから来るのか。道徳感情とでもいうべきものが人間に生来備わっているのか、親や周囲のおとなたちから吹き込まれたことを信じ込んで自動反応しているだけなのか、あるいは善の直観＝直覚のようなものがあって経験を超えて知っているものがあるのか、それとも自分がいつのまにか抱いた理想を周囲のひとたちに押しつけようとしているだけなのか、あるいは社会生活がスムーズにいくために、だれもがなすべきことを推論しているのか、それとも自分の行動がスムーズにいくように他人を説得する議論を吹きかけているだけなのか……、ともあれ、それら思想史上に現われるどの説とも異なろうとも、本書では、そうした倫理観の根拠を述べたいと思った。

もっとも、それ以前のこととして、わたしが若い日に倫理学を志したのは、ただありとあらゆることについて根拠から捉えなおしたいと思ったからだった。それから長い時間が経って、根拠について少しは語れるようになったが、しかしまだ「ありとあらゆること」からはほど遠い。否、根拠づけようのないと思うことが多くある。長い時間をかけて、そういうことを知った。

倫理学を志した当初、学界はわたしにとっては無縁な世界だった。研究者として生きていくためには学界に所属する必要があったが、わたしはその片隅にいさえすればよいと考えていた。もとより哲学ほど楽しく意義のある営為はないのだし、だから波風をたてないで淡々と研究してさえすればよい……、そしてその後、本書のようなものを書くことが到達点であるというような気がしていた。

今回、ようやくそれを書き始めた。そしたら、これは西欧近代の「個人」概念を批判した和辻倫理学の焼きなおしに過ぎないのではないかと思った。そう思われても差し支えないような気もした（と述べただけで「厚かましい」と学界からブーイングがきそうである）。

和辻をはじめとして、わが国でも、「自分の哲学」を書くことが哲学研究者の道であった。最近はただ研究者として一生を終えるひとが増えたにしても、何人かの大家が、ひとしきり欧米の哲学を紹介し、自分なりに思想史を整理したあと、自分の思考を書物にしてきた。

哲学と思想史を渉猟してかなりの見晴らしを得ないかぎり、「自分の哲学」なるものは浅薄にとどまる。だから、地道な研究者ならば、十分に研究し尽して、老いてから自分の思考について書き始めようとするのだが、しかし、もはや疲れてしまっていて書くことを忘れてしまうひともいるくらいだ（わたしも数年まえまでそうだった）。しかも、ようやく書けたとしても、結局は過去の巨人たちの肩のうえに乗っていただけという感もなくはない。とはいえ、ともかくも、従来の倫理学に対して、群れの差異から出発する倫理学を何とか書き上げた。ともに思考していただければ幸いである。

いずれにせよ、われわれは、言葉によるコミュニケーション以前に、自分の体を通じて無数の人々の身体から到来する情動によって繋がっており、あるいは囚われてもいるのだが、そのことを言葉にするのは難しい。どんなに独自な思考であると思えても、そうした体と諸身体の絡み合いに発している。思考するとは、それに圧倒されるということ、しかしそれを言葉にしようとして、執拗にもがき続けることなのではないだろうか。

末尾に謝辞を記そうと思いついたのだが、これまでヒントをくれた方、背中を押してくれた方を数えあげ始めたら、つくづく多くの方にお世話になってきたと感じ入った。遺漏を恐れ、列挙するのは控えることにしたが、感謝の念に堪えないことを申し添えておきたい。

二〇二二年一二月

人名索引

サ　行

タ　行

ナ　行

ヤ　行

ラ　行

ワ　行

著者略歴

1952年東京都生まれ。東京大博士（文学）。東京大学大学院人文科学研究科（倫理学専攻）博士課程修了。専修大学名誉教授。専攻はフランス現代哲学、18世紀哲学。著書は、『死の病いと生の哲学』ちくま新書（2020年）、『現代思想講義』ちくま新書（2018年）、『いかにして思考するべきか？――言葉と確率の思想史』勁草書房（2017年）、『現代思想史入門』ちくま新書（2016年）、『差異とは何か――〈分かること〉の哲学』世界思想社（2014年）、『現代哲学への挑戦』放送大学教育振興会（2011年）、『進化論の5つの謎――いかにして人間になるか』ちくまプリマー新書（2008年）、『デジタルメディア時代の《方法序説》――機械と人間のかかわりについて』ナカニシヤ出版（2005年）、『〈見ること〉の哲学――鏡像と奥行』世界思想社（2001年）、『メルロ＝ポンティ入門』ちくま新書（2000年）、『ランド・オブ・フィクション――ベンタムにおける功利性と合理性』木鐸社（1998年）、『ドゥルーズ』〈人と思想シリーズ〉清水書院（1994年）。その他、論文多数。

いかにして個となるべきか？
――群衆・身体・倫理

2023年6月20日　第1版第1刷発行

著　者　船《ふな》　木《き》　　亨《とおる》

発行者　井　村　寿　人

発行所　株式会社　勁《けい》　草《そう》　書　房

112-0005 東京都文京区水道2-1-1　振替　00150-2-175253
（編集）電話 03-3815-5277／FAX 03-3814-6968
（営業）電話 03-3814-6861／FAX 03-3814-6854
大日本法令印刷・松岳社

ISBN978-4-326-15486-9　　Printed in Japan